Fair Play

für den Ethikunterricht in den Jahrgangsstufen 5 und 6

Herausgegeben von: Volker Pfeifer

Erarbeitet von: Ulrike Hanraths, Volker Pfeifer, Helmut Wamsler und Andrea Welz

Schöningh

westermann GRUPPE

Druck A[9] / Jahr 2021
Alle Drucke der Serie A sind im Unterricht parallel verwendbar.

Illustrationen: Reinhild Kassing, Kassel
Umschlaggestaltung: Nora Krull, Bielefeld; Foto: vario images
Druck und Bindung: Westermann Druck GmbH, Georg-Westermann-Allee 66, 38104 Braunschweig

ISBN 978-3-14-**025010**-8

Inhalt

Vorwort

Liebe Schülerin, lieber Schüler,

du hast dich sicherlich schon gefragt: „Was soll ich jetzt machen?", „Ist das, was ich vorhabe, denn richtig?" oder allgemeiner „Was ist eigentlich gut oder böse?".
In vielen Fällen entscheidest du, ohne lange nachzudenken. Manchmal jedoch fallen überzeugende Antworten ziemlich schwer. Die Situation ist verzwickt. Unterschiedliche Meinungen prallen aufeinander. Eine klare Lösung ist dann nicht so leicht zu bekommen.
„Fair Play" will dir helfen, selbstständig durch eigenes Nachdenken vernünftige Antworten in solchen schwierigen Situationen zu finden.

Das Buch gliedert sich in **sieben große Kapitel**:
Am Anfang wirfst du einen Blick in den Spiegel und fragst dich: „Wer oder was bin ich eigentlich? Wie sehe ich aus? Welches sind meine persönlichen Eigenschaften und Talente? Wie verbringe ich meine Freizeit?"
Du lebst nicht allein, sondern mit anderen zusammen. Du feierst mit ihnen, du lernst mit ihnen oder du streitest mit ihnen. Daher kannst du im zweiten Kapitel darüber nachdenken, wie es sich gut miteinander leben lässt und wie man mit Streit sinnvoll umgehen kann.
Im dritten Kapitel geht es um „gut" und „böse". „Das ist nicht gut, sondern böse, was du da gemacht hast!" Was meinen wir damit?
Im folgenden Kapitel kannst du darüber nachdenken, ob es gerecht ist, dass manche Menschen arm, andere hingegen reich sind.
Das nächste Kapitel befasst sich mit einem besonders aktuellen Problem, dem vernünftigen Umgang mit unserer Natur. Wie können die Natur, besonders die Tiere, geachtet und geschützt werden?
Du siehst fern, du benutzt möglicherweise das Handy, hast mit anderen Kontakt im Internet oder besorgst dir auf diesem Wege wichtige Informationen. So kannst du dich im sechsten Kapitel fragen: „Wie soll ich mit diesen neuen Medien umgehen? Wie kann ich sie sinnvoll nutzen?"
Im abschließenden Kapitel geht es um die Welt als Ganzes: Du denkst darüber nach, wie die Welt, in der wir leben, wohl entstanden sein mag. Was sagen die drei Weltreligionen – Judentum, Christentum und Islam – zu diesen großen Fragen?
Die einzelnen Kapitel sind in **Doppelseiten** aufgeteilt. Zwei aufgeschlagene Seiten gehören immer zusammen. Sie behandeln eine wichtige Frage oder ein zentrales Problem.
Jedes Kapitel beginnt mit einer **Auftaktseite**. Hier findest du Bilder oder kurze Texte, manchmal auch Sprichwörter, die in das Hauptthema des Kapitels einführen. Du kannst hier das, was du zu dem Thema schon weißt oder wissen willst, sagen.
Die **Doppelseiten sind so aufgebaut**, dass ihr zunächst eure persönlichen Meinungen zu dem betreffenden Problem äußern könnt. Dann geht es in einem zweiten Schritt darum, diese Vorstellungen zu vertiefen, möglicherweise auch zu korrigieren. Dabei helfen zum einen Gesprächspartner wie deine Mitschüler und Mitschülerinnen, zum anderen auch Texte oder Bilder. Diese vertiefende Arbeit kann in ganz unterschiedlicher Form ablaufen: als Stillarbeit, als Partner- und Gruppenarbeit oder als Projektarbeit.
Bei den meisten Themen geht es darum, dass du selber mit deinen Mitschülerinnen und Mitschülern herausfindest, wo das Problem bei einer Sache liegt. Um dir bei der Lösung der Probleme behilflich zu sein, werden in den farblich unterlegten Kästen **„So geht es"** unterschiedliche Wege, die du Schritt für Schritt gehen kannst, aufgezeigt.
Einige Seiten enthalten auch, ebenfalls farblich unterlegt, die Wissenskästen **„Erkläre es mir"**, die dir für eine Beantwortung der Fragen nützliche Begriffe oder Informationen liefern.
Am Schluss jedes Kapitels findest du eine Doppelseite **„Was du weißt und kannst"**. Sie gibt dir Gelegenheit, wichtiges Wissen, zentrale Begriffe oder auch gewisse Arbeitstechniken zu wiederholen. Du kannst so selber überprüfen, was du schon weißt und kannst. Dinge, die du noch nicht so richtig verstanden hast, können hier geklärt werden.

Wenn du mit dem Buch arbeitest, so wirst du allmählich **drei grundlegende Fähigkeiten** entwickeln:

Einmal lernst du, über dich selbst nachzudenken, über deine Gefühle, Wünsche und Gründe deines Handelns **(→ Fähigkeit, über sich selbst nachzudenken)**.

Dann lernst du dabei auch, andere mit ihren eigenen Gefühlen und Meinungen besser zu verstehen. Du lernst, dich in sie hineinzuversetzen, die Welt durch ihre Augen zu sehen **(→ Fähigkeit, sich in andere hineinzuversetzen)**.

Schließlich kannst du auch durch die Gespräche und Diskussionen allmählich besser argumentieren, deine Meinung besser und überzeugender begründen **(→ Fähigkeit zum guten Argumentieren)**.

In jedem Kapitel findest du auf gewissen Doppelseiten die entsprechenden **Piktogramme**. Sie zeigen dir, dass du auf diesen Doppelseiten entweder besonders gut über dich nachdenken, andere verstehen oder argumentieren kannst.

„Fair Play" ist auch eine **Einführung ins Philosophieren**. Philosophieren heißt, über wichtige Fragen des menschlichen Lebens – z. B. „Was ist gut?", „Was ist wahr?", „Was ist schön?" – gründlich nachzudenken. Auf der Suche nach einer Antwort auf solch schwierige Fragen können dir Philosophinnen oder Philosophen als Gesprächspartner behilflich sein. An den Stellen im Buch, wo du dich mit Meinungen und Gedanken wichtiger Philosophen beschäftigst, mit ihnen also das Philosophieren lernen kannst, findest du den **Marabu**. Sein Bild zieht sich wie ein roter Faden durch das ganze Buch.

Im Anhang findest du neben den Kurzbiografien und dem Register ein Glossar, in dem grundlegende Begriffe zusammengestellt und kurz erklärt sind. Sie sind auch für den weiteren Unterricht im Fach Ethik sehr hilfreich. Die Glossarbegriffe sind im Text mit einem Sternchen (*) gekennzeichnet.

Das Verzeichnis der Methoden im Anhang gibt dir einen Überblick über die im Buch eingesetzten methodischen Vorgehensweisen.

Viel Spaß beim Denken, Diskutieren und Arbeiten mit „Fair Play"!

Euer Autorenteam

Philosophieren macht Spaß!

Wir sitzen beim Philosophieren alle im Kreis. Es ist ganz still. Keiner zappelt herum. Alle sind dabei und hören zu. Wenn jemand etwas sagt, soll man nicht so egoistisch sein und einfach wegsehen.
(Nina, 12)

Philosophieren heißt für mich, dass man die Antwort nicht weiß. Jeder hat doch eine eigene Meinung und beim Philosophieren versuchen wir, einer Antwort näher zu kommen.
(Cora, 12)

Philosophieren ist eigentlich ein Austausch von Meinungen. Deshalb gefällt mir, dass man seine Meinung sagen kann, ohne dass die anderen immer nur dagegenreden.
(Sven, 10)

Philosophieren bedeutet für mich, dass man denken kann.
(Ronny, 11)

Einfach toll am Philosophieren finde ich, dass man in aller Ruhe über sich selber nachdenken kann: über die eigenen Wünsche, die eigenen Gefühle oder die Gründe, warum ich etwas gemacht habe.
(Patrick, 12)

Die Dinge, über die wir uns Gedanken machen, sind ganz praktisch. Sie gehen alle an und deshalb finden sie alle interessant. So z. B. die Frage, warum es nicht richtig ist, andere anzulügen.
(Miriam, 10)

1. *Was gefällt euch an dem, was die Jugendlichen über das Philosophieren sagen? Nennt Gründe dafür.*

2. *Gibt es darüber hinaus noch etwas, das ihr vom Philosophieren erwartet und auf das ihr euch freut?*

Löcher in den Bauch fragen

Tom hat Probleme mit seiner Hausaufgabe in Mathe. Sein Vater sitzt im Arbeitszimmer nebenan. Tom packt sein Heft und stürzt ins Zimmer. „Hallo, Paps, ich komme mit dieser verflixten Aufgabe hier überhaupt nicht klar. Kannst du mir mal kurz helfen?" Der Vater sitzt an seinem Computer und macht einen sehr beschäftigten Eindruck. „Oh Gott, du siehst doch, dass ich beschäftigt bin. Im Augenblick habe ich wirklich keine Zeit ..."
„Aber warum denn?", fragt Tom gereizt.
„Ich muss unbedingt heute noch deine kleine Schwester im Kindergarten anmelden", antwortet der Vater, ohne von seinem Computer aufzuschauen.
„Aber warum gerade heute?"
„Weil heute der letzte Termin ist, morgen ist es zu spät", antwortet der Vater.
„Aber warum ist es dann zu spät?", will Tom weiter wissen.
„Weil der Kindergarten diesen Termin festgelegt hat."
„Aber warum hat der Kindergarten einen bestimmten Termin vorgeschrieben?", fragt Tom weiter.
„Weil es bestimmte Regeln geben muss, an die sich jeder halten sollte", antwortet der Vater in einem ungeduldigen Ton.
„Aber warum braucht man Regeln?", bohrt Tom weiter.
„Weil es sonst nur Chaos gäbe und jeder machen würde, was ihm so gefällt", gibt der Vater zurück und hämmert mit seiner Faust auf den Schreibtisch.
„Aber warum wollen die Menschen nur machen, was ihnen gefällt und ihnen nützt?"
„Weil sie egoistisch sind und nur an sich selbst denken."
„Aber warum sind die Menschen egoistisch?"
Auch diese Frage noch zu beantworten, ist dem Vater dann doch zu viel. Er steht auf, geht an Tom vorbei und verlässt etwas vor sich hinmurmelnd das Zimmer ...

3. *Warum verlässt der Vater genervt sein Arbeitszimmer?*

4. *Habt ihr ähnliche Erfahrungen mit Erwachsenen gemacht, die ihr mit Fragen gelöchert habt? Berichtet und sprecht darüber.*

Was macht der Wind, wenn er nicht weht?

5. *Erinnert ihr euch an solche oder ähnliche Fragen, die ihr als kleine Kinder gestellt habt? Wie würdet ihr heute diese Fragen beantworten?*

6. *Warum fällt es den Erwachsenen häufig schwer, solche Fragen zu beantworten?*

7. *Kinder werden manchmal als Philosophen bezeichnet. Warum wohl?*

8. *Ein Frage-Spiel: Bildet Zweiergruppen. Du beginnst, eine Geschichte zu erzählen, die du erlebt oder die du gelesen hast. Dein Partner fragt dich dann aus: „Warum?", „Was?", „Wie?".*
Bevor du weitererzählen darfst, musst du natürlich erst die gestellten Fragen beantworten.

1. Durch Fragen ins Nachdenken kommen

Einer der rätselhaftesten Philosophen war ein Mann mit Namen Sokrates. Er ist 470 v. Chr. in Athen geboren. Ganz merkwürdig an ihm ist, dass er keine Zeile geschrieben hat. Auf den Marktplätzen und in den Straßen Athens sprach er sie an und verwickelte sie in Gespräche über ihre ganz alltäglichen Probleme. Dabei untersuchte er gemeinsam mit ihnen z. B., was eine gute Tat, was ein gerechter, ein tapferer, ein frommer oder ein schöner Mensch sei. An oberster Stelle stand für ihn, dass er durch bohrendes Nachfragen die Menschen zum eigenen Nachdenken brachte. Sie sollten einsehen, dass ihre für selbstverständlich gehaltenen Meinungen bei genauerem Hinsehen gar nicht so klar und selbstverständlich sind. Den Menschen durch gezielte Fragen zum eigenen Nachdenken über sich selbst zu verhelfen, darin war Sokrates ein großer Meister. Auch nach mehr als 2400 Jahren nach seinem Tod sind und bleiben wir seine Schüler.

Wir machen eine Zeitreise in das alte Griechenland und befinden uns mit Sokrates auf dem Marktplatz von Athen. Es herrscht ein lautes Durcheinander. Das Blöken von Schafen und die durchdringenden Stimmen von Marktschreiern, die ihre Waren loswerden wollen, sind unüberhörbar. Am Rande des Gewimmels in schattigen Ecken haben sich zahlreiche kleine Grüppchen gebildet. Hier wird geredet, diskutiert, gelegentlich auch wild gestikuliert. Sokrates betritt den Marktplatz aus einer Seitengasse und nähert sich einer der Gruppen. Sein Schüler Kimon ist mit Freunden am Diskutieren. Als Sokrates sich zu ihnen gesellt, verstummt das Gespräch.

Da wundert man sich …

KIMON: Die Götter schicken uns Sokrates! Sei gegrüßt. Du kommst wie gerufen.

SOKRATES: Schön. Worum geht's? Wo drückt der Schuh?

KIMON: Wir sind in unserem Gespräch auf etwas Urkomisches gestoßen.

SOKRATES: Was ist denn so urkomisch?

KIMON: Dass man wissen kann, was man nicht weiß!

SOKRATES: Ola – Wie meinst du das?

KIMON: Ich meine, ich weiß, dass ich nicht weiß, wie viele Sterne es gibt oder wie hoch der Eiffelturm ist. Und eben das finde ich komisch, dass ich wissen kann, was ich nicht weiß!

SOKRATES: Da hast du recht. Ich habe darüber auch schon öfters gestaunt. – Aber ich habe da noch etwas Komischeres: Dass du nämlich gar nicht weißt, was du weißt!

KIMON: Hoppla – das verstehe ich erst mal gar nicht.

SOKRATES: Okay – dann denk einmal nach: Was weißt du alles?

KIMON: Ich? – Ich weiß eine ganze Menge … Ich weiß gar nicht, wo ich anfangen soll … Aber ich glaube, du hast recht. Wenn ich z. B. ein Kreuzworträtsel versuche zu lösen, glaube ich, dass ich irgendein Wort nicht weiß; dann fällt es mir plötzlich doch noch ein. Und dann kann ich wohl zu mir sagen: Ich habe gar nicht gewusst, dass ich das weiß, oder?

SOKRATES: Gut gedacht und gesagt, mein lieber Kimon. – Aber lass uns da noch ein Stückchen weitergehen: Ich weiß noch etwas, das dir noch komischer vorkommen wird: Niemand kann wissen, dass er nicht über sich nachdenkt.

KIMON: Das ist mir zu hoch! Wie soll ich das verstehen?

SOKRATES: Es ist eigentlich ganz einfach: Wenn jemand über sich nachdenkt, dann wird er wohl merken, dass er über sich nachdenkt. Jemand, der nicht über sich nachdenkt, der kann auch nie selbst darauf kommen, dass er nicht über sich nachdenkt. Also kann niemand wissen, dass er nicht über sich nachdenkt.

KIMON: Das hört sich einfach toll an. So recht hab ich's noch nicht verstanden. Ich muss darüber noch einmal in einer ruhigen Minute gründlich nachdenken … Tschüss allerseits! Wir sehen uns!

1. *Einige Dinge im Text passen nicht ins alte Griechenland. Findet ihr sie?*

2. *Was ist erstaunlich an dem Gespräch zwischen Sokrates und Kimon?*

3. *Welche komischen Dinge haben euch schon zum Nachdenken gebracht?*

Sokrates hat den Marktplatz verlassen und ist auf dem kürzesten Wege nach Hause gegangen. Dort erwartet ihn schon der junge Ilja, mit dem er sich verabredet hat.

Vollkommen glücklich?

ILJA: Hallo, Sokrates! Gut, dass du kommst. Ich muss gleich etwas loswerden.

SOKRATES: Du scheinst etwas auf dem Herzen zu haben, also schieß los!

ILJA: Hast du schon von der neuen Glücksmaschine gehört?

SOKRATES: Ja, die Leute reden schon überall davon. Warum fragst du?

ILJA: Ich finde diese Maschine ganz toll und spiele mit dem Gedanken, mich anschließen zu lassen.

SOKRATES (*zuckt zusammen und schaut Ilja direkt in die Augen*): Ach je, auch du möchtest dich an diese Maschine anschließen lassen?

ILJA: Ich glaube schon!

SOKRATES: Was erhoffst du dir davon?

ILJA: Ich finde es einfach super, dass man mit dieser Maschine nur noch schöne Gefühle haben kann, also nie wieder Angst, Trauer und schlechte Erlebnisse. Ist doch klasse, oder?

SOKRATES: Aber wenn du nur noch an dieser Maschine hängst, wird es dann nicht ziemlich einsam um dich herum? Verlierst du dann nicht alle deine Freunde?

ILJA: Die brauch ich dann einfach nicht mehr! Dieses schöne Gefühl, Freunde zu haben, kann man ja in die Maschine einprogrammieren.

SOKRATES: Aber verlierst du ohne wirkliche Freunde nicht alle sozialen Kontakte, verlernst du dann etwa nicht, mit anderen Menschen zu reden, zu diskutieren und von ihnen zu lernen?

ILJA: Schon möglich! Das gebe ich aber gerne auf für ein Leben voll stetem Glück!

SOKRATES: Aber was ist das für ein Leben, ständig an einer Maschine angeschlossen zu sein und sonst nichts tun zu können? Wäre das ein sinnvolles, ein gutes Leben? Denk doch mal darüber nach!

ILJA (*in diesem Moment rutscht ihm der Trinkbecher aus der Hand und zerschellt auf dem Boden. Ilja scheint dies kaum zu bemerken. In Gedanken versunken blickt er zum Fenster hinaus. Mit leiser Stimme sagt er schließlich*): ... Darüber muss ich noch gründlicher nachdenken ...

4. *Sokrates versucht, indem er Fragen stellt, Ilja davon abzubringen, sich an die Glücksmaschine anzuschließen. Welche der Fragen ist eurer Meinung nach die wichtigste?*

5. *Ähnlich wie Sokrates denken wir in unserem Buch nach*
a) ***über uns****: unsere Wünsche, Gefühle, Vorlieben, Meinungen,*
b) ***über die anderen****: wie wir gut miteinander leben können,*
c) ***über die Dinge unserer Welt****: wie wir mit ihnen umgehen sollen, z. B. die Natur.*
Sucht im Inhaltsverzeichnis des Buches nach Kapiteln, von denen ihr glaubt, dass sie sich besonders mit ***uns selbst****, mit* ***anderen Menschen*** *oder mit* ***gewissen Dingen*** *in unserer Welt beschäftigen.*

Sokrates hat sich mit vielen lebensnahen Themen beschäftigt, über die wir auch in unserem Buch nachdenken wollen. Mit seiner Art, durch Fragen und Gespräche zum selbstständigen Denken anzuregen, ist er für uns heute noch ein wichtiges Vorbild. Deshalb taucht sein Name an mehreren Stellen (z. B. S. 112 f., S. 183) dieses Buches auf.

6. *Sucht ein Bild von Sokrates, z. B. aus dem Internet, und klebt es auf die erste Seite eures Heftes.*

2. Spiele zum Kennenlernen

Schlüsselkönig

Die Lehrerin/der Lehrer befindet sich in der Mitte eines Stuhlkreises, in dem alle Schülerinnen und Schüler sitzen, aber kein Platz für die Lehrerin/den Lehrer frei ist.
Sie/er geht auf einen Schüler zu, wünscht ihm einen guten Tag und stellt sich namentlich vor: „Ich heiße ... und wünsche dir einen guten Tag!"
Der Angesprochene steht ebenfalls auf, nennt seinen Namen und begrüßt seinerseits einen sitzenden Mitschüler.
Dieses Schneeballspiel wird so lange fortgesetzt, bis alle begrüßt wurden und stehen.
Alle gehen frei durch den Raum. Die Lehrerin/der Lehrer lässt plötzlich ihren/seinen Schlüsselbund fallen und in diesem Moment versuchen alle, einen freien Platz zu ergattern.
Der Übriggebliebene ist Schlüsselkönig und das Spiel beginnt von Neuem.

Ein Netz spannen

Gelingt es uns, gemeinsam ein Netz zu spannen, das etwas aushält?
Der Lehrer/die Lehrerin bringt ein ordentliches Knäuel dicker Schnur mit. Entscheidet euch für einen/eine von euch, der/die das Netz prüfen wird. Alle sitzen im Stuhlkreis und werfen sich das Knäuel untereinander zu. Diejenigen, die das Knäuel werfen, erzählen etwas über sich selbst. Das Knäuel sollte möglichst über Kreuz geworfen werden, damit ein Netz entstehen kann. Wenn alle ein Stück Schnur in der Hand haben, stehen alle auf und das Netz wird gespannt. Versucht, es so straff zu halten, dass sich der „Netzprüfer/die Netzprüferin" auf das Netz legen kann.

Mein rechter Platz ist leer, ich wünsche mir ...

Setzt euch im Kreis und lasst einen Platz frei. Überlegt euch einen Tier- oder Pflanzennamen, der den gleichen Anfangsbuchstaben hat wie euer Name. Wenn ihr euch entschieden habt, sagt reihum euren Tier- oder Pflanzennamen und euren richtigen Namen. Z. B. sagt Heike: „Ich heiße Heike und gebe mir den Namen Hase!" Oder Mike sagt: „Ich heiße Mike und gebe mir den Namen Maiglöckchen!" Und so geht das Spiel: Sitzt z. B. Heike links vom leeren Platz, sagt sie: „Mein rechter Platz ist leer, ich wünsche mir ein Maiglöckchen her." Schnell setzt sich das „Maiglöckchen" neben sie. Nun darf sich die verlassene linke Maiglöckchennachbarin eine andere Blume/ein anderes Tier an ihre leer gewordene Seite wünschen.

Das Geschwister-Spiel

Wir bilden vier Gruppen:
a) die ältesten Geschwister, b) die mittleren, c) die jüngsten, d) die Einzelkinder.
Dann tauschen wir unsere gemachten Erfahrungen als „älteste Geschwister"..., „Einzelkinder" aus:
„Woran erinnere ich mich?" (Erfreuliches? Unerfreuliches?)
„Wann gab es Streit und warum?"
„Wie wurde der Streit beigelegt?"
Die Gruppen berichten in der Klasse über ihr Gespräch:
„Welche gemeinsamen oder unterschiedlichen Erfahrungen haben wir gemacht?"
„Was haben wir aus den gemachten Erfahrungen gelernt?"
Abschließend reden wir darüber, ob und wie uns das Spiel dabei geholfen hat, uns besser kennenzulernen.

Blindschreiben

Einer/einem von den beiden Tischnachbarn sind die Augen verbunden. Ihr/ihm wird beim Schreiben irgendwelcher Worte die Hand geführt. Kann der/die Blinde erraten, was er/sie geschrieben hat?

Softeis – Pinguine oder Eisbären auf dem Eis

Alle, die am Spiel teilnehmen, sind Pinguine oder Eisbären und stehen auf einer Eisscholle aus Zeitungspapier, die auf dem Boden liegt. Die Sonne brennt heiß. Die Scholle beginnt zu schmelzen. Die Lehrerin/der Lehrer verkleinert die Eisscholle, indem sie/er immer mehr Zeitungsstreifen von der Scholle abreißt. Die Spieler müssen immer enger zusammenrücken und versuchen, gemeinsam auf der Eisscholle Platz zu finden. Das Spiel ist beendet, wenn die Gruppe „unterzugehen" droht.

Wer ist wer?

DIN-A4-Blätter werden verteilt. Jeder notiert seinen Namen links oben auf dem Blatt und gibt es der Lehrerin/dem Lehrer zurück, die/der nun den Stapel mischt.
Die Blätter werden von der Gruppe verdeckt gezogen. Anschließend schreibt jede/r verdeckt positive bis neutrale Merkmale „seines" Mitschülers auf den Zettel. *Wichtig ist, dass keine negativen Eigenschaften genannt werden dürfen!*
Die Blätter werden zusammengefaltet und abgegeben.
Jeweils ein Zettel wird blind gezogen und vorgelesen. Die anderen müssen raten und begründen, wer gemeint ist.

Akrostichon*

Bildet Zweiergruppen. Schreibt die Buchstaben des Namens des jeweiligen Partners untereinander. Benutzt jeden Buchstaben als Anfangsbuchstaben für ein Wort (Adjektiv), das zu der Person passt, z. B. Lia: lustig, intelligent, ausdauernd.
Sprecht untereinander ca. drei Minuten lang über eure gefundenen Wörter und wie ihr darauf gekommen seid.
Einigt euch auf einen treffenden Satz, der gut zu eurem jeweiligen Partner passt.
Lest diesen Satz in der Klasse laut vor.

„Ich“ – Wer ist das?

Wichtig ist für Menschen nicht nur, wie sie aussehen, was sie fühlen, sondern auch, was sie erleben, wie sie sich einschätzen und zu wissen, was sie glücklich macht. Auch ihre Schwächen und Stärken, Vorlieben und Abneigungen gehören dazu.

1. *Mein Wappen:*
Wappen in der uns bekannten Form gibt es seit dem Mittelalter und sie galten zunächst vor allem als Erkennungshilfe bei Ritterturnieren. Ihr könnt nun selbst ein Wappen als euer Erkennungszeichen gestalten. Jede/r soll ein eigenes Wappen für sich entwerfen: Füllt die verschiedenen Bereiche farbig mit Zeichnungen oder Stichworten aus und gestaltet sie mit dem, was euch wichtig ist in eurem Leben, was ihr gerne tut, wo ihr wohnt, was ihr besonders gut könnt usw. Ihr könnt euren Namen direkt in das Wappen hineinschreiben oder in eine Banderole einfügen.
Zum Schluss könnt ihr die verschiedenen Wappen in Kleingruppen vorstellen, austauschen und im Klassenzimmer ausstellen.

2. *Das rechts abgebildete Wappen hat ein Mädchen gemalt. Was erfahrt ihr durch dieses Wappen über das Mädchen?*

3. *Schau dir die Bilder auf dieser Doppelseite an, entscheide, welches Bild dir am besten gefällt, und begründe deine Entscheidung. Überlegt gemeinsam, was die anderen durch deine Wahl über dich erfahren.*

4. *Welche weiteren Bilder würdet ihr gerne noch hinzufügen?*

5. *Wenn ich über mich selbst nachdenke, was beschäftigt mich dann besonders? Sammelt eure Gedanken und Einfälle.*

1. Wie sehe ich mich? – Wie sehen mich die anderen?

1. *Gebt den Bildern jeweils einen Titel und tauscht euch darüber aus, wie die Schüler eurer Ansicht nach gesehen werden wollen und was ihnen dabei wichtig ist. Unterhaltet euch auch darüber, wie euch die Bilder gefallen.*

2. *Du willst Fotos von dir für deine Großeltern, den/die neue/n Austauschschüler/in und für einen Steckbrief in der Schule machen. Macht jeweils drei verschiedene Fotos, schaut sie euch in Gruppen an und redet über das, was euch daran auffällt und gefällt. Wodurch unterscheiden sie sich? Erkennt man, für wen welches Bild gedacht ist?*

Wer man ist oder sein will

Wer bist du? Wie heißt du oder woher kommst du? Das sind Fragen, die uns ganz vertraut sind und die wir stellen, wenn wir fremden Menschen begegnen. Wir können natürlich auch noch andere Fragen stellen, die zum Nachdenken anregen und uns etwas über eine Person und ihre Persönlichkeit sagen.

3. *Ergänze die folgenden Fragen um weitere zehn Fragen, mit deren Hilfe du andere besser kennenlernen kannst. Suche dir dann in der Klasse eine/n Interviewpartner/in, stelle deine Fragen und beantworte seine/ihre Fragen.*

1. *Wie heißt du und was magst du an deinem Namen oder auch nicht?*
2. *Wie wohnst du?*
3. *Was kannst du deiner Meinung nach besser als die meisten deiner Freundinnen oder Freunde?*
4. *Was willst du einmal werden und weshalb?*
5. *Wie oft überprüfst du E-Mails/Facebook/schuelerVZ am Tag?*
6. *Welche Sportart würdest du gerne beherrschen?*
7. *Welcher ist dein Lieblingsplatz in eurer Wohnung/eurem Haus?*
8. *Dein Lieblingstier?*
9. *Deine Lieblingsmusik?*
10. *Dein liebster Zeitvertreib?*

Wie andere uns sehen

Stellt euch vor, ihr kämet von einem anderen Planeten und landet nun auf der Erde. Könnt ihr euch vorstellen, wie ihr dann das, was ihr seht, beschreiben würdet? Der Kinder- und Jugendbuchautor Paul Maar hat dies in einer seiner Geschichten den Piloten Ama Bend tun lassen:

„Der Planet ist größer als alle bekannten Planeten unseres Systems. Und er kreist um einen noch viel größeren Planeten, der starke Strahlen aussendet.“
„Strahlen?“, fragte der Koordinator erstaunt. „Bist du sicher?“
„Vollkommen sicher! Ich konnte die Strahlen mit meinen Instrumenten deutlich messen. Diese Strahlen haben eine große Wirkung auf die Bewohner des Planeten: Wenn sie von den Strahlen des Planeten getroffen werden, werden sie lebhaft und bewegen sich schnell. Bleiben die Strahlen aus, weil der Planet sich weitergedreht hat, so werden sie bewegungslos.“
„Völlig bewegungslos?“, fragte der Koordinator dazwischen.
„Fast bewegungslos. Sie ziehen sich in flache Behälter zurück, die mit einem Gespinst bedeckt sind. Dort verharren sie, bis die Strahlen des großen Planeten sie wieder treffen.“ „Und wie sehen diese Lebewesen aus?“ „Sie haben einen ungegliederten, trockenen Rumpf, der sich an einem Ende stark verdünnt und dann in einem kugelförmigen Fortsatz endet. Außerdem gehen von diesem Rumpf vier plumpe Stengel ab, die einen kreisförmigen Querschnitt haben. Mit diesen Stengeln bewegen sie sich.“

(Paul Maar: Der fremde Planet. In: Jahrbuch der Kinderliteratur: Der fliegende Robert. Hrsg. v. Hans-Joachim Gelberg, Beltz Verlag, Weinheim und Basel 1991, S. 65f.)

4. *Was und wen beschreibt Ama Bend? Was fehlt dabei? Stellt euch vor, ihr könntet mit Ama Bend sprechen, was würdet ihr ihm sagen wollen? Führt dieses Gespräch.*

5. *Wählt andere gewöhnliche Tätigkeiten, die Menschen (Kinder, Jugendliche) ausüben, und beschreibt sie, als kämet ihr von einem anderen Planeten. Lest euch hinterher eure Beschreibungen vor und lasst die anderen herausfinden, um welche Gewohnheiten oder Tätigkeiten es sich handelt.*

Ein komischer Tag

Heute war ein wirklich komischer Tag. Schon beim Aufwachen war ich mies drauf. Als ich dann mein Gesicht im Spiegel sah, war alles aus. Ein dicker fetter Pickel mitten auf der Stirn, dunkle Ränder unter den Augen und blass wie eine Scheibe Käse. Da half nur Kaschieren mit Abdeckstift, Haare in die Stirn frisieren, durch Kleidung ablenken. Aber dann waren auch noch all meine coolen Klamotten in der Wäsche. Mist. Wieder mal auf dem letzten Drücker ging ich dann in die Schule. Dass mein Fahrrad einen Platten hatte und ich zu Fuß gehen musste, gehört an solchen Tagen zu den eher nebensächlichen Katastrophen. Natürlich hatte ich es eilig, natürlich musste ich mich auf dem Gehweg an anderen vorbeidrängeln, natürlich musste ich am Zebrastreifen die Autos zum Anhalten zwingen. Ich wollte ihretwegen doch nicht zu spät kommen und vom Deutschlehrer blöd angemacht werden. Aber dass eine ältere Frau mir dann „Danke!“ hinterherrief, das irritierte mich schon ein wenig, sodass ich mich kurz nach ihr umdrehte und sah, wie sie mir nachwinkte. Als wenn ich das mit Absicht getan hätte, damit sie auch über die Straße gehen konnte, na, was soll's. Dass ich dann aber noch zur Streitschlichterin gemacht wurde, weil ich keine Lust hatte, einer Gruppe sich streitender Jungs aus dem Weg zu gehen, mitten in sie hineinmarschierte, „Platz da!“ schrie und so ihrer Rauferei ein Ende setzte, das war mir zwar schon zu viel, aber es war noch nicht zu Ende. An diesem Tag, der so chaotisch begonnen hatte, wendete sich einfach alles, was ich tat, zum Guten. Und was sagt mir das?

6. *Wie würdet ihr die letzte Frage von Carla beantworten?*

7. *Was denkt ihr über Carla, die hier ihren Tag beschreibt? Welchen Rat würdet ihr ihr geben?*

8. *Habt ihr auch schon einmal erlebt, dass das, was ihr wolltet, von anderen völlig anders verstanden wurde? Berichtet davon.*

2. Wer wäre ich, wenn ich nicht Ich wäre?

1. *Bringt kleinere Gegenstände, Dinge oder Bilder mit, die etwas über euch aussagen, z. B. das Instrument, das ihr spielt, euer Lieblingsbuch, eine Haarspange, einen Anhänger usw. Baut aus den Gegenständen entweder ein Stillleben oder fertigt aus den Bildern eine Collage an. Betrachtet in Gruppen eure Ergebnisse. Überlegt, was ihr über die anderen erfahrt, und tauscht euch hinterher darüber aus, ob eure Vermutungen zutrafen.*

2. *Erstelle eine Mindmap zur Frage „Was gehört zu meinem Ich"? Zeichne sie nach dem folgenden Muster:*

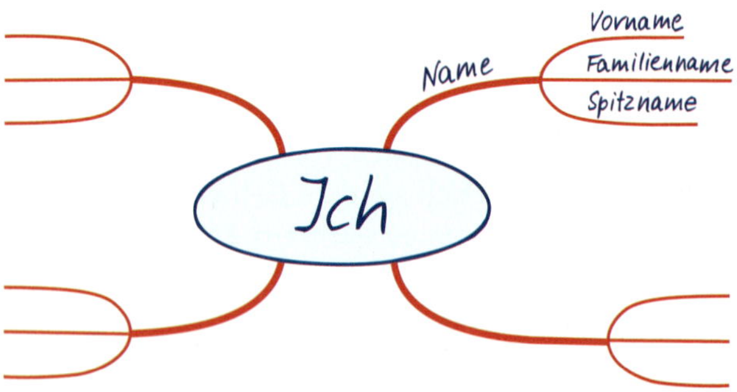

So geht es – Eine Mindmap erstellen

Eine Mindmap ist eine Art geistige Landkarte, mit deren Hilfe du deine Gedanken notieren, sammeln und auch ordnen kannst. In die Mitte der Mindmap schreibst du das Thema in einen Kern, Kreis, Kasten o. Ä. Dann notierst du deine Einfälle und Gedanken möglichst kurz auf Ästen, die von der Mitte ausgehen. Wenn dir weitere Punkte zu einem Stichwort einfallen, notierst du diese auf Unterästen. Mit Nummerierungen, Pfeilen und kleinen Zeichen kannst du deine Gedanken ordnen, klarer machen und verbinden. Du solltest darauf achten, dass du das Blatt beim Beschreiben nicht drehst, sondern so schreibst, dass du alles, was du aufgeschrieben hast, direkt lesen kannst.

Vom Fragen und Nachdenken

Illustration von Loriot
aus: Loriot: Gesammelte Prosa

3. *Beschreibt, wie die Figur auf dem Bild oben auf euch wirkt. Welche Frage könnte sie sich gerade stellen?*

4. *Baut ein Standbild zum Thema „Wenn Menschen denken", stellt euch dann eure Ergebnisse vor. Gibt es Ähnlichkeiten oder deutliche Unterschiede zwischen euren Standbildern? Benennt sie und redet darüber.*

5. *Menschen stellen sich viele Fragen, manche davon bringen uns zum Nachdenken und Grübeln. Zu diesen Fragen gehören Fragen wie „Wer bin ich?", „Woher weiß ich, dass ich bin?", „Was ist Wahrheit?", „Was soll ich tun"? Die Antworten liegen nicht gleich auf der Hand und nicht immer gibt es nur eine einzige Antwort. Überlegt euch zu zweit Fragen, die ihr euch als ähnlich schwierig vorstellt. Schreibt sie auf und gestaltet damit ein kleines Frage- und Antwortspiel in der Gesamtgruppe.*

Warum bin ich ausgerechnet Ich?

Wenn ich über mich selbst nachdenke, komme ich zu keinem Ende. Das fängt damit an, dass es kaum einen Grund dafür gibt, warum *ich* ausgerechnet *ich* bin. Ich könnte irgendein anderes Kind sein. Warum bin ich hier geboren, aber nicht in Amerika oder in China, irgendwo sonst auf der Welt? Warum bin ich gerade zu dieser Zeit geboren? Wo würde ich sein, wenn ich *nicht* geboren wäre? – Einfach nicht da? Noch nicht? Oder angenommen: *ich*, geboren im Jahr 2050 auf dem Mars: Ich! Ganz anders wäre ich. Wie würde ich sprechen oder denken? Nichts von dem, was ich *jetzt* denke, würde ich verstehn. Oder doch?

(Susanne Kilian: Die Zeit und ich darin. In: Jahrbuch der Kinderliteratur: Der fliegende Robert. Hrsg. von Hans-Joachim Gelberg, Beltz Verlag, Weinheim und Basel 1991, S. 235)

6. *Was meint ihr? Worum geht es der Erzählerin?*

7. *Vielleicht kennt ihr ja auch solche Gedanken und Vorstellungen. Setzt sie noch ein wenig fort: Warum bin ich ausgerechnet als Junge/Mädchen geboren? Warum ist meine Mutter meine Mutter? Warum heiße ich ...? Stellt euch vor, wie euer Leben sonst noch aussehen könnte.*

Helmut Glatz

Weil ich bin

Ich atme ein, ich atme aus,
die Luft geht rein, die Luft geht raus.

Ich gehe vorwärts, Schritt für Schritt,
ein Fuß geht mit dem andern mit.

Ich denke leise, so für mich:
Weil ich ich bin, bin ich ich.

(Helmut Glatz: Weil ich bin. In: Jahrbuch der Kinderliteratur: Der fliegende Robert. Hrsg. von Hans-Joachim Gelberg, Beltz Verlag, Weinheim und Basel 1991, S. 93)

8. *Stellt euch vor, ihr seid das Ich des Gedichts. Setzt das Gedicht um, indem ihr euch im Raum verteilt und die drei Strophen nachvollzieht. Achtet darauf, wie ihr atmet, wie ihr Schritt für Schritt geht, wie ihr in euch hineinhorcht und euch dabei fühlt.*

9. *Redet gemeinsam darüber, wodurch das Ich in dem Gedicht von Helmut Glatz so sicher ist, dass es Ich ist.*

10. *Beschreibt euch gegenseitig, was passiert, wenn euer Atem den Löwenzahn berührt.*

3. Bist du (dir/deiner) sicher?

Täuschungen

In der Geschichte „Jim Knopf und Lukas der Lokomotivführer" von Michael Ende begegnen beide Figuren dem Scheinriesen Tur Tur in der Wüste „Das Ende der Welt". Er erzählt ihnen seine leidvolle Geschichte:

„Nun", meinte Herr Tur Tur, „da ist eigentlich nicht viel zu erzählen. Eine Menge Menschen haben doch irgendwelche besonderen Eigenschaften. Herr Knopf zum Beispiel hat eine schwarze Haut. So ist er von Natur aus, und dabei ist weiter nichts Seltsames, nicht wahr? Warum soll man nicht schwarz sein? Aber so denken leider die meisten Menschen nicht. Wenn sie selber zum Beispiel weiß sind, dann sind sie überzeugt, nur ihre Farbe wäre richtig, und haben etwas dagegen, wenn jemand schwarz ist. So unvernünftig sind die Menschen bedauerlicherweise oft." „Und dabei", warf Jim ein, „is' es doch manchmal sehr praktisch, eine schwarze Haut zu haben, zum Beispiel für Lokomotivführer." Herr Tur Tur nickte ernst und fuhr fort: „Sehen Sie, meine Freunde: Wenn einer von Ihnen jetzt aufstünde und wegginge, würde er doch immer kleiner und kleiner werden, bis er am Horizont schließlich nur noch wie ein Punkt aussähe. Wenn er dann wieder zurückkäme, würde er langsam immer größer werden, bis er zuletzt in seiner wirklichen Größe vor uns stünde. Sie werden aber zugeben, dass der Betreffende dabei in Wirklichkeit immer gleich groß bleibt. Es scheint nur so, als ob er erst immer kleiner und dann wieder größer würde." „Richtig!", sagte Lukas. „Nun", erklärte Herr Tur Tur, „bei mir ist das einfach umgekehrt. Das ist alles. Je weiter ich entfernt bin, desto größer sehe ich aus. Und je näher ich komme, desto mehr erkennt man meine wirkliche Gestalt." „Sie meinen", fragte Lukas, „Sie werden gar nicht wirklich kleiner, wenn Sie näher kommen? Und Sie sind auch nicht wirklich so riesengroß, wenn Sie weit entfernt sind, sondern es sieht nur so aus?" „Sehr richtig", antwortete Herr Tur Tur. „Deshalb sagte ich, ich bin ein Scheinriese. Genauso, wie man die anderen Menschen Scheinzwerge nennen könnte, weil sie ja von Weitem wie Zwerge aussehen, obwohl sie es gar nicht sind."

(Michael Ende: Jim Knopf und Lukas der Lokomotivführer, Thienemann Verlag, Stuttgart/Wien 1990, S. 131 f.)

1. *Unsere Wahrnehmung lässt sich manchmal täuschen. Sie spiegelt uns etwas vor, so wie es in der Begegnung zwischen Jim Knopf, Lukas und dem Scheinriesen Herrn Tur Tur deutlich wird. Nennt die Täuschungen, von denen die Rede ist.*

2. *Wer ist wer? Erstellt eine Liste mit 15 bis 20 Eigenschaften, mit denen ihr später einander beschreiben sollt. Dann schreibt jeder seinen Namen auf einen Zettel, die Namenszettel werden vermischt und ausgeteilt. Der Name auf deinem Zettel ist dann die Person, die du auf einem neuen Blatt beschreiben sollst. Du kannst zur Beschreibung auch Begriffe benutzen, die nicht auf der Liste stehen.*
Hinterher zieht ihr einzelne Zettel, lest die Beschreibungen vor und lasst die anderen raten, wer aus der Gruppe gemeint ist.

Suche nach Gewissheit

Manchmal gehen uns Fragen und Gedanken durch den Kopf, die sich auf etwas beziehen, was wir nicht gleich in einem Lexikon oder im Internet nachschauen können. Zu diesen Gedanken gehören Fragen wie „Woher weiß ich, dass das, was ich im Spiegel sehe, das ist, was andere sehen?", „Woher weiß ich, dass das, was für mich blau ist, für einen anderen nicht gelb ist, sie oder er es aber auch blau nennt?", „Woher weiß ich, dass ich jetzt, in diesem Moment, nicht träume, dass mein ganzes Leben kein Traum ist?"

3. *Denkt über diese Fragen nach und führt in Gruppen ein Schreibgespräch dazu.*

4. *Lest die Gespräche der anderen. Tauscht euch in einer kurzen Gesprächsrunde darüber aus, was ihr gelesen und selbst geschrieben habt.*

So geht es – Ein Schreibgespräch führen

Ihr setzt euch in Gruppen (maximal zu viert) zusammen und schreibt eure Gedanken, Gefühle und Eindrücke zu einer Ausgangsfrage, einem Begriff, einem Bild hintereinander auf dasselbe Blatt. Ihr könnt dazu auch etwas zeichnen. Wichtig ist, dass ihr während des Schreibgesprächs nicht miteinander redet! Hinterher könnt und sollt ihr euch dann in der Gruppe noch über eure Beiträge unterhalten und diskutieren.

Viele andere Menschen haben sich zu den Fragen, über die ihr gerade nachgedacht und geredet habt, auch schon Gedanken gemacht. So auch der Philosoph René Descartes in der Nacht vom 10./11. November 1619, nachdem er aus einem Traum aufgewacht war, der ihm so wirklich vorgekommen war, dass er sich fragte, woher wir denn wissen, was Traum und was Wirklichkeit ist, woher wir wissen, dass unsere Überzeugungen wahr sind. Bei seiner Suche nach Wahrheit, seinen Überlegungen und Fragen schien ihm am Ende nur eines sicher, was zuverlässig war und nicht weiter angezweifelt werden konnte.

Er bewies, um es kurz zu machen, dass der Mensch tatsächlich existiert, dass er neben allen Zweifeln die Gewissheit hat, als Ich zu sein. Und damit hat Descartes das Denken in der Philosophie stark geprägt. Sein Satz *„Cogito, ergo sum"* – *„Ich denke, also bin ich"* wirkt bis heute in der Philosophie und im Denken der Menschen nach. Vielleicht findest du den Satz gar nicht so wichtig oder interessant, weil du ja viele andere, ähnliche Sätze bilden kannst wie „Ich sehe, ich lache, ich stehe, ich träume", die dir vielleicht schon genug zeigen, dass du bist, also existierst. Als Mathematiker wandte Descartes Grundsätze der Mathematik auch auf philosophische Fragen an, sodass in seinem Beweis kein Zweifel mehr übrig bleibt. In den beschriebenen Situationen könntest du ja träumen, dass du träumst, stehst und so weiter, dass du dir dies alles also nur einbildest.

Nach Descartes lässt sich an allem zweifeln, alles infrage stellen, das Einzige, das ist Descartes' Schlussfolgerung, was sich bei all diesen Überlegungen nicht bezweifeln lässt, ist der, der zweifelt. Es gibt also jemanden, der denkt und sich all diese Fragen stellt, und das weiß ich ganz gewiss. Und wir Menschen sind die einzigen Lebewesen (die wir kennen), die dies können, nach Wahrheit suchen, Fragen stellen und sie auch beantworten.

(nach: Christine Schulz-Reiss: Nachgefragt: Philosophie, Loewe Verlag, Bindlach 2005, S. 76)

5. *Fasst mit eigenen Worten zusammen, wie Descartes die Frage nach dem, was wir sicher wissen, beantwortet.*

6. *Setzt euch in Gruppen zusammen und überlegt,*
- *ob euch die Ausführungen des Philosophen Descartes überzeugen,*
- *welche Fragen ihr Descartes gerne stellen würdet.*

Hinterher könnt ihr euch in Gruppen die Fragen vorlesen und versuchen, sie selbst (oder mithilfe eurer Lehrerin/eures Lehrers) zu beantworten.

René Descartes (1596 – 1650)

4. Wer ist das im Spiegel?

1. *„Spiegelbild spielen":*
Ihr stellt euch zu zweit einander gegenüber, eine/r vollführt wie vor einem Spiegel Bewegungen, streicht sich durchs Haar, lächelt usw. Euer Gegenüber versucht, alles möglichst zeitnah mitzumachen. Jede/r sollte einmal die Bewegungen machen und einmal nachmachen.
Unterhaltet euch hinterher darüber, wie ihr euch dabei gefühlt habt, ein „fremdes" Spiegelbild zu haben.

2. *Stell dir vor, du schaust eines Tages an einem Morgen noch ganz verschlafen in den Spiegel und du siehst dich nicht. Du hast kein Spiegelbild mehr. Wie verhältst du dich? Was bedeutet das für dich? Schreibe auf, was du tun würdest. Vergleicht eure Ergebnisse und überlegt, wie jemand sein Spiegelbild „verlieren" könnte …*

Nun kann es uns ja zum Glück nicht so leicht passieren, dass wir unser Spiegelbild verlieren oder dass es uns gestohlen wird, aber manchmal passieren uns doch auch seltsame Dinge damit:

Das soll ich sein?

Die erste (und wahre) Geschichte ist dem Wiener Physikprofessor Ernst Mach gegen Ende des 19. Jahrhunderts passiert; er schildert sie in seinem wissenschaftlichen Hauptwerk mit dem Titel „Analyse der Empfindungen". Einst sei er, etwas erschöpft, in einen Omnibus gestiegen. Als er die Treppen hinaufging, sah er im gleichen Rhythmus auf der anderen Seite einen Mann einsteigen, und bei seinem Anblick schoss ihm der Gedanke durch den Kopf: „Was steigt doch da für ein heruntergekommener Schulmeister ein!" In seiner Zerstreutheit hatte Mach nicht bemerkt, dass gegenüber der Treppe, über die er in den Bus einstieg, ein großer Spiegel angebracht war. Er hat *sich* also *selbst* gesehen. Aber gedacht hat er, dass ein ziemlich heruntergekommener Lehrertyp einsteigt. Und das ist doch ein recht unangenehmer Gedanke für einen gepflegt gekleideten und angesehenen Professor, dass er nach seiner eigenen Meinung so aussieht wie ein schäbiger Lehrmeister.

(Manfred Frank: Warum bin ich Ich? Insel Verlag, Frankfurt/M. 2007, S. 21 f.)

3. *Vielleicht habt ihr auch schon einmal eine ähnliche Erfahrung gemacht oder aber ihr seht euch ein Foto an und merkt erst nach einiger Zeit, dass ihr auf dem Bild seid. Tauscht euch über Erfahrungen oder Erlebnisse des „Nichterkennens" aus.*

Wer erkennt sich wieder?

Der Philosoph Manfred Frank hat zu der Bedeutung unseres Spiegelbildes eine klare Meinung und führt sie mit Beispielen aus: Die Kenntnis, die wir von uns selbst als uns selbst haben, lernen wir nicht aus dem Spiegelbild, wir mussten sie schon vorher haben.

Und das ist nicht nur bei uns Menschen so. Es handelt sich offenbar um eine Fähigkeit, deren Besitz wir mit höheren Tieren teilen. Besonders mit unseren engsten Verwandten, den (darum sogenannten) *Menschenaffen*. [...] Um das zu beweisen, hat der Tierpsychologe Gordon Gallup schon vor Jahrzehnten ein berühmtes Experiment angestellt. Er hat seine Versuchstiere (Schimpansen) in Narkose versetzt, damit sie gar nichts von dem Experiment merkten. Während sie bewusstlos waren, hat er ihnen einen roten Farbfleck jeweils auf die rechte Augenbraue und aufs linke Ohr gemalt. Es gab keine Tast- oder Geruchsspuren, die auf die Flecken hätten führen können. Nach Abklingen der Betäubung wurden Filme gedreht sowohl über das Verhalten der Schimpansen *vor* einem und *ohne* Spiegel. Bei aufgestelltem Spiegel berührten die Schimpansen ohne zu zögern und ganz zielsicher den Rotfleck auf Augenbraue und Ohr. War der Spiegel weggeräumt, fassten sich die Schimpansen nicht häufiger an die markierten als an irgendwelche nicht markierten Kopfstellen. Der Tierpsychologe und -neurologe Marc D. Hauser diskutiert diese Versuche kritisch und kommt zu dem Schluss, sie seien wirklich gewissenhaft genug durchgeführt, um uns zu überzeugen, dass die Schimpansen sich selbst *als* sich selbst im Spiegel erkannten und ihr Spiegelbild nicht mit dem Bild eines Artgenossen verwechselten. Diese Schimpansen gewannen ihr Bewusstsein von sich also nicht dadurch, dass sie durch ein Spiegelbild lernten, dass *sie* es sind, die da abgebildet sind. Das wussten sie, wie wir Menschen, schon vorher; die Schimpansen erkennen sich im Spiegelbild lediglich *wieder*.

(ebd., S. 27/29)

4. *Fasst mit eigenen Worten zusammen, wie Manfred Frank die Behauptung, dass Menschen und Menschenaffen ein Bewusstsein von sich haben, erläutert.*

Als ihr noch kleine Kinder wart, jünger als zwei Jahre, habt ihr euer Spiegelbild für ein Bild von einem anderen gehalten, so wie die meisten Tiere das tun (Hunde etwa vor dem Spiegel). Ihr habt auch ungefähr mit zwei Jahren erst gelernt, zu euch selbst „ich" zu sagen. Hattet ihr dies geheimnisvolle Fürwort einmal gelernt, ging alles wie geschmiert: Ihr konntet immer fehlerlos auf euch selbst Bezug nehmen.

(ebd., S. 31)

5. *Versucht zu erklären, was das Kind nach dem Erlernen des „geheimnisvollen Fürworts" denken kann.*

6. *Stellt euch vor, ihr seid das Kind, das gerade gelernt hat, „ich" zu sagen. Was sagt es? „Ich ..."*
Bildet mehrere Sätze dazu.

5. Immer nur ich?

Caravaggio: Narziss (um 1598/99)

1. *Beschreibt, was ihr auf dem Bild seht und was euch besonders auffällt.*

2. *Malt, zeichnet oder fotografiert selbst ein Bild zum Thema „Selbstliebe" und gebt ihm einen Titel.*

3. *Was denkst du? Welchem der folgenden Zitate und Redewendungen kannst du zustimmen und weshalb? Diskutiert die Vor- und Nachteile der verschiedenen Ansichten.*

Jeder ist sich selbst der Nächste.
(Sprichwort)

Ohne Liebe zu sich selbst ist auch die Nächstenliebe unmöglich.
(Hermann Hesse, 1877–1962, dt.-schweiz. Schriftsteller)

Liebe deinen Nächsten wie dich selbst.
(Die Bibel)

Die Wurzel alles Bösen in der Welt ist der Mangel an Liebe zu sich selbst.
(Thomas von Aquin, 1225–1274, ital. Philosoph und Theologe)

Sind alle Menschen Egoisten*?

Vier Jugendliche unterhalten sich darüber, ob alle Menschen von Natur aus egoistisch sind:

„Alle Menschen sind Egoisten. Der eine so, der andere so. Der eine kann das besser verbergen als der andere. So ist das."

„Dann bist du auch ein Egoist", sagte Leo. „Und ich auch. Und Dominik auch, und auch unsere brave Linda." Vicki nickte nur. Sie lächelte überlegen. „Moment mal!" Linda wandte sich zuerst an Leo. „Ich bin nicht eure brave Linda." Und an Vicki gewandt sagte sie: „Du meinst, es gibt keinen Unterschied zwischen einem, der klaut, und einem, der anderen was schenkt?" „Nee, beide tun das nur aus Egoismus. Der eine will mehr für sich haben, und dem anderen macht es einfach Spaß, was zu verschenken. Das tut ihm gut. Und weil es ihm selbst guttut, schenkt er anderen was – also aus Egoismus. Jeder denkt nur an sich, auch du und du und du und ich."

„Klingt so, als wäre das richtig." Dominik schaut nachdenklich vor sich hin und dreht die Kappe wieder nach vorn. „Aber irgendwie gefällt mir das nicht. Ich meine, es gibt doch Unterschiede." Leo fummelte an den Schnürsenkeln herum, die sich gelöst hatten. Als er endlich eine feste Schleife zustande gebracht hatte, richtete er sich auf und schaute zu einer Wolke, die leuchtend weiß am Himmel vorbeizog. „Ich meine", sagte er langsam, „man sollte die richtigen Wörter benutzen, wenn es keinen Streit geben soll. ‚Egoismus', das ist ein hartes Wort. Ich meine, man soll es nicht immer benutzen, wenn einer an sich denkt und etwas für sich tut. Da muss noch was dazu kommen, wenn Egoismus das richtige Wort sein soll. „Und das wäre?" Vickis Stimme klang schnippisch. „Ganz einfach", sagte Leo, ohne auf ihren Ton einzugehen, „man tut etwas für sich, und man schadet damit zugleich anderen." Dominik nickte und zog die Kappe tief ins Gesicht. „Genau! Man ist nur dann wirklich egoistisch, wenn man etwas auf Kosten anderer tut. Das ist es." Vicki verzog keine Miene. Linda holte tief Luft und sagte: „Meine Tante Ilse – wir nennen sie auch Ilsebill – ist schon älter und hat viel Zeit. Die gammelt nicht rum oder hängt nur vor der Glotze, sondern sie geht ins Krankenhaus – als blauer oder grüner Engel oder wie das heißt. Sie besucht Kranke, die sonst nie Besuch bekommen, unterhält sich mit ihnen und hört ihnen zu. Finde ich gar nicht schlecht. Da kann man doch nicht von Egoismus

reden." „Das tut sie doch nur, weil sie Langeweile hat." Vicki hatte mit erhobener Stimme gesprochen. Dominik schob die Kappe etwas höher, sodass er Vicki ins Gesicht schauen konnte. „Vielleicht will sie den Kranken nur eine Freude machen." „Ja und? Dann tut sie es, weil es ihr Freude macht, anderen eine Freude zu machen." Leo wurde ungehalten. „Und das nennst du Egoismus? Blödsinn!" Vicki rutschte eine Etage tiefer und saß jetzt auf der Sitzfläche der Bank. Sie streckte weit ihre Beine aus, die in fantasievoll geflickten Jeans steckten. „Ihr habt mich nicht überzeugt", sagte sie. „Aber ich gebe zu, dass mir deine Tante lieber ist als ein Trickbetrüger, der alten Frauen die Girokarte plus Geheimnummer abluchst. Aber ich bleibe dabei: Auch die sogenannten Guten handeln nur aus Egoismus."

(Helmut Engel: Blaue Schokolade. Geschichten zum Denken und Querdenken, Siebert Verlag, Hannover 2007, S. 48 f.)

4. *Wie ist eure Meinung? Sind alle Menschen im gleichen Maße egoistisch oder gibt es Unterschiede?*

5. *Welche verschiedenen Meinungen könnt ihr in diesem Gespräch erkennen? Mit welcher stimmt ihr am ehesten überein und weshalb?*

Was ist gut am Egoismus?

Wenn man von Egoismus spricht, dann meint man damit, dass jemand nur an sich selbst denkt. Die Bewertung „Du bist egoistisch" ist eine persönliche Bewertung, die meist gebraucht wird, um andere zu manipulieren[1]. Man will dem anderen durch eine solche Bemerkung Schuldgefühle machen und so erreichen, dass er seine Interessen zurücksteckt und wir daraus Vorteile ziehen können.

Der Begriff Egoismus wird meist negativ verwendet, doch gibt es auch einen gesunden Egoismus. Wir können sehr wohl sowohl an uns als auch an andere denken.
Wenn du an dich denkst, dann ist auch an andere gedacht, sagt Rolf Merkle[2]. Das klingt erst nach einem Widerspruch, ist es aber nicht. Nur wer auch an sich und seine Bedürfnisse denkt und diese nicht vernachlässigt, lebt nicht mehr in einem Zustand des Mangels und kann so auch an andere denken.
Im Grunde genommen ist jedes Verhalten egoistisch. Auch wer seine eigenen Interessen zurückstellt und sich für andere einsetzt, handelt in seinem Interesse, denn er sieht in seinem Verhalten mehr Vorteile.
Das Gegenteil von Egoismus [lat.: ego: Ich] ist Altruismus [lat.: alter: der Andere], d. h. Selbstlosigkeit. Es gibt jedoch kaum einen Menschen, der seine eigenen Interessen völlig in den Hintergrund stellt und völlig selbstlos ist.

(nach: http://www.lebenshilfe-abc.de/egoismus.html)

1 manipulieren: beeinflussen, ohne dass es bemerkt wird
2 Psychologe und Psychotherapeut

6. *Welche Vorteile hat jemand, der seine eigenen Interessen zurückstellt?*

7. *Welche Arten von Egoismus werden im Text genannt? Welche davon kennt ihr? Welche Erfahrungen habt ihr damit gemacht?*

8. *Erstellt ein Standbild zu „Egoismus". Sprecht hinterher darüber.*

So geht es – Ein Standbild bauen

Ihr müsst euch eine Situation, eine Haltung überlegen, mit der ihr einen Begriff, Personen oder ihr Verhältnis zueinander in einem „gefrorenen" Bild darstellt.
Während eine Gruppe ihr Bild aufbaut, sollten die anderen nicht zuschauen, sondern erst das fertige Bild sehen. Durch ein Signal wie Klatschen wird das Standbild zunächst „gefroren" und dann nach einer Weile des Betrachtens wieder aufgelöst.

6. Wer bin ich? – Wer bist du?

1. *Ich und du: Stärken und Schwächen:*
Jede/r erhält zwei Karten mit verschiedenen Farben. Notiere auf eine Karte mindestens fünf Stärken, auf die andersfarbige Karte fünf Schwächen. Jede/r befestigt die Zettel vorne am Körper, spaziert damit im Raum herum und liest, was die anderen aufgeschrieben haben. Niemand spricht während dieser Zeit. Danach setzt ihr euch zusammen und tauscht aus, was euch aufgefallen ist, überrascht hat, wie ihr euch gefühlt habt und ob ihr den anderen gerne etwas gesagt hättet.

Was ist das Ich?

In seinem Buch „Was konnte Kant, was ich nicht kann?“ hilft Manfred Geier seinem jungen Freund Toni dabei, Antworten auf seine zahlreichen Fragen zu finden, so auch zur Frage „Was ist das Ich?“.

ANTWORT: Das ist eine der schwierigsten Fragen, die sich die Philosophen schon lange stellen: Was ist das Ich? Jeder kann zu sich selbst „ich“ sagen. Man kann sagen: Ich empfinde etwas, ich habe Freunde, ich gehe gern ins Kino, ich spiele gern Fußball. Aber wenn man dann fragt: Wo und was ist denn dieses Ich?, dann kann man eigentlich nur antworten: „Ich“ ist der Ausdruck des Selbstbewusstseins[1]. Jeder Mensch weiß eben selbst, wer er ist. Alle seine Gefühle und Gedanken sind immer mit diesem Selbstbewusstsein verbunden.

FRAGE: Wo sitzt das Ich?

ANTWORT: [...] Wahrscheinlich ist es überall, wo ich bin, genauer gesagt, wo ich ich bin. Und das bin ich eigentlich nur in der Sprache. Da sitzt das Ich.

FRAGE: Aber die Sprache gehört nicht mir allein. Da kann mein Ich nicht sitzen.

(Manfred Geier: Was konnte Kant, was ich nicht kann? Rowohlt Taschenbuch Verlag, Hamburg 2006, S. 26)

2. *Überlegt gemeinsam, weshalb niemandem allein die Sprache gehören kann und wofür wir sie benötigen.*

ANTWORT: Es geht hier auch nicht um dich allein, um das kleingeschriebene „ich“ jedes einzelnen Menschen. Die Philosophen fragen nach dem großen „Ich“. Und dieses Groß-Ich ist in der Sprache versteckt. Wenn es die Sprache nicht gäbe, dann gäbe es wahrscheinlich auch kein Ich. – Deshalb hat jemand, der keine Sprache hat und wie ein Tier lebt, wahrscheinlich auch kein Selbst- oder Ich-Bewusstsein. Er muss erst lernen, „ich“ zu sagen. Es muss ihm, wie Kant einmal so schön sagte, „ein Licht aufgegangen sein, wenn er anfing, durch Ich zu sprechen“.

FRAGE: Haben Babys auch schon ein Ich?

ANTWORT: Die Menschen haben von Geburt an kein richtiges Ich. Sondern das Ich ist, wenn es Ausdruck des Selbstbewusstseins ist, daran gebunden, dass man auch weiß, dass man ich selbst ist. Und das lernt man im Laufe der ersten beiden Lebensjahre. [...].

FRAGE: Gehört der Wille zum Ich?

ANTWORT: Der Wille gehört auch zum Ich. Denn ich kann sagen: Ich will etwas. Und weil man das sagen kann, gehört auch dieses Wollen zum Ich. Das Ich ist nämlich immer das, was alles kann. Es kann wollen, es kann wünschen, es kann hoffen, es kann leiden, es kann auch Schmerzen in der großen Fußzehe empfinden. All das gehört zum Ich.

FRAGE: Gibt es ein Ich ohne Gefühle?

---

1 Mit Selbstbewusstsein ist hier gemeint, dass ein Mensch sich selbst in seinen Fähigkeiten, Schwächen und Stärken, Vorlieben und Abneigungen, Gefühlen und Verhaltensweisen bewusst wahrnimmt, kennt und bewertet.

ANTWORT: Viele Philosophen haben sich besonders auf das „Ich denke“ konzentriert. Deshalb war ihr Ich oft nur ein denkendes Ich, das kaum etwas gefühlt hat. Aber ein menschliches Ich ohne Gefühle kann es nicht geben. Das gäbe es nur bei einer Maschine, die sich aber auch nicht als ein Ich wahrnehmen oder wissen kann, wie es ist, ich zu sein und „ich“ sagen zu können. Eine Maschine kann vielleicht denken, als Denk-Maschine. Aber sie weiß deshalb noch lange nicht, was Denken ist, und Gefühle hat sie auch keine.

(ebd., S. 26 ff.)

3. *Stellt zusammen, was ihr in diesem Gespräch über das Ich erfahrt.*

4. *Welche Aussage über das Ich ist eurer Ansicht nach die wichtigste? Tauscht euch darüber aus und erklärt eure Wahl.*

Noch eine schwere Frage: Wer bist du?

Lewis Carrolls Roman „Alice's Abenteuer im Wunderland“ beginnt damit, dass Alice auf einer Wiese unter einem Baum neben ihrer Schwester liegt, sich langweilt und schläfrig wird, als ein Hase an ihr vorbeirennt, der sprechen kann und auch eine Taschenuhr trägt. Alice gerät in einen Tunnel, vergrößert und verkleinert sich und begegnet vielen verschiedenen Wesen und Tieren, die sie immer wieder vor Rätsel stellen. Sie fühlt sich sehr befremdet, auch, weil sie auf ihre eigenen Fragen keine klaren Antworten erhält.

„Die Raupe und Alice sahen sich eine Zeit lang schweigend an, endlich nahm die Raupe die Huhka aus dem Munde und redete sie mit schmachtender, langsamer Stimme an. „Wer bist du?“, fragte die Raupe.
Das war kein sehr ermutigender Anfang einer Unterhaltung. Alice antwortete, etwas befangen: „Ich –; ich weiß es nicht recht, diesen Augenblick –; vielmehr ich weiß, wer ich heut früh war, als ich aufstand; aber ich glaube, ich muss seitdem ein paar Mal gewechselt worden sein.“
„Was meinst du damit?“, fragte die Raupe streng. „Erkläre dich deutlicher!“
„Ich kann mich nicht deutlicher erklären, fürchte ich, Raupe“, sagte Alice, „weil ich nicht ich bin, sehen Sie wohl?“
„Ich sehe nicht wohl“, sagte die Raupe.
„Ich kann es wirklich nicht besser ausdrücken“, erwiderte Alice sehr höflich, „denn ich kann es selbst nicht begreifen; und wenn man an einem Tage so oft klein und groß wird, wird man ganz verwirrt.“
„Nein, das wird man nicht“, sagte die Raupe.
„Vielleicht haben Sie es noch nicht versucht“, sagte Alice, „aber wenn Sie sich in eine Puppe verwandeln werden, das müssen Sie über kurz oder lang, wie Sie wissen –; und dann in einen Schmetterling, das wird sich doch komisch anfühlen, nicht wahr?“
„Durchaus nicht“, sagte die Raupe.
„Sie fühlen wahrscheinlich anders darin“, sagte Alice; „so viel weiß ich, dass es mir sehr komisch sein würde.“
„Dir!“, sagte die Raupe verächtlich. „Wer bist du denn?“
Was sie wieder auf den Anfang der Unterhaltung zurückbrachte. Alice war etwas ärgerlich, dass die Raupe so sehr kurz angebunden war; sie warf den Kopf in die Höhe und sprach sehr ernst: „Ich dächte, Sie sollten mir erst sagen, wer Sie sind?“
„Weshalb?“, fragte die Raupe.
Das war wieder eine schwierige Frage; und da sich Alice auf keinen guten Grund besinnen konnte und die Raupe sehr schlechter Laune zu sein schien, so ging sie ihrer Wege.

(Lewis Carroll: Alice's Abenteuer im Wunderland. Übersetzt von Antonie Zimmermann. Mit zweiundvierzig Illustrationen von John Tenniel, Leipzig: Johann Friedrich Hartknoch, [1869]. Erstausgabe: London (Macmillan) 1865)

5. *Könnt ihr sagen, weshalb es Alice so schwerfällt, zu sagen, wer sie ist, und weshalb die Raupe das, was Alice sagt, so wenig versteht?*

6. *Schreibt selbst ein Gespräch zwischen euch und einem Chamäleon über die Fragen „Wer bin ich?“ und „Wer bist du?“. Tragt euch hinterher eure Ergebnisse vor.*

7. Ich fühle was, was du nicht fühlst?

1. *Wie geht es dir gerade? Suche dir eines der Gesichter dafür aus und beschreibe, welches Gefühl darin zum Ausdruck kommt, oder zeige es den anderen und lass sie raten.*

2. *Wenn die folgenden Gefühle langsam aufgezählt werden, kannst du beobachten, was sie in dir auslösen:*

Nervosität, Überraschung, Friedlichkeit, Wut, Einsamkeit, Verzweiflung, Glück, Beleidigtsein, Freude, Ruhe, Verwirrtheit, Hoffnung, Kraft, Neugier, Mut, Sicherheit, Ärger, Aufgeregtheit, Unsicherheit, Ungeduld, Erleichterung, Eifersucht, Abscheu, Liebe, Müdigkeit.

- *Was spürst du, wo spürst du es? Was geht in deinem Körper vor, was in deinem Kopf?*
- *In welchen Situationen habt ihr welche Gefühle? Erzählt davon oder spielt die Situationen vor.*
- *Vergleicht eure Beispiele und prüft, ob sich eure Einstellungen ähneln. Wenn ja, woran kann das liegen?*

3. *Überlegt gemeinsam, was mit uns geschieht, wenn wir mit jemandem mitfühlen. Fällt es euch leicht oder schwer, euch in einen anderen Menschen hineinzuversetzen? Gibt es Situationen, in denen es euch leichtfällt, und andere, in denen es euch schwerfällt? Um welche Situationen und Gefühle handelt es sich dabei?*

Mitgefühl

Mitgefühl* bedeutet, dass wir die Gefühle anderer nachempfinden. Wir versetzen uns an die Stelle eines anderen und empfinden dessen Gefühle nach.

4. *Was glaubt ihr, was eher unser Mitgefühl weckt: Kummer und Leid oder Freude? Versucht, eure Wahl zu begründen.*

5. *Lest die beiden kurzen Gespräche und entscheidet, für wen ihr Mitgefühl habt und weshalb. Fallen euch Situationen ein, in denen ihr besonders gut mitfühlt, was andere Menschen gerade empfinden?*

A: Na, wie geht es dir?
B: Nicht besonders.
A: Das tut mir leid. Was ist denn los?
B: Ach, ich hab mir gerade eine neue CD gekauft und nun habe ich kein Geld mehr.
A: Ja, aber jetzt hast du doch tolle neue Musik.
B: Ja, aber dafür kein Geld mehr.

C: Na, wie geht's so?
D: Ach, gar nicht gut, ich bin total traurig.
C: Ja wieso denn, ist etwas passiert?
D: Gestern Nachmittag wurde meine Katze überfahren und ist gestorben.
C: Das tut mir echt leid, komm, lass dich mal in den Arm nehmen.
D: Schnief, ich hatte sie doch schon so lange und sie war so kuschelig und warm und hat nachmittags immer auf mich gewartet, wenn ich von der Schule nach Hause kam.

Der Kummer weckt leichter unser Mitgefühl als die lebhaft geäußerte Freude.

6. *Wie denkt ihr über diesen Satz? Überlegt euch Beispiele und versucht, diesen Satz zu bestätigen oder zu widerlegen.*

Mit Gefühlen umgehen

Halinka, die Hauptfigur in Mirjam Presslers Roman „Wenn das Glück kommt, muss man ihm einen Stuhl hinstellen", lebt in einem Heim, will sich mit niemandem anfreunden und versucht, jedem Ärger aus dem Weg zu gehen. Trotzdem entwickelt sich zwischen Halinka und Renate, einem anderen Heimmädchen, langsam so etwas wie Freundschaft. Allerdings kann Halinka zunächst mit den Gefühlen, die dadurch in ihr entstehen, nicht zurechtkommen.

Es ist mir alles so peinlich. Ich habe Sachen erzählt, die niemanden etwas angehen. Wie ein unwissendes Heimkind habe ich mich angestellt, als hätte ich keine Ahnung vom richtigen Leben. [...] Die Sonne scheint, aber der Sand ist vom gestrigen Regen noch etwas feucht und quillt dunkel zwischen meinen nackten Zehen hindurch. Mir ist das egal. Ich nehme Anlauf und springe. Immer wieder. Diesmal zähle ich nicht, wie oft ich springe, ich lege mir auch keine Stöckchen an den Rand, um zu sehen, wie weit ich gekommen bin. Ich streiche nach jedem Sprung einfach den feuchten Sand glatt, auch wenn ich heute nicht gegen mich selbst kämpfe, und renne wieder los. Und jedes Mal, wenn ich abspringe, sage ich laut: „Verdammter Mist", obwohl ich selber nicht weiß, was ich damit meine. Ist mir auch egal. [...] Ich springe so lange, bis ich Seitenstechen habe und fast keine Luft mehr bekomme und die Muskeln an meinen Beinen schon anfangen wehzutun. Nicht nur angenehme Vorstellungen nutzen sich ab, wenn man häufig an sie denkt, sondern auch unangenehme. Das muss ich mir merken. Heute Abend werde ich es in mein Gedankenbuch[1] schreiben.

(Mirjam Pressler: Wenn das Glück kommt, muss man ihm einen Stuhl hinstellen, Beltz & Gelberg, Weinheim und Basel, 1998, S. 122 ff.)

[1] Das Gedankenbuch von Halinka ist ein Poesiealbum, in dem sie ihre Gedanken und Erlebnisse in Form von Sprüchen verarbeitet.

7. *Wie geht Halinka in dieser Situation mit ihren Gefühlen um, was macht sie eurer Meinung nach?*

8. *Welche Ratschläge könntet ihr Halinka geben, damit es ihr wieder besser geht?*

Gefühltes und Erlebtes verarbeiten

9. *Gibt es bestimmte Dinge, die ihr selbst tut, wenn ihr wütend, traurig, enttäuscht oder verletzt seid, um besser damit zurechtzukommen?*

Halinka in Mirjam Presslers Roman führt ein Gedankenbuch, in das sie ihre Gedanken und Erfahrungen in Form von Sprüchen einträgt, z. B. „Wer von Palästen träumt, verliert seinen Platz in der Hütte". Polleke in Guus Kuijers „Wir alle für immer zusammen" schreibt Gedichte, um ihre Gedanken und Ideen zu sammeln; David, auch eine Romanfigur von Guus Kuijer, ein Junge, der von seinem Vater körperlich misshandelt wird, schreibt „Das Buch von allen Dingen", in dem er seine Gedanken und Wünsche formuliert.

„Mal fällt das Wort wie eine Schneeflocke
mal fällt es wie ein Stein
und dann sagen alle:
Still, da fällt ein Wort." (Gedicht von Polleke)

10. *Wie kann man eurer Meinung nach Wut, Trauer und ähnliche Gefühle am besten verarbeiten? Notiert Tipps und stellt eure Ergebnisse zu einer kleinen „Lebenshilfe für schwere Zeiten" zusammen.*

Was du weißt und kannst

Menschen zeichnen und malen Selbstporträts von sich – um zu zeigen, wie sie sich sehen oder wie sie gesehen werden wollen?

1. *Betrachte die drei Selbstporträts, die die Künstlerin Frida Kahlo gemalt hat. Gib den Bildern jeweils einen Titel, der deutlich macht, worum es für dich bei dem jeweiligen Porträt geht, und schreibe eine kurze Geschichte dazu.*

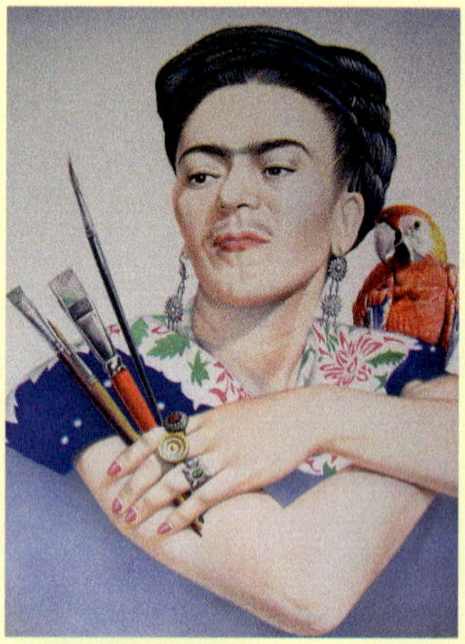

2. *Lies den folgenden Text und führe ein fiktives Gespräch mit Manfred Frank über seine Gedanken zum Ich.*

Es könnte doch sein, dass ich, Manfred Frank (der Autor des hier zitierten Textes, U. H.), gar nicht geboren worden wäre, weil meine Eltern sich zufällig nicht kennengelernt (oder nicht erfolgreich miteinander geschlafen) hätten. Dann gäbe es mich gar nicht – und also auch nicht das Ich, das ich bin. Es könnte auch sein, dass meine Mutter (die aber dann natürlich nicht meine Mutter geworden wäre) einen anderen Mann kennengelernt hätte, und nicht meinen Vater (der dann natürlich auch nicht mein Vater heißen dürfte). Dann hätte dieser andere Mann mit meiner Mutter einen anderen Jungen (oder vielleicht ein Mädchen) gezeugt – und wieder nicht mich. Auch dieser Junge oder dieses Mädchen würde zu sich „ich" sagen. Und doch wären sie nicht ich, nämlich nicht – Manfred Frank – komischer Gedanke.

(Manfred Frank: Warum bin ich Ich? Eine Frage für Kinder und Erwachsene, Insel Verlag, Frankfurt/M./Leipzig 2007, S. 13 f.)

3. *Schreibe auf, welcher Frage der Philosoph Manfred Frank im folgenden Text nachgeht und was er sich vorstellt.*

Aber: Wenn ich gar nicht wirklich Manfred Frank, sondern nur aus Versehen an diesen Namen geraten bin, höre ich dann auf, Ich zu sein? Und ihr, wenn euch bei der Geburt jemand mit einem anderen Baby verwechselt und eure Mama das nicht bemerkt hätte, wärt ihr dann nicht genau die, die ihr seid? Und würdet ihr nicht genauso „ich" zu euch sagen, wie ihr es jetzt tut? Wenn ihr etwas über euch selbst sagt (z. B. „ich habe Schmerzen im Mittelohr", „meine Schultasche ist zu schwer", „mir ist schlecht" oder „das geht mich doch nichts an"), dann gebraucht ihr jeweils ein Wort aus der Gruppe „ich", „mein", „mir", „mich".

(ebd., S. 15)

4. *Erkläre den Unterschied zwischen „Ich denke, also bin ich" und „Ich spiele, also bin ich".*

Du musst für den anderen leben, wenn du für dich selbst leben willst. *(Seneca)*

5. *Wie verstehst du dieses Zitat des Philosophen Seneca? Gib ein Beispiel.*

6. *Gebt mit eigenen Worten wieder, weshalb Manfred Geier im folgenden Text den Tieren ein Ich abspricht und das Gewissen zum Ich dazuzählt.*

Frage: Haben Tiere ein Ich?

Antwort: Tiere haben auch kein wirkliches Ich. Sie sind zwar keine Maschinen. Sie empfinden etwas, aber sie sagen nicht „ich“ zu sich. Sie bellen vielleicht, wenn sie etwas erreichen oder ausdrücken wollen. Manchmal sind sie auch traurig. Aber sie wissen nicht, dass sie selbst traurig sind. Sie haben kein Selbstbewusstsein. [...]

Frage: Gehört das Gewissen auch zum Ich?

Antwort: Das Gewissen gehört zum Ich dazu, weil man nämlich, wenn man sagt: „Ich empfinde etwas“, sich dann immer auch fragen kann: Ist denn das, was ich empfinde oder tue, richtig oder falsch? Und auf diese Frage gibt dann das Gewissen des Ich hoffentlich die richtige Antwort.

(Manfred Geier: Was konnte Kant, was ich nicht kann? Rowohlt Taschenbuch Verlag, Hamburg 2006, S. 26 ff.)

7. *Stell dir vor, du hast einen heftigen Streit mit deiner Mutter/deinem Vater. Plötzlich gibt es einen Knall und du steckst im Körper deiner Mutter/deines Vaters und umgekehrt. Male dir aus, wie es wäre und was du besonders schlimm, schwierig oder gut daran fändest.*

In dem Film „Freaky Friday“ kommt es zu einem solchen Identitätstausch zwischen Mutter und Tochter. Durch einen Blitz findet sich plötzlich die eine im Körper der anderen wieder und das führt zu vielen Situationen, die für uns Zuschauer witzig sind, für Mutter und Tochter jedoch etwas von einem Albtraum haben.

Szenenbild aus dem Spielfilm „Freaky Friday“

8. *Denke darüber nach, wo sich in einem solchen Tausch das Ich befindet.*

Ich bin ich und du bist du.
Wenn ich rede, hörst du zu.
Wenn du redest, bin ich still,
weil ich dich verstehen will.

9. *Diesen oder ähnliche Sprüche kennt ihr sicher. Könnt ihr neue Geschichten oder Gedichte zum Thema „Ich bin ich und du bist du“ schreiben? Worum kann es dabei gehen?*

10. *Beende in deinem Heft die folgenden Sätze mit verschiedenen Möglichkeiten, mit denen wir Gefühle besser verarbeiten können:*

- *Wenn ich wütend bin, **schreie ich**, weil **mich das wieder runterbringt**.*
- *Wenn ich glücklich bin, ... , weil ...*
- *Wenn ich traurig bin, ... , weil ...*
- *Wenn ich niedergedrückt bin, ... , weil ...*
- *Wenn ich erleichtert bin, ... , weil ...*

Zeit, Freizeit, freie Zeit

Ein Rätsel

Drei Brüder wohnen in einem Haus,
die sehen wahrhaftig verschieden aus,
doch willst du sie unterscheiden,
gleicht jeder den anderen beiden.
Der erste ist *nicht* da, er kommt erst nach Haus.
Der zweite ist *nicht* da, er ging schon hinaus.
Nur der dritte ist da, der Kleinste der drei,
denn ohne ihn gäb's nicht die anderen zwei.
Und doch gibt's den dritten, um den es sich handelt,
nur weil sich der erst' in den zweiten verwandelt.
Denn willst du ihn anschaun, so siehst du nur wieder
immer einen der anderen Brüder!
Nun sage mir: Sind die drei vielleicht einer?
Oder sind es nur zwei? Oder ist es gar – keiner?
Und kannst du, mein Kind, ihre Namen mir nennen,
so wirst du drei mächtige Herrscher erkennen.
Sie regieren gemeinsam ein großes Reich –
und sind es auch selbst! Darin sind sie gleich.

(Michael Ende: Momo oder Die seltsame Geschichte von den Zeit-Dieben und von dem Kind, das den Menschen die gestohlene Zeit zurückbrachte, K. Thienemanns Verlag, Stuttgart 1973, S. 154)

1. *Könnt ihr das Rätsel lösen?*

2. *Malt ein Symbol für „Zeit*" und fügt alles hinzu, was euch zu dem Thema einfällt. Vergleicht hinterher eure Ideen.*

Zeit sparen

In Michael Endes Märchen-Roman „Momo" überreden die Zeitdiebe in Gestalt von grauen Herren die Menschen, Zeit zu sparen und sie sagen ihnen, womit sie dies tun können, wie zum Beispiel dem Friseur Fusi:

„Sie werden doch wissen, wie man Zeit spart! Sie müssen zum Beispiel einfach schneller arbeiten und alles Überflüssige weglassen. Statt einer halben Stunde widmen Sie einem Kunden nur noch eine Viertelstunde. Sie vermeiden zeitraubende Unterhaltungen. Sie verkürzen die Stunde bei ihrer alten Mutter auf eine halbe. Am besten geben Sie sie überhaupt in ein gutes, billiges Altersheim, wo für sie gesorgt wird, dann haben Sie bereits eine ganze Stunde täglich gewonnen. Schaffen Sie den unnützen Wellensittich ab! Besuchen Sie Fräulein Dana nur noch alle vierzehn Tage, wenn es überhaupt sein muss. Lassen Sie die Viertelstunde Tagesrückschau ausfallen und vor allem, vertun Sie

Ihre kostbare Zeit nicht mehr so oft mit Singen, Lesen oder gar mit Ihren sogenannten Freunden. Ich empfehle Ihnen übrigens ganz nebenbei, eine große, gut gehende Uhr in Ihren Laden zu hängen, damit Sie die Arbeit Ihres Lehrjungen kontrollieren können."

(ebd., S. 67)

Herr Fusi glaubt dem grauen Herrn, dass seine gesparte Zeit auf einem Zeit-Konto angesammelt wird und er irgendwann diese Zeit zurückbekommt. Dass ihm die Zeit gestohlen wird, weiß er nicht, aber er bemüht sich, so viel Zeit wie möglich zu sparen, auch wenn er dabei wie die anderen Leute jede Freude in seinem Leben verliert.

Der Vorsatz, von nun an Zeit zu sparen, um irgendwann in der Zukunft ein anderes Leben beginnen zu können, saß in seiner Seele fest wie ein Stachel mit Widerhaken.

Szenenbild aus dem Spielfilm „Momo" (1986)

Und dann kam der erste Kunde an diesem Tag. Herr Fusi bediente ihn mürrisch, er ließ alles Überflüssige weg, schwieg und war tatsächlich statt in einer halben Stunde schon nach zwanzig Minuten fertig.

(ebd., S. 68 f.)

3. *Stellt euch vor, wie Herr Fusi seine Kunden bedient hat, bevor er den Handel mit dem grauen Herrn abgeschlossen hat. Spielt eine Szene und spielt dann auch den zeitsparenden Herrn Fusi.*

4. *Immer mehr Menschen lassen sich von den grauen Herren zum Zeitsparen überreden. Wo begegnen sie dir?*

5. *Stellt euch vor, was der graue Herr auf dem Bild Momo verspricht und was Momo ihm erwidern könnte, wenn sie gar nicht daran interessiert ist, Zeit zu sparen. Schreibt ein Gespräch zwischen beiden und spielt es in der Klasse vor.*

6. *Zeit, Freizeit, freie Zeit – Was glaubst du, was Momo oder Herr Fusi dazu sagen würden? Was fällt dir dazu ein? Vergleicht eure Antworten mit den unten angeführten Schülerantworten.*
- *„Schwierige Frage."*
- *„Zeit vergeht."*
- *„Zeit kann man nicht anhalten."*
- *„In der Freizeit kann man sich entscheiden, was man tun kann."*
- *„Freie Zeit heißt, dass man nichts zu tun hat."*

1. Zeit – Was ist das?

1. *Was gehört für euch zu „Zeit“? Sammelt eure Gedanken schriftlich. Bezieht auch eure Antworten von der Auftaktseite (S. 32/33) mit ein.*

Was ist also Zeit? Wenn mich niemand danach fragt, weiß ich es; will ich einem Fragenden es erklären, weiß ich es nicht.

(Aurelius Augustinus, christlicher Theologe und Philosoph, 345–430 n. Chr.)

Es ist nicht wenig Zeit, die wir haben, sondern es ist viel Zeit, die wir nicht nützen.

(Lucius Annaeus Seneca, römischer Philosoph, etwa 4 v. Chr. bis 65 n. Chr.)

2. *Wie versteht ihr die Äußerungen der beiden Philosophen? Was sagt der Künstler Salvador Dalí mit seiner Skulptur über Zeit? Unterhaltet euch darüber und ergänzt eure notierten Gedanken.*

Das Geheimnis Zeit

Es ist ein großes und doch alltägliches Geheimnis. Alle Menschen haben daran teil, jeder kennt es, aber die wenigsten denken je darüber nach. Die meisten Leute nehmen es einfach so hin und wundern sich kein bisschen darüber. Dieses Geheimnis ist die Zeit.

Es gibt Kalender und Uhren, um sie zu messen, aber das will wenig besagen, denn jeder weiß, dass einem eine einzige Stunde wie eine Ewigkeit vorkommen kann, mitunter kann sie aber auch wie ein Augenblick vergehen – je nachdem, was man in dieser Stunde erlebt.

Denn Zeit ist Leben. Und das Leben wohnt im Herzen.

(Michael Ende: Momo oder Die seltsame Geschichte von den Zeit-Dieben und von dem Kind, das den Menschen die gestohlene Zeit zurückbrachte. K. Thienemanns Verlag, Stuttgart 1973, S. 57)

3. *Wie beschreibt Michael Ende die Zeit in seinem Märchen-Roman „Momo“, in dem Zeit eine sehr wichtige Rolle spielt? Stimmt ihr den Ausführungen zu oder seid ihr anderer Meinung? Sprecht darüber.*

Skulptur von Salvador Dalí in Sydney, Australien

4. *Könnt ihr euch an Ereignisse erinnern, in denen Zeit eine wichtige Rolle spielte? Erzählt sie euch und beschreibt, wie schnell oder langsam die Zeit dabei für euch vergangen ist.*

5. *Zeit (er)kennen:*
Denkt darüber nach, woran wir Zeit, den Ablauf von Zeit erkennen und wie wir sie messen können. Sammelt eure Ideen und Vorschläge und tragt sie in einer Tabelle nach folgendem Muster ein.

Zeit messen	Zeit erkennen
24 Stunden	*Helligkeit und Dunkelheit*

6. *Lest den folgenden Text und ergänzt eure Gedankensammlung mit weiteren Informationen.*

Was sich bewegt, braucht Zeit

Welches Jahr haben wir? Und welchen Tag? Wie viel Uhr ist es? Das weiß jeder: Er braucht nur einen Blick auf die Uhr und auf den Kalender zu werfen. Es ist wesentlich schwieriger, zu sagen, was Zeit überhaupt ist. Man könnte Zeit als einen Begriff bezeichnen, mit dem man den Abstand zwischen Ereignissen misst, die am selben Ort stattfinden. Auch wir selbst sind der Zeit unterworfen. Zuerst sind wir Kinder, dann Erwachsene und schließlich alt. Doch man kann auch sagen, dass die Zeit „mit uns reist“ und sich durch den Raum bewegt.

(Luca Novelli: Einstein und die Zeitmaschinen, Arena Verlag, Würzburg 2005, S. 30)

7. *Erfindet Beispiele für verschiedene Ereignisse, die am selben Ort stattfinden, z. B. in eurer Stadt auf dem Marktplatz vor 10 000, 1 000, 500, 100 Jahren und heute. Was erfahrt ihr dadurch über „Zeit“?*

8. *Spielt den gleichen Bewegungsablauf (z. B. einen Sprung, eine bestimmte Schrittart) im Zeitraffer, in Zeitlupe, in Normalzeit und rückwärts. Reist die Zeit dabei mit euch?*

9. *Versucht herauszufinden, vielleicht mithilfe des Physiklehrers/der Physiklehrerin an eurer Schule oder mithilfe älterer Schüler, was es bedeutet, dass die Zeit sich durch den Raum bewegt.*

Zeit-Reisen

Menschen sind immer wieder von der Vorstellung fasziniert, durch verschiedene Zeiten in die Vergangenheit oder Zukunft reisen zu können. Noch ist dies nicht möglich, aber immer wieder gibt es Bücher und Filme zu diesem Thema und Menschen interessieren sich dafür. Könnt ihr euch vorstellen, wieso?

10. *Stell dir vor, du könntest eine Zeitreise unternehmen. In welche Zeit würdest du reisen wollen, in die Vergangenheit oder in die Zukunft?*
Entscheide dich für einen bestimmten Zeitabschnitt. Überlege, wie dein Leben dann aussehen würde und weshalb dich gerade diese Zeit besonders interessiert. Tauscht euch hinterher über eure erdachten Zeitreisen aus.

11. *Führt Interviews in der Klasse oder in eurer Schule zur Frage, ob wir, sollte dies möglich sein, durch die Zeit reisen sollten und welche Möglichkeiten und Gefahren damit verbunden wären.*

2. Zeit ist für mich …?

Zeit empfinden

„Wie sich die Dinge doch verändern", sagte der Alte nachdenklich. „Früher waren die Treppen nicht so steil wie heute. Die Wege waren nicht so lang und beschwerlich. Und vor allem: Die Monate und Jahre waren nicht so kurz. Obgleich mir die Tage wieder länger vorkommen als früher."

(Helmut Engels: Blaue Schokolade. Geschichten zum Denken und Querdenken, Siebert Verlag, Hannover 2007, S. 89)

1. *Was würdet ihr dem Mann erwidern?*

2. *Was bringt das Bild rechts für euch zum Ausdruck?*

3. *Wie könnt ihr Zeit durch Bilder, Fotos oder Gegenstände darstellen? Erarbeitet „Zeit-Bilder", stellt sie euch gegenseitig vor und stellt sie in der Schule aus.*

4. *Vervollständigt den folgenden Satz und vergleicht dann eure Ergebnisse.*
Ich hätte gern mehr Zeit zum …

5. *Beschreibe dein Verhältnis zur Zeit. Als kleine Hilfestellung hier zwei Schülerantworten:*
- *Mein Verhältnis zur Zeit ist ein schlechtes. Sie hasst mich, denn ich habe nie genug Zeit, das zu machen, was ich gerne mache.*
- *Manchmal vergeht sie schnell, manchmal langsam. Wenn ich spiele, dann vergesse ich die Zeit. Und wenn ich nicht an die Uhrzeit denke, vergeht sie schneller.*

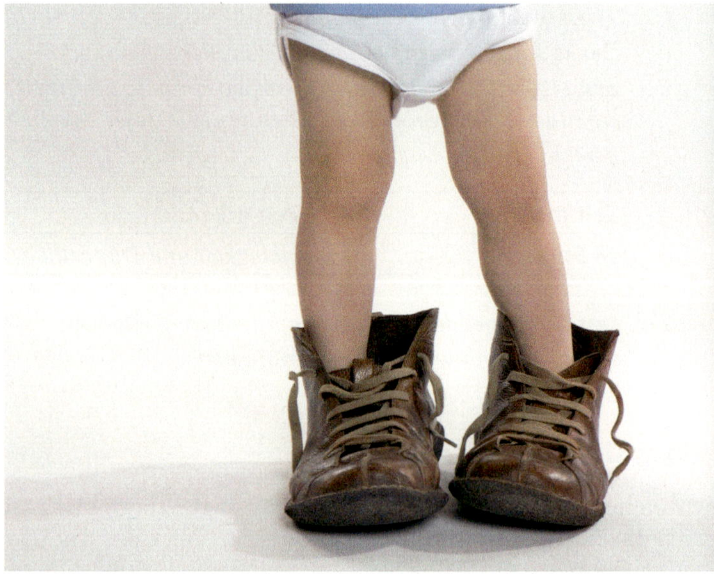

Viel oder wenig?

LEON: He, komm, mach schon, ich hab nicht so viel Zeit.

PETRA: Wieso sagst du immer, dass du keine oder zu wenig Zeit hast? Wir haben doch nicht unterschiedlich viel Zeit.

LEON: Anscheinend schon. Jedenfalls will ich meine Zeit nicht vergeuden.

MERAL: Ein teures Gut, mit dem man sparsam sein muss, Zeit ist Geld oder was?

LEON: Ich will meine Zeit nicht mit diesem blöden Gerede vertun. Kommt, lasst uns zu Tom gehen, der wartet doch schon auf uns.
(bei Tom angekommen)

TOM: Ihr habt wohl alle Zeit der Welt, was? Wisst ihr, wie lange ich schon auf euch warte? Es kommt mir wie eine halbe Ewigkeit vor.

PETRA: Nun übertreib mal nicht. Es reicht, dass Leon uns wie ein Sklavenhalter angetrieben hat und uns für die Miesen auf seinem Zeitkonto verantwortlich machen wollte.

TOM: Was?

LEON: Das hab ich doch gar nicht gesagt.

MERAL: Aber du tust so, als hätten wir dir Zeit gestohlen, weil wir nicht im Dauerlauf durch die Stadt rasen, sondern uns einfach auf dem Weg auch unterhalten wollten.

PETRA: Ja, und da kommt es nicht so gut rüber, wenn Gespräche unter Freunden als Zeitverschwendung abgetan werden.

LEON: Ich wollte euch doch nur mal ein bisschen Dampf machen, damit wir nicht so spät zu Tom kommen, der ja auch ein Freund ist.

TOM: Jetzt lass mal gut sein. Komm, Leon, ich zeig dir mal das neue Spiel.

MERAL: Na danke schön für das Interesse an uns. Und was sollen wir jetzt in dieser Zeit machen, die ihr meiner Meinung nach jetzt mit diesem blöden Spiel verschwendet?

6. *Fasst mit eigenen Worten zusammen, wie Leon, Meral, Petra und Tom über Zeit denken, und sagt, wie ihr darüber denkt.*

Vorstellungen von Zeit

Meral: Wisst ihr, unser Gespräch gestern über Zeitverschwendung und so ist mir noch ganz schön nachgegangen. Ich hab mich nämlich gefragt, ob man überhaupt Zeit vergeuden kann oder ob es nicht eher so ist, dass man etwas tut, was einem hinterher unnütz vorkommt.

Tom: Stimmt, denn Zeit ist doch irgendwie für alle gleich, oder? Der Tag hat 24 Stunden, eine Stunde hat 60 Minuten, eine Minute 60 Sekunden und so weiter.

Petra: Hm, klar, aber was ist denn eigentlich Zeit?

Leon: Ich glaube, dass Zeit etwas ist, was fortwährend in Bewegung ist, die Zeit ist ein Ablauf von Ereignissen oder Handlungen, der sich nicht mehr rückgängig machen lässt. Jeder Moment ist nur einmal da, und zack, ist er weg, unwiederbringlich.

Petra: Danke, großer Meister der philosophischen Gedanken, für deine weisen Mitteilungen. Aber so sag mir doch, großer Meister, kann man Zeit empfinden?

Leon: Spar dir ruhig deine bissigen Kommentare. Ich glaube, dass wir Zeit unterschiedlich empfinden können, Zeitabstände genauso wie Zeitabläufe.

Tom: Wie meinst du das?

Meral: Ich glaube, dass Leon meint, dass wir bestimmte Situationen so erleben, dass sie für uns sehr schnell vorübergehen, andere können sich dafür sehr lang anfühlen, z. B. wenn Frau Müller mich im Matheunterricht etwas fragt, was ich nicht beantworten kann, und für etwa eine Minute absolute Ruhe herrscht, das ist für mich immer eine unglaublich lange Minute.

Tom: Ja, und wenn ich am Computer bin, vergeht die Zeit immer wie im Fluge.

Petra: Ja, und manchmal kommt mir etwas, was vielleicht vor vier Wochen passiert ist, vor, als wenn es gerade erst geschehen wäre.

Meral: Aber das heißt doch dann, dass Zeit gar nicht so kontinuierlich ist, wie wir immer tun.

Tom: Hat Einstein nicht auch etwas zur Zeit herausgefunden?

7. *Welche Vorstellungen von Zeit werden in dem Gespräch der Jugendlichen deutlich?*

8. *Fügt alle neuen Informationen zur Zeit zu eurer Gedankensammlung von S. 34/35 hinzu. Überlegt gemeinsam, ob es noch wichtige Gedanken gibt, die euch fehlen, und ergänzt sie.*

9. *Sammelt Redewendungen zur Zeit; ihr könnt auch die vorangegangenen Texte mit einbeziehen.*
Malt zu den Redewendungen jeweils ein Bild auf ein Blatt Papier und verteilt die Bilder untereinander. Stellt die Ausdrücke oder Sätze so dar, dass die anderen sie erraten können. Im unten stehenden Bild seht ihr ein Beispiel. Kennt ihr es? Erklärt hinterher die Bedeutung der Ausdrücke.
Mit diesen und anderen Bildern zur Zeit und euren „Zeitreisegeschichten“ könnt ihr eine ganze Ausstellung zum Thema „Zeit“ gestalten.

3. Freizeit – freie Zeit?

1. *Schaut euch die verschiedenen Freizeitbeschäftigungen an und überlegt, was für die Jugendlichen daran besonders ist.*

2. *Notiert weitere Freizeitbeschäftigungen, die eurer Meinung nach fehlen, auch solche, die ihr selbst ausübt oder gut kennt, und redet darüber, was daran interessant und was vielleicht nicht so gut sein könnte.*

3. *Bereitet Tabellen vor, in denen ihr verschiedene Freizeitbeschäftigungen nennt, kurz beschreibt, Vor- und Nachteile auflistet und bewertet. Findet heraus, wie viele verschiedene Freizeitbeschäftigungen die Schülerinnen und Schüler eurer Klasse ausüben.*

Bezeichnung	Beschreibung	Vorteile	Nachteile	in der Klasse
Fußball	Mannschaftsspiel mit Ball; zwei Teams spielen gegeneinander	körperliche Bewegung, Teamspiel, Mannschaftsgeist	Verletzungsgefahr, Ausgrenzung, Foulen	3 Jungen 2 Mädchen
Fernsehen	Aufnahme von vielen verschiedenen Informationen durch Elektronik	informativ, einfach zu bedienen, immer da, verhindert Langeweile	man sieht und hört nur, bewegt sich nicht, behält nicht viel	23 (alle)

Was tun mit meiner Zeit?

PETRA: Manno, heute bei Frau Töpfer sollten wir sagen, wie wir so unseren Tag verbringen. Einerseits fand ich blöd, dass wir so was Privates sagen sollten, aber dann war es doch interessant, zu hören, was die anderen so an einem Tag machen.

MERAL: Was denn?

PETRA: Na ja, erst einmal sind es schon sehr viele in der Klasse, deren Tag ähnlich verläuft: Aufstehen, fertig machen, frühstücken, zur Schule gehen, Schule, dann nach Hause, fernsehen, essen, Hausaufgaben erledigen, Freunde treffen, Sport treiben und so, aber es gibt doch einige, die fast ihre ganze freie Zeit am Computer verbringen. Das finde ich schon krass.

TOM: Würd' ich auch gerne tun, aber meine Eltern lassen mich nicht.

PETRA: Ausnahmsweise bin ich mal auf der Seite deiner Eltern, denn wenn du den ganzen Nachmittag am Computer hockst, hast du ja keine Zeit mehr, dich mit uns zu treffen.

TOM: Klar, aber wir könnten doch chatten.

MERAL: Natürlich, aber Gespräche wie diese und vieles andere hätten wir dann nicht mehr. Wir würden bestimmt nicht so viel Spaß miteinander haben, wie wenn wir uns treffen.

Leon: Wieso hat Frau Töpfer euch das überhaupt gefragt?

PETRA: Na ja, nachdem wir verglichen haben, wie die meisten von uns ihre Zeit verbringen, hat sie uns den Tagesablauf eines zwölfjährigen Mädchens in Pakistan vorgestellt. Mensch, das war hart, weil das Mädchen von früh bis spät arbeiten muss und überhaupt keine freie Zeit hat.

TOM: Was heißt freie Zeit? Die hab ich eigentlich auch nicht. Jeder in unserer Familie hat einen Terminkalender und da stapeln sich jeden Tag die Termine.

PETRA: Ja, aber es ist doch ein Unterschied, ob du von vornherein gar keine freie Zeit zur Verfügung hast, in der du irgendetwas planen kannst, weil du beispielsweise um 6 Uhr aufstehst, frühstückst und dann mit einer kurzen Pause mittags bis abends spät Teppiche knüpfen musst oder ob du außerhalb deiner Schulzeit bei der Schach-AG mitmachst, nachmittags zum Tennis gehst, Klavierunterricht hast, Nachhilfe gibst, in der Volleyballmannschaft bist und dir abends mit Freunden einen Film im Kino anschaust.

TOM: Ja, zugegeben, aber freie Zeit habe ich doch auch nicht.

MERAL: Aber du hattest freie Zeit, über die du verfügen konntest. Dass du sie so verplant hast, war doch deine Entscheidung. Dieses Mädchen aus Pakistan hat doch gar keine Wahl. Sie muss dies doch alles tun, um überleben zu können, nehme ich jedenfalls an.

TOM: Und was soll das heißen?

PETRA: Dass du vielleicht mal darüber nachdenken solltest, wie du deine Zeit verbringst, und die Möglichkeiten, die du in deiner freien Zeit hast, siehst.

4. *Nennt den Unterschied zwischen Freizeit und freier Zeit, wie er im Text beschrieben wird.*

5. *Wie geht ihr selbst mit eurer freien Zeit um?*

6. *Warum sagt man, dass jemand seine Zeit vergeudet bzw. sinnvoll nutzt? Was ist damit gemeint?*

4. Umgehen mit Zeit

Was geschieht mit unserer Zeit?

Er schleicht herum, zunächst unerkannt, in wechselnder Gestalt taucht er auf, getarnt als Telefonanruf, hinter einem Klingeln an der Haustür, einer Begegnung auf der Straße, einer E-Mail, einer Spielrunde am Computer, einer Fernsehserie. Immer wieder aufs Neue überrumpelt oder hintergeht er uns, lockt uns in eine Falle und das gelingt ihm immer wieder, obwohl es uns doch schon so oft passiert ist. Hinterher ärgern wir uns dann oft und denken, dass wir uns besser vor solchem Diebstahl schützen sollten.

1. *Wisst ihr, um welchen Dieb oder welche Diebin es hier geht?*

2. *Notiere genau, wie ein normaler Tag vom Aufstehen bis zum Schlafengehen für dich abläuft, schreibe in Form einer Liste auf, wie lange du für bestimmte Tätigkeiten benötigst.*

3. *Nimm dir Zeit und überlege, an welchen Stellen des Tages sich bei dir „Zeitdiebe“ einschleichen. Was könntest du unternehmen, wenn du dich nicht immer zufriedengibst damit, wie du deinen Tag verbringst?*

Die Zeit als Freund

Die Hauptfigur in dem Roman „Alice im Wunderland“ von Lewis Carroll wundert sich über die Uhr des Hasen, die den Tag, aber nicht die Uhrzeit angibt. Alice kann die ihr aufgegebenen Rätsel nicht lösen und ist schon ganz traurig und entmutigt.

Alice seufzte verstimmt. „Ich dächte, ihr könntet die Zeit besser anwenden“, sagte sie, „als mit Rätseln, die keine Auflösung haben.“
„Wenn du die Zeit so gut kenntest wie ich“, sagte der Hutmacher, „würdest du nicht davon reden, wie wir sie anwenden, sondern wie sie uns anwendet.“
„Ich weiß nicht, was du meinst“, sagte Alice. „Natürlich kannst du das nicht wissen!“, sagte der Hutmacher, indem er den Kopf verächtlich in die Höhe warf. „Du hast wahrscheinlich nie mit der Zeit gesprochen.“
„Ich glaube kaum“, erwiderte Alice vorsichtig. „Aber Mama sagte gestern, ich sollte zu meiner kleine Schwester gehen und ihr die Zeit vertreiben.“
„So? Das wird sie dir schön übel genommen haben; sie lässt sich nicht gern vertreiben. Aber wenn man gut mit ihr steht, so tut sie einem beinah alles zu Gefallen mit der Uhr. Zum Beispiel, nimm den Fall, es wäre 9 Uhr morgens, gerade Zeit, deine Stunden anzufangen, du brauchtest der Zeit nur den kleinsten Wink zu geben, schnurr! geht die Uhr herum, ehe du dich's versiehst! halb zwei, Essenszeit!“
(„Ich wünschte, das wäre es!“, sagte der Faselhase leise für sich.)
„Das wäre wirklich famos“, sagte Alice gedankenvoll, „aber dann würde ich nicht hungrig genug sein, nicht wahr?“
„Zuerst vielleicht nicht“, antwortete der Hutmacher, „aber es würde so lange halb zwei bleiben, wie du wolltest.“
„So macht ihr es wohl hier?“, fragte Alice.

(Lewis Carroll: Alice's Abenteuer im Wunderland. Übersetzt von Antonie Zimmermann. Mit zweiundvierzig Illustrationen von John Tenniel, Leipzig: Johann Friedrich Hartknoch, [1869]. Erstausgabe. London (Macmillan) 1865, 7. Kapitel, S. 93–95)

4. *Welche Vorstellung von Zeit wird in diesem Textauszug deutlich?*

5. *Wenn du dich mit der Zeit anfreunden könntest, worum würdest du sie bitten? Notiert eure Wünsche, vergleicht sie hinterher und überlegt, wie ihr sie vielleicht auch selbst erfüllen könnt.*

Die Zeit sinnvoll nutzen, was heißt das?

Petra, Tom, Leon und Meral haben sich getroffen und wissen nichts Rechtes mit sich anzufangen. Sie überlegen, was sie in den Ferien tun könnten, sind aber dabei sehr unterschiedlicher Meinung.

TOM: Also, ich schlaf am liebsten aus, dann frühstücke ich ausgiebig, schau Fernsehen, geh ins Internet, schau mir Filme an und treffe euch dann irgendwann nachmittags.

PETRA: Ja, schön, mal ist so ein Tag ja ganz gut, aber auf Dauer finde ich das ziemlich langweilig. Manchmal möchte ich auch mal was Sinnvolles tun.

LEON: Was meinst du denn mit sinnvoll? Also, wenn ich ausgeschlafen habe, finde ich das schon sehr sinnvoll.

PETRA: Ich meine, dass ich nicht nur Dinge tue, die mir selbst guttun. Manchmal finde ich es auch gut, etwas für andere zu tun und zu sehen, dass sie sich darüber freuen. Irgendwie geht es mir dann auch immer gut.

MERAL: Also, wenn ich meinem Vater im Garten helfe, dann mag das zwar sinnvoll sein, aber mir geht es dadurch echt nicht gut.

PETRA: So etwas meine ich gar nicht, aber ich habe eine Großtante, die im Altersheim lebt, und ab und zu, vor allem in den Ferien, gehe ich sie besuchen. Sie bekommt sonst kaum Besuch und freut sich immer wahnsinnig, wenn ich komme. Sie erzählt mir dann meistens etwas von früher, manches habe ich schon oft gehört, anderes nicht, aber es ist auch nicht so wichtig. Ich merke, dass ihr die Zeit mit mir guttut, und das spüre ich eben auch. Kennt ihr so etwas nicht?

TOM: Hm, irgendwie schon. Ich weiß noch, als wir für unser Patenkind in der Klasse einen Stand auf dem Weihnachtsmarkt hatten und wochenlang vorher dafür gebastelt und gebacken haben. Da ging so viel Zeit drauf und auch auf dem Weihnachtsmarkt haben wir viel Zeit verbracht. Aber es machte mir überhaupt nichts aus. Als wir dann unsere Einnahmen zählten und auf über 1000,– Euro kamen, da waren wir alle richtig stolz und haben unserem Patenkind in China davon geschrieben. Aber wir können doch nicht ständig solche Aktionen machen.

LEON: Genau, irgendwann würden die Leute dann ja auch nichts mehr kaufen wollen, wenn alle für einen guten Zweck sammeln und sich engagieren.

MERAL: So ist das ja auch nicht gemeint, aber mir gefällt der Gedanke, in den Ferien schon genug für mich und meine Erholung zu tun, dann aber auch ein wenig für andere.

TOM: Was könnten wir denn machen?

6. *Was würdet ihr den vieren raten, um mehr zu tun, als in den Ferien „rumzuhängen"? Sammelt Tätigkeiten und Aktionen, mit denen ihr anderen helfen und selbst auch Spaß haben könnt.*

Projektvorschlag

Sammelt Ideen für Tätigkeiten und Aktionen, mit denen ihr euch und anderen etwas Gutes tun könnt, z. B. eine Spendenaktion, ein Vorlesenachmittag im Altenheim, Besuche in der Kinderstation eines Krankenhauses. Wählt eine oder mehrere Aktionen aus und führt sie durch. Schreibt auf, wie es euch dabei ergangen ist, was ihr erlebt habt und wie es euch gefallen hat. Wertet aus, was dabei für euch gut und was für die anderen gut war. Stellt hinterher eure Erfahrungen in der Klasse vor, macht eine Ausstellung dazu in der Schule oder schreibt einen Artikel für die Schülerzeitung.

Was du weißt und kannst

1. *Zeichne in die Mitte eines Blattes ein Symbol für „Zeit" (z. B. eine Sanduhr) und notiere dann nach Oberbegriffen geordnet in Form einer Mindmap, was du über Zeit sagen kannst. Die Oberbegriffe können sein: Definition, Zeit erfassen, Planung, verschiedene Formen (verplante Zeit, freie Zeit, Freizeit), Gefühl.*

Im zwölften Kapitel des Märchen-Romans „Momo" gelangt Momo zu Meister Hora, der die Zeit der Menschen verwaltet. Sie redet mit ihm zunächst darüber, was Zeit eigentlich ist:

„Sag mal", fragte sie [Momo, U. H.], „was ist denn die Zeit eigentlich?" „Das hast du doch gerade selbst herausgefunden", antwortete Meister Hora.
„Nein, ich meine", erklärte Momo, „die Zeit selbst – sie muss doch irgendetwas sein. Es gibt sie doch. Was ist sie denn wirklich?"
„Es wäre schön", sagte Meister Hora, „wenn du das auch selbst beantworten könntest." Momo überlegte lange. „Sie ist da", murmelte sie gedankenverloren, „das ist jedenfalls sicher. Aber anfassen kann man sie nicht. Und festhalten auch nicht. Vielleicht ist sie so was wie ein Duft? Aber sie ist auch etwas, das immer vorbeigeht. Also muss sie auch irgendwo herkommen. Vielleicht ist sie so was wie der Wind? Oder nein! Jetzt weiß ich's! Vielleicht ist sie eine Art Musik, die man bloß nicht hört, weil sie immer da ist. Obwohl, ich glaub, ich hab sie schon manchmal gehört, ganz leise."
„Ich weiß", nickte Meister Hora, „deswegen konnte ich dich ja zu mir rufen." „Aber es muss noch etwas anderes dabei sein", meinte Momo, die dem Gedanken noch weiter nachhing, „die Musik ist nämlich von weit her gekommen, aber geklungen hat sie ganz tief in mir drin. Vielleicht ist es mit der Zeit auch so." Sie schwieg verwirrt und fügte dann hilflos hinzu: „Ich meine, so wie die Wellen auf dem Wasser durch den Wind entstehen. Ach, das ist wahrscheinlich alles Unsinn, was ich rede!" „Ich finde", sagte Meister Hora, „das hast du sehr schön gesagt. [...]"

(Michael Ende: Momo oder Die seltsame Geschichte von den Zeit-Dieben und von dem Kind, das den Menschen die gestohlene Zeit zurückbrachte, K. Thienemanns Verlag, Stuttgart 1973, S. 158/159)

2. *Wie gefällt dir Momos Umschreibung der Zeit? Kannst du verstehen, weshalb sie die Zeit mit dem Wind, der Musik und den Wellen vergleicht? Versuche, es zu erklären.*

3. *Womit könnte man Zeit noch vergleichen? Finde eigene Beispiele.*

4. *Stell dir vor, dein Tag hätte, da du dich mit der Zeit angefreundet hast, plötzlich 48 Stunden, aber alles, was du normalerweise tun musst, hat sich nicht vermehrt, z. B. die Zahl der Schulstunden. Zeichne eine 48-Stunden-Uhr und trage ein, was du alles mit deiner freien Zeit machen würdest.*

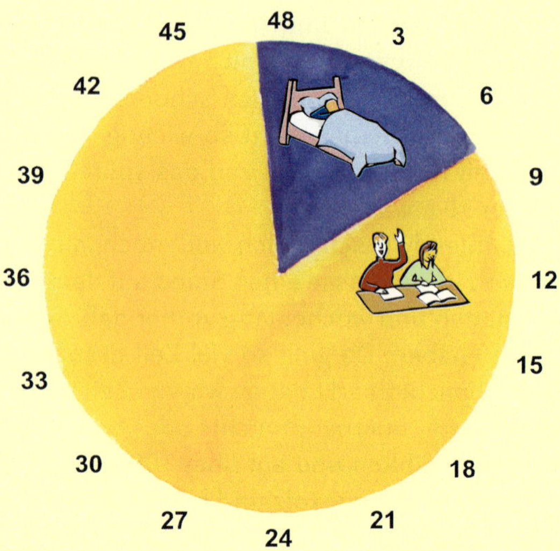

5. *Wähle fünf möglichst unterschiedliche Freizeitbeschäftigungen aus und erkläre, warum Menschen diese gerne machen, was das Gute daran ist und was mögliche Nachteile sind. Gehören die genannten Freizeitbeschäftigungen auch zu deinen?*

> Es gibt Diebe, die nicht bestraft werden und einem doch das Kostbarste stehlen: die Zeit.
> (Napoleon Bonaparte, 1769–1821, frz. Kaiser)

6. *Führe aus, welches deine Zeitdiebe sind, und überlege, was du gegen diesen Diebstahl tun könntest.*

7. *Schreibe selbst einen Spruch oder ein kleines Gedicht zur Zeit.*

In Michael Endes Roman „Momo" beschreibt der Straßenkehrer Beppo, wie man eine Aufgabe nicht angehen sollte:

„Siehst du, Momo", sagte er dann zum Beispiel, „es ist so: Manchmal hat man eine sehr lange Straße vor sich. Man denkt, die ist so schrecklich lang; das kann man niemals schaffen, denkt man." Er blickte eine Weile schweigend vor sich hin, dann fuhr er fort: „Und dann fängt man an, sich zu eilen. Und man eilt sich immer mehr. Jedes Mal, wenn man aufblickt, sieht man, dass es gar nicht weniger wird, was noch vor einem liegt. Und man strengt sich noch mehr an, man kriegt es mit der Angst, und zum Schluss ist man ganz außer Puste und kann nicht mehr. Und die Straße liegt immer noch vor einem. So darf man es nicht machen."
(ebd., S. 36/37)

8. *Sammelt eure Ideen, wie man stattdessen eine große Aufgabe angehen sollte.*

Er dachte einige Zeit nach. Dann sprach er weiter: „Man darf nie an die ganze Straße auf einmal denken, verstehst du? Man muss nur an den nächsten Schritt denken, an den nächsten Atemzug, an den nächsten Besenstrich. Und immer nur an den nächsten." Wieder hielt er inne und überlegte, ehe er hinzufügte: „Dann macht es Freude; das ist wichtig, dann macht man seine Sache gut. Und so soll es sein."
(ebd., S. 37)

9. *Stellt euch vor, ihr sollt jemandem, der seine Aufgaben falsch angeht, sagen, wie er/sie es besser machen könnte. Wählt eine Aufgabe aus und schreibt ihm/ihr einen Rat.*

Menschen unter Menschen

1. *Wie gut kennen andere dich?*
Notiere über dich selbst so viele richtige und falsche Behauptungen wie möglich, z. B. „Ich wollte früher Gitarre spielen lernen" (r), „Ich liebe Orangensaft" (f). Ihr solltet in etwa die gleiche Anzahl an richtigen und falschen Behauptungen haben.
Jede/r in der Gruppe erhält eine grüne und eine rote Karte für die Abstimmung. Jemand beginnt, seine Behauptungen vorzulesen, die anderen müssen mit der grünen oder roten Karte entscheiden, ob sie die Behauptung für richtig oder falsch halten.
Besprecht hinterher in der Gruppe, wie euch das Spiel gefallen hat und was dadurch deutlich geworden ist.

2. *Zu welchen Gruppen und Gemeinschaften gehört ihr? Beginnt mit „Erdbewohner" und geht „herunter" zu immer kleineren Gruppen und Gemeinschaften. Schreibt die verschiedenen Gruppen und Gemeinschaften auf Karten, ordnet sie von den größeren zu den kleineren und hängt sie auf. Welche Fragen und Gedanken habt ihr dazu?*

Innerhalb verschiedener Gruppen und Gemeinschaften haben wir unterschiedliche Aufgaben (lernen, selbstständig werden, arbeiten etc.) und Rollen (Kind, Mädchen, Junge, Frau, Mann, Schüler/in, Mutter, Vater etc.). Aufgaben und Rollen ändern sich im Laufe eines Lebens auch wieder. Um solche Veränderungen geht es in dem folgenden Gedicht:

Mal so, mal so

Dafür bist du doch viel zu groß!
Nein, dazu bist du noch zu jung!
Das tun Mädchen nicht!
Das ist doch nichts für Jungen!
Das ist nichts mehr für dein Alter!
Was sollen denn die Leute denken?

3. *Sicher kennt ihr solche Sätze. Fügt weitere hinzu und erfindet Situationen, zu denen sie passen. Spielt euch einzelne Szenen vor und sammelt eure Ideen, was mit den Sätzen gemeint sein könnte.*

4. *Zu welcher Gruppe würdest du dich gerne dazusetzen oder -stellen? Was würdest du sagen und weshalb? Stell dir vor, du kannst jetzt einfach in das Bild, das du dir ausgewählt hast, einsteigen: Wie geht es dir dabei? Was fühlst, tust und sagst du?*

1. Die anderen und ich

Nähe und Abstand

Mirjam Pressler beschreibt in ihrem Buch „Wenn das Glück kommt, muss man ihm einen Stuhl hinstellen“ die Geschichte von Halinka, einem jüdischen Mädchen, das in den 1950er-Jahren in einem Heim in Deutschland aufwächst, weil sie von ihrer Mutter vernachlässigt und misshandelt wurde. Halinka hat es schwer im Heim, da sie immer wieder von anderen Mädchen ausgegrenzt wird. Sie führt ein Gedankenbuch, in dem sie alle ihre wichtigen Gedanken aufschreibt, und freut sich vor allem auf die Besuche bei ihrer Tante. Sie ist eine Art Lebenskünstlerin, weil sie sich mit allen Mitteln durchs Leben kämpft und sich nicht unterkriegen lassen will.
In der abgebildeten Zeichnung, die einer Zwiebel mit ihren vielen Schalen ähnlich sieht, könnt ihr sehen, welche Menschen in Halinkas Leben eine Rolle spielen und wie nah oder fern ihr diese Menschen sind. Das Verhältnis zu Renate, einem anderen Heimmädchen, verändert sich im Laufe der Geschichte. Am Ende sind sie gute Freundinnen, obwohl Halinka zunächst keine Freundschaft schließen will.

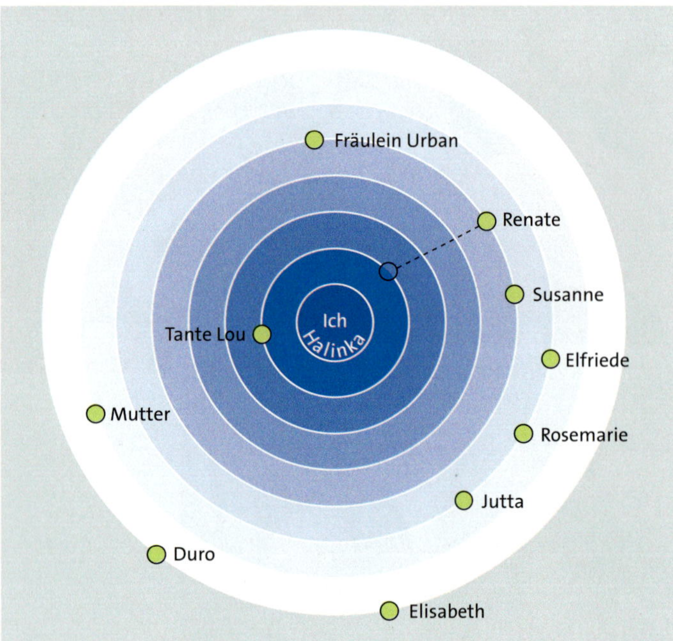

Ich habe noch nie eine Freundin gehabt. Ich will auch keine. Wenn man Elisabeth und Dorothea beobachtet, die ja angeblich Freundinnen sind, dann kann einem wirklich die Lust vergehen. Elisabeth lässt Dorothea immer für sich arbeiten, Zimmerdienst, Schrank aufräumen, Pfortendienst, alles. [...] Nein, ich will keine Freundin und mich später an alle erinnern, will ich erst recht nicht. Ich will sie vergessen. Ich mag nicht viele Leute und mich mögen, glaube ich, noch weniger. Renate finde ich ganz nett, obwohl sie nichts sagt, außer so normale Sachen wie „Wie viel Uhr ist es?“ oder „Was gibt es heute zum Mittagessen?“ oder „Im Waschraum ist eine Birne durchgebrannt“. Seit Renate da ist, denke ich viel öfter an Orchideen [das macht Halinka, wenn sie nicht traurig werden will, U. H.]. Ich weiß nicht, warum. Vielleicht weil sie so bräunlich und sanft aussieht. Sie hat hellbraune Haare, hellbraune Augen und eine hellbraune Haut. Trotzdem verstehe ich es nicht ganz, denn Orchideen sind violett, purpurfarben und karminrot. [...] Nein, ich will nicht, dass Renate meine Freundin wird. Warum soll ich mir unnötig das Leben schwer machen? Was nützt eine Freundin, die nicht stark ist? Ganz klar, so jemand kann einem nur schaden. Als kleine Schwester würde ich sie allerdings sofort nehmen.

(Mirjam Pressler: Wenn das Glück kommt, muss man ihm einen Stuhl hinstellen, Beltz & Gelberg, Weinheim und Basel 1998, S. 43 ff.)

1. *Überlegt, welche Gründe Halinka haben könnte, dass sie keine Freundin haben möchte, und redet darüber.*

2. *Stell dir vor, du könntest dich mit Halinka unterhalten: Wie würdest du sie überzeugen, dass es doch gut sein kann, Freunde zu haben? Setzt euch zu zweit zusammen und führt dieses Gespräch.*

3. *Zeichne für dich selbst Kreise nach dem Muster links und füge deine Freundinnen, Freunde und Familienmitglieder ein. Wer steht dir nahe, wer nicht so sehr? Was glaubst du, wovon dies abhängt?*

Mit anderen leben = Glück?

4. *Lest den folgenden Textauszug aus Mirjam Presslers Geschichte von Halinka und überlegt, was euch die Wünsche Halinkas über ihre Erfahrungen mit anderen Menschen verraten.*

Ich hätte gerne einen Hund. Nicht so einen kleinen Kläffer wie der Hund von Tante Lous Hauswirtin, der jeden anbellt, der in die Wohnung kommt, sondern einen großen, wilden, schwarzen unheimlichen Hund, der glühende Augen hat und ein gesträubtes Fell bekommt, wenn mich jemand schlagen will. Ich müsste nur „Fass!" sagen und schon würde er zubeißen. So einen Hund könnte es wirklich geben, jedenfalls eher als den Knüppel-aus-dem-Sack. Dieses Märchen gefällt mir trotzdem sehr gut. Einen Esel-streck-dich kann ich mir zwar nicht vorstellen, alles andere aber sehr gut. Manchmal wünsche ich mir ein Tischlein-deck-dich und manchmal den Knüppel-aus-dem-Sack. Ich wüsste viele, auf die ich meinen Knüppel loslassen würde.

(ebd., S. 19)

5. *Wie würdet ihr Halinkas Verhalten ihren Mitmenschen gegenüber beschreiben? Was braucht sie eurer Meinung nach?*

Offenheit für andere

Der Mensch ist ein Lebewesen, das von Natur aus für andere offen ist. Dennoch ist die Vorstellung, der Mensch sei von Natur aus egoistisch, weit verbreitet [...].
Es gibt natürlich ein gewisses Misstrauen in den menschlichen Beziehungen, aber das Vertrauen überwiegt bei Weitem. [...] wir fragen jemanden nach dem Weg und vertrauen darauf, dass er uns nicht absichtlich in die falsche Richtung schickt; wir besteigen ein Flugzeug und zweifeln nicht daran, dass der Pilot es fliegen kann.

(Hector Zagal, José Galindo: Ethik für junge Menschen, Philipp Reclam jun., Stuttgart 2000, S. 95 f.)

6. *Findet je fünf Beispiele dafür, dass ihr anderen vertraut und euch auf sie verlasst – aus dem Familienleben, eurem Freundeskreis, dem Schulleben. Nennt einige Beispiele und überlegt, was passieren würde, wenn wir anderen gar nicht mehr vertrauen könnten.*

Halinka und Renate kommen sich immer ein wenig näher und nachdem Halinka Elisabeth verprügelt, weil sie Renate bedroht hat, finden sie zueinander.

Rena setzt sich zu mir aufs Bett und nimmt meinen Kopf auf ihren Schoß. Sie streichelt mir die Haare und das Gesicht. Ich weine und weine. Ich habe eine Freundin. Sie ist nicht stark und sie nützt einem nicht viel. Aber das macht nichts, da muss ich eben stärker sein. Ich weiß ja jetzt, dass ich das kann. „Lieber einen Armen zum Freund als einen Reichen zum Feind", würde Tante Lou sagen.

(Mirjam Pressler, a. a. O., S. 144)

7. *Stimmst du Halinka zu, dass eine Freundin oder ein Freund, die/der nicht stark ist, einem nicht viel nützt? Was spricht deiner Meinung nach dafür, was dagegen?*

Leben in Gemeinschaft*

Das Leben in einer Gemeinschaft läuft auf drei Ebenen gleichzeitig ab. Die erste ist das Leben in der Familie. Der Mensch wird in eine Familie hineingeboren, im Unterschied zu vielen Mikroben, die sich durch Teilung vermehren, oder zu Pflanzen, die aus Samenkörnern entstehen. Im Gegensatz zu einem Fohlen, das schon wenige Minuten nach der Geburt laufen kann, muss ein Kind über einen langen Zeitraum hinweg intensiv gepflegt werden. Für den Menschen ist die Familie die Kerngemeinschaft, in der er eine überaus wichtige Fähigkeit erlernt – das Sprechen. Eine zweite Ebene ist die der Freundschaft. Unsere Freunde, das sind Menschen, die sich für uns entschieden haben und für die wir uns entschieden haben. Menschen, die wir uns als Begleiter durch unser Leben erwählt haben. Die dritte Ebene ist die der Gesellschaft insgesamt.

(Hector Zagal, José Galindo, a. a. O., S. 96)

8. *Diskutiert miteinander, was die drei Ebenen, wie Zagal und Galindo sie beschreiben, mit dem Ziel des Menschen, glücklich zu sein, zu tun haben. Vielleicht fallen euch ja noch weitere Fähigkeiten und Dinge ein, die zum Glück des Menschen beitragen.*

9. *Stellt euch vor, was dieses Mädchen gerade Glückliches erlebt. Versetzt euch in ihre Lage und schreibt ihre Gedanken auf.*

2. Ich bin anders – du auch!

1. *Ähnlichkeiten und Unterschiede:*
Bildet Dreiergruppen und beantwortet die folgenden Fragen als Gruppe und einzeln nach dem abgebildeten Muster. Jede/r in der Kleingruppe muss mit allen Antworten einverstanden sein. Ihr könnt hinterher eure Ergebnisse vorstellen und/oder ausstellen. Wichtig: Bei euren Antworten dürfen keine Namen genannt werden (z. B. „Wir alle finden M. doof“)!

Das sind drei Dinge, die wir alle mögen:
1. ...
2. ...
3. ...

Das sind drei Dinge, die wir alle nicht mögen:
1. ...
2. ...
3. ...

Darin unterscheiden wir uns:
Name: ...
Ich bin anders, weil ...
Name: ...
Ich bin anders, weil ...
Name: ...
Ich bin anders, weil ...

(nach: Heiner Wilms u. a.: Energizer. Soziales Lernen mit Kopf, Herz und Hand, FLVG Verlag, Straßberg 2009, S. 29)

2. *Tauscht euch darüber aus, wie euch das Spiel gefallen hat und was ihr dabei erfahren habt.*

Andere mögen

3. *Welche Ergebnisse der Umfrage haben etwas mit dem Leben in einer Gemeinschaft zu tun?*

4. *Welches Ergebnis fällt euch besonders auf?*

Projektvorschlag

Entwickelt einen Fragebogen zu dem Thema „Was macht Schüler/innen beliebt, was weniger?“. Befragt eure Mitschüler/innen, wertet eure Ergebnisse aus und zieht Schlussfolgerungen daraus.

5. *Achtet im folgenden Textauszug aus dem „Dschungelbuch“ darauf, was Mowgli von den verschiedenen Tieren lernt. Überlegt, wofür er die verschiedenen Fähigkeiten und Kenntnisse benötigt, und sprecht darüber.*

Menschen brauchen Gemeinschaft

Rudyard Kipling erzählt in „Das Dschungelbuch“ die Geschichte von Mowgli, einem Menschenkind, das im Dschungel in einem Wolfsrudel aufwächst, vom Tiger Shir Khan als Beute beansprucht wird und nach gefährlichen Abenteuern mit Bagheera, dem Panther, und Baloo, dem Braunbären, zu den Menschen zurückkehrt.

Mowgli wuchs mit seinen Brüdern auf, obwohl sie natürlich schon erwachsene Wölfe wurden, als er noch ein richtiges Kind war. Vater Wolf gab sein ganzes Wissen an ihn weiter und lehrte ihn, die Bedeutung aller Dinge im Dschungel zu verstehen: das heimliche Rascheln im Gras; den heißen Atem der Nacht; den Ruf der Eule von hoch oben; das Scharren der Klauen auf dem Ast, wenn eine Fledermaus für eine Weile im Baum rastet; das leise Aufklatschen, wenn ein kleiner Fisch aus dem Wasser schnellt … Das alles wurde Mowgli bald so vertraut wie einem Menschen die tägliche Arbeit im Büro. Wenn er nicht gerade lernte, lag er in der Sonne und schlief, aß zwischendurch und schlief weiter. Wenn er sich waschen oder bloß abkühlen wollte, sprang er in einen der Tümpel im Wald. Und wenn er Lust auf Honig bekam – Baloo hatte ihm nämlich beigebracht, dass Honig und Nüsse nicht schlechter schmecken als rohes Fleisch –, dann holte er ihn sich eben aus dem Baum. Das Klettern hatte er von Bagheera gelernt. Der Panther hatte auf einem Ast gelagert und ihm zugerufen: „Komm herauf, Kleiner Bruder!“ Erst war Mowgli noch schwerfällig wie ein Faultier gewesen, aber bald schwang er sich fast ebenso behände durch die Baumkronen wie die grauen Affen.

Bei den Versammlungen des Rudels auf dem Ratsfelsen hatte Mowgli nun seinen eigenen Platz. Dort machte er auch die Entdeckung, dass kein Wolf seinem Blick standhielt, sondern doch zuletzt die Augen niederschlug, wenn er ihn nur lange und eindringlich genug anstarrte. Das probierte Mowgli zum Spaß immer wieder aus. Gelegentlich zog er seinen Freunden die Splitter aus den Tatzen, denn Wölfe treten sich oft Dornen ein und leiden schrecklich unter den Kletten, die ihnen im Pelz hängen bleiben. […]

Am liebsten folgte Mowgli aber Bagheera in das heiße, dunkle Herz des Dschungels, um dort den ganzen Tag zu verdösen und bei Nacht begleitete er Bagheera auf der Jagd. […] Wenn Bagheera Hunger hatte, tötete er blindlings, ohne nach rechts oder links zu schauen, und Mowgli machte es bald ebenso – mit einer Ausnahme. Sobald Mowgli alt genug war, um etwas so Wichtiges zu begreifen, hatte ihn Bagheera nämlich gelehrt, dass er sich niemals an Herdenvieh vergreifen dürfe; denn dafür, dass Mowgli ins Rudel aufgenommen wurde, habe ein Ochse mit dem Leben bezahlen müssen. […]

Er wuchs heran und wurde stark und kräftig wie eben einer, der immer weiterlernt, ohne lange darüber nachzudenken, und keine andere Sorge kennt als einen leeren Magen.

Mutter Wolf warnte ihn wiederholt vor Shir Khan. Dem sei nicht zu trauen, und eines Tages werde Mowgli ihn wohl töten müssen. Ein junger Wolf hätte eine solche Mahnung stets bedacht, aber Mowgli war nur ein junger Mensch, also vergaß er sie. Dabei hätte er sich bestimmt selbst einen Wolf genannt, wäre er der Sprache der Menschen mächtig gewesen.

(Rudyard Kipling: Das Dschungelbuch, Cecilie Dressler Verlag, Hamburg 2004, S. 21 ff.)

6. *Sammelt, was Mowgli von den verschiedenen Tieren lernt, und gebt an, was dies jeweils mit den verschiedenen Tierarten zu tun hat.*

7. *Ihr seid sicher schon in anderen Familien zu Besuch gewesen oder habt Ferien bei Verwandten, bei euren Großeltern beispielsweise, verbracht.*
- *Überlegt und sammelt, was dort anders war, welche neuen Regeln es dort gab.*
- *Tauscht euch dann über die gemachten Erfahrungen aus und diskutiert, welche Regeln und Verhaltensweisen für euch im Zusammenleben mit anderen besonders wichtig sind.*

3. Was brauchen wir von anderen?

1. *Welches Gefühl bringt der Pantomime Marcel Marceau zum Ausdruck?*

2. *Wählt Begriffe aus und stellt sie pantomimisch, durch Gesten und Mimik, dar. Lasst die anderen eure Begriffe raten.*

3. *Was war bei dieser Übung schwer? Wie habt ihr euch gefühlt – als Spieler und als Zuschauer?*

4. *Stellt euch vor, ihr könntet euch einen Tag nur mit Mimik und Gestik verständigen. Wie könnte das gehen?*

Ein Tisch ist ein Tisch?

Peter Bichsel erzählt in seiner Geschichte „Ein Tisch ist ein Tisch" die Geschichte eines alten und einsamen Mannes, der will, dass sich etwas ändert, und deshalb die Namen der Dinge und Gegenstände vertauscht.

„Immer derselbe Tisch", sagte der Mann, „dieselben Stühle, das Bett, das Bild. Und dem Tisch sage ich Tisch, dem Bild sage ich Bild, das Bett heißt Bett, und den Stuhl nennt man Stuhl. Warum denn eigentlich?" Die Franzosen sagen zu dem Bett „li", dem Tisch „tabl", nennen das Bild „tablo" und den Stuhl „schäs", und sie verstehen sich. Und die Chinesen verstehen sich auch."

(Peter Bichsel: Ein Tisch ist ein Tisch; aus Kindergeschichten, Luchterhand Verlag, Neuwied/Berlin 1969)

5. *Nehmt euch Zeit und überlegt, wofür es wichtig ist, dass der Tisch immer <u>Tisch</u>, der Stuhl <u>Stuhl</u>, das Bett <u>Bett</u> und so weiter genannt werden.*

„Weshalb heißt das Bett nicht Bild", dachte der Mann und lächelte, dann lachte er, lachte, bis die Nachbarn an die Wand klopften und „Ruhe" riefen. „Jetzt ändert es sich", rief er, und er sagte von nun an dem Bett „Bild". „Ich bin müde, ich will ins Bild", sagte er und morgens blieb er oft lange im Bild liegen und überlegte, wie er nun dem Stuhl sagen wolle, und er nannte den Stuhl „Wecker". Er stand also auf, zog sich an, setzte sich auf den Wecker und stützte die Arme auf den Tisch. Aber der Tisch hieß jetzt nicht mehr Tisch, er hieß jetzt Teppich. Am Morgen verließ also der Mann das Bild, zog sich an, setzte sich an den Teppich auf den Wecker und überlegte, wem er wie sagen könnte. Dem Bett sagte er Bild. Dem Tisch sagte er Teppich. Dem Stuhl sagte er Wecker. Der Zeitung sagte er Bett. Dem Spiegel sagte er Stuhl. Dem Wecker sagte er Fotoalbum. Dem Schrank sagte er Zeitung. Dem Teppich sagte er Schrank und dem Fotoalbum sagte er Spiegel.

(ebd.)

Der alte Mann fand diesen Namenstausch zunächst lustig, übte den ganzen Tag und begann, immer mehr Dinge und Tätigkeiten umzubenennen, sodass er begann, seine neuen Wörter mit den Übersetzungen in blaue Schulhefte einzutragen.

6. *Könnt ihr euch vorstellen, was im Laufe der Zeit für den alten Mann immer schwieriger werden wird und was passieren könnte?*

Ding, Name, Wort

Ein Schweizer Sprachwissenschaftler, Ferdinand de Saussure, hat Anfang des 20. Jahrhunderts eine Theorie über den Aufbau und Gebrauch der Sprache entwickelt. Er behauptet darin, dass sich ein **Wort** mit einer bestimmten Folge von Buchstaben und Lauten (z. B. BAUM) in der Sprache zusammensetzt aus einem **Ding** (z. B. dem Gegenstand Baum) und einem **Namen** (z. B. Baum, tree, arbre). Ein Wort kann natürlich nicht nur konkrete Gegenstände bezeichnen, sondern auch allgemeine Vorstellungen wie Freiheit, Liebe usw.

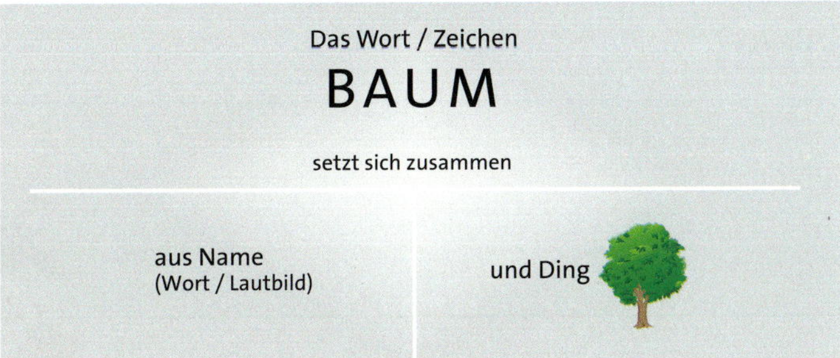

Saussure sagt auch, dass die Aneinanderreihung von Buchstaben, die dann ein Wort wie etwa Baum ergibt, ganz zufällig ist und nichts mit dem Gegenstand zu tun hat. Das können wir daran sehen, dass dem gleichen Gegenstand in verschiedenen Sprachen ganz unterschiedliche Worte entsprechen, so wie ein Baum (deutsch), arbre (franz.), tree (engl.) genannt wird. Wenn eine Sprachgemeinschaft[1] dann aber einmal eine bestimmte Buchstaben- und Lautfolge gewählt hat, so wie wir im Deutschen den Baum nennen, dann können wir den nicht einfach anders benennen wie beispielsweise „lutar" oder aber „Wand" (so wie es der Mann in der Geschichte „Ein Tisch ist ein Tisch" macht), da wir uns sonst gar nicht mehr verständigen könnten.

[1] Gruppe von Menschen, die die gleiche Sprache spricht, so wie deutsch z. B. in Deutschland, Österreich und in der Schweiz gesprochen wird

7. *Sammelt Beispiele für einen Gegenstand und seine Bezeichnungen in unterschiedlichen Sprachen. In wie vielen Sprachen könnt ihr den Gegenstand benennen? Was bedeutet dies eurer Meinung nach?*

8. *Überlegt, weshalb es für den alten Mann in der Geschichte von Peter Bichsel immer schwieriger wird, sich mit anderen Menschen zu verständigen.*

Und so endet die Geschichte:

Sie hat traurig angefangen und hört traurig auf. Der alte Mann im grauen Mantel konnte die Leute nicht mehr verstehen. Und deshalb sagte er nichts mehr. Er schwieg, sprach nur noch mit sich selbst, grüßte nicht einmal mehr.
(ebd.)

9. *Wenn ihr selbst in die Geschichte eintreten könntet, zu welchem Zeitpunkt würdet ihr dem alten Mann einen Rat geben wollen? Formuliert diesen Rat.*

Was haben wir mit Stachelschweinen gemeinsam?

Eine Gesellschaft Stachelschweine drängte sich an einem kalten Wintertage recht nah zusammen, um sich durch die gegenseitige Wärme vor dem Erfrieren zu schützen. Jedoch bald empfanden sie die gegenseitigen Stacheln, welches sie dann wieder voneinander entfernte. Wann nun das Bedürfnis der Erwärmung sie wieder näher zusammenbrachte, wiederholte sich jenes zweite Übel, sodass sie zwischen beiden Leiden hin und her geworfen wurden, bis sie eine mäßige Entfernung voneinander herausgefunden hatten, in der sie es am besten aushalten konnten.
So treibt das Bedürfnis der Gesellschaft, aus der Leere und Monotonie des eigenen Innern entsprungen, die Menschen zueinander; aber ihre vielen widerwärtigen Eigenschaften und unerträglichen Fehler stoßen sie wieder voneinander ab. Die mittlere Entfernung, die sie endlich herausfinden und bei welcher ein Beisammensein bestehen kann, ist die Höflichkeit und feine Sitte. Dem, der sich nicht in dieser Entfernung hält, ruft man in England zu: Keep your distance! – Vermöge derselben wird zwar das Bedürfnis gegenseitiger Erwärmung nur unvollkommen befriedigt, dafür aber der Stich der Stacheln nicht empfunden.
Wer jedoch viel eigene, innere Wärme hat, bleibt lieber aus der Gesellschaft weg, um keine Beschwerde zu geben, noch zu empfangen.

(Arthur Schopenhauer: Sämtliche Werke in fünf Bänden. Bd. 5: Parerga und Paralipomena II. Hrsg. von Wolfgang von Löhneysen, Wissenschaftliche Buchgesellschaft, Darmstadt 1979, S. 765)

10. *Wie kommt es, dass der Philosoph Schopenhauer die Menschen mit Stachelschweinen vergleicht?*

11. *Sammelt in einer Tabelle mit zwei Spalten, was die Menschen dazu bringt, zusammenzukommen, und was sie auseinandertreibt.*

12. *Überlegt, ob es andere Tiere gibt, mit denen man die Menschen vergleichen könnte. Tauscht euch über eure Vergleiche aus und entscheidet, ob sie für alle Menschen gelten oder nur für einige.*

4. Familie und andere Gemeinschaften

1. *Jede/r von uns gehört verschiedenen Gruppen und Gemeinschaften* an. Stellt die Gruppen, zu denen ihr gehört, zusammen.*

2. *Wählt nun eine Gruppe aus und untersucht, was ihr an dieser Gruppe jeweils gut findet und was euch vielleicht nicht so gut gefällt. Vergleicht hinterher eure Ergebnisse.*

Rollen* – hilfreich, oder?

Wer von euch schon einmal Theater gespielt hat oder sich für Filme und Ähnliches interessiert, weiß, dass Schauspieler Rollen spielen, das heißt beispielsweise, dass jemand einen Dieb, eine Polizistin, einen Zauberlehrling spielt. Nun ist das Leben insgesamt kein Theater, aber im Zusammenleben der Menschen sprechen wir auch von Rollen, die wir in Gruppen wie der Familie, der Schule, der Clique, einem Verein (und vielen anderen Gruppen) übernehmen. Wenn wir in diesem Zusammenhang von Rolle sprechen, dann meinen wir damit bestimmte Verhaltensweisen und -muster, die andere von uns erwarten und an uns gut oder weniger gut finden.

3. *Überlegt euch in Gruppen verschiedene Rollenbilder aus der Familie (Vater, Mutter, Tochter, Sohn), Schule (Lehrer/in, Schüler/in, Klassenclown), dem Berufsleben (Chef, Angestellter, Arzt/Ärztin) und erarbeitet dazu Rollenspiele, die ihr einander vorspielt. Gebt die Situation bekannt, die anderen sollen dann raten, wer welche Rolle übernommen hat. Tauscht euch hinterher darüber aus, woran ihr einzelne Rollen erkannt habt und ob die Rollen auch andere Verhaltensweisen zugelassen hätten.*

So geht es – Ein Rollenspiel durchführen

Ihr wählt eine Situation aus, die ihr den anderen vorspielen wollt, und überlegt dabei auch, wie die Einzelnen in eurer Gruppe sich verhalten sollen und was sie sagen sollen. Übt dann euer Spiel ein und nehmt euch Zeit, damit ihr euch gut in eure Rolle hineinfindet. Ihr könnt auch Rollenkarten vorbereiten, auf denen ihr genauer beschreibt, wie jede/r sich in der Situation verhalten soll.

Rollen innerhalb der Familie

Die Rollenverteilung Vater, Mutter, Kind/er, Geschwister zueinander, Großeltern etc. prägen unsere Vorstellungen. Allerdings verändern sich Rollenmuster auch im Laufe der Zeit. Eine Familie von 1900 unterscheidet sich von einer Familie im Jahr 2010. Dazu gibt der niederländische Autor Guus Kuijer ein Beispiel in seinem Jugendbuch „Wir alle für immer zusammen“:

Caro und ich sind die einzigen niederländischen Kinder in der Klasse. Alle anderen sind Ausländer. Caro hat einen SUP [Super Unnormalen Papa, U. H.] und ich habe einen UP [Unnormalen Papa, U. H.]. Ich glaube, alle niederländischen Kinder haben einen unnormalen Papa. Meine Mutter sagt, dass es früher auch ein paar normale Papas gab. Die kamen nach Hause, guckten Fernsehen und tranken Bier. Solche Väter gibt's, glaub ich, nicht mehr.
Du kannst zum Beispiel einen Vater haben, der nicht dein Vater ist.
Oder einen Vater, der zwar dein Vater ist, der aber woanders wohnt.

Oder einen Vater, den es zwar gibt, aber du hast keine Ahnung, wo.
Oder einen Vater aus einem Reagenzglas, den du nicht kennst.
Oder einen Vater aus dem Reagenzglas, den du zwar kennst, zu dem du aber nicht Papa sagst, weil du zu dem Mann deiner Mutter Papa sagst.
Oder einen Vater aus einem Reagenzglas, zu dem du Papa sagst, obwohl er nicht der Mann deiner Mutter ist.
Oder einen Vater, von dem du weißt, wo er ist, zu dem du aber nicht hindarfst.
Oder du hast zwei Väter, die auf Männer stehen.
Oder zwei Väter, die beide Frauen sind, aber lesbisch.
Na, sucht euch mal einen aus. Euer Vater ist garantiert dabei und Caros auch, aber ich sag nicht, welcher er ist.

(Guus Kuijer: Wir alle für immer zusammen, Verlag Friedrich Oetinger, Hamburg 2001, S. 18 f.)

4. *Was denkt ihr über die verschiedenen Möglichkeiten, Vater zu sein?*

5. *Schreibt eine ähnliche Liste zu Müttern, Geschwistern, Großeltern und tauscht euch darüber aus, was diese vielen Möglichkeiten für den einzelnen Menschen bedeuten.*

6. *Wählt aus den Listen eure Lieblingsvorstellungen von Vater, Mutter und Geschwistern aus.*

Ich dachte, ihr hättet mich nicht mehr lieb

Auch Verhaltensmuster, die für einzelne Kinder und Jugendliche schwer zu bewältigen sind, werden in Jugendbüchern thematisiert, so in Mirjam Presslers Roman „Wenn das Glück kommt, muss man ihm einen Stuhl hinstellen", in dem die Hauptfigur Halinka, die jüdischer Herkunft ist, in der Nachkriegszeit in einem Heim aufwächst. In Jürgen Banscherus' Buch „Davids Versprechen" geht es um einen Jungen, der von seinem Vater schwer misshandelt wird.
David ist von zu Hause weggelaufen, nun aber wieder nach Hause zurückgebracht worden.

„Also, wieso bist du weggelaufen?", fragt der Vater, kaum dass sich David an den Küchentisch gesetzt hat. „Wir haben die ganze Nacht kein Auge zugetan!" „Lass den Jungen erst mal essen", sagt die Mutter und gießt dem Vater Kaffee nach. „Er muss halb verhungert sein." Der Vater schaut auf die Armbanduhr. „Ich hab's eilig. Frühstücken kann er, wenn ich weg bin. Nun?" David legt seine Hände vor sich auf den Tisch. Warum er weggelaufen ist? Als ob es so leicht wäre, darauf eine Antwort zu geben. Der Keller, DAS DING, das Gebrüll, die Angst – da ist so vieles gewesen. Vor all dem ist er weggerannt, wie schon letztes Jahr und im Jahr davor. „Ich hab es einfach nicht mehr ausgehalten", sagt er zögernd. „Ich dachte ..." Er bricht ab. „Was dachtest du?", fragt der Vater. David schluckt. „Ich dachte, ihr hättet mich nicht mehr lieb", sagt er. Jedes Mal, wenn es passiert, denkt er das. Aber er hat es noch nie laut gesagt.
Es ist jetzt ganz still in der Küche. David ist selbst erschrocken. Er traut sich nicht, den Eltern in die Augen zu sehen, seine Finger bohren Löcher in ein Brötchen, das vor ihm liegt.
Schließlich beendet die Mutter das Schweigen. „Wie kommst du denn darauf?", fragt sie verwundert.
„Natürlich haben wir dich lieb! Was glaubst du wohl, für wen sich dein Vater Tag für Tag abschafft? Na? Und ich gehe extra nicht arbeiten, damit du kein Schlüsselkind sein musst wie so viele andere. Alles nur für dich! Würden wir das tun, wenn wir dich nicht lieb hätten?" Der Vater nickt. „Aber es geht nicht immer ohne Strafe. Das war bei mir genauso, glaub mir. Mein Vater – Mensch, von dem könnte ich dir Dinge erzählen! Sei froh, dass du nicht sein Sohn bist. [...]"

(Jürgen Banscherus: Davids Versprechen, Arena Verlag, Würzburg 2008, S. 22 f.)

7. *Stellt euch vor, ihr könnt alleine mit der Mutter, dem Vater und David sprechen und ihr braucht keine Angst zu haben, dass euch etwas passiert. Was würdet ihr den jeweiligen Personen sagen wollen? Notiert eure Gedanken.*

Buchtipp:

- Guus Kuijer: Wir alle für immer zusammen, Verlag Friedrich Oetinger, Hamburg 2001

  Ein sehr lesenswertes, interessantes und auch lustiges Buch, in dem Polleke ihr Leben mit allen Höhen und Tiefen beschreibt. Von Polleke handeln mehrere Geschichten von Guus Kuijer.

5. Mensch weiblich, Mensch männlich

Was wäre, wenn …?

1. *Beim „Was-wäre-wenn-Spiel" sollt ihr euch vorstellen, wie es wäre, wenn ihr unter anderen Bedingungen geboren wäret. Was würdet ihr tun wollen, wenn euer Geschlecht und eure Herkunft anders wären?*

Wenn ich ein Junge/Mädchen wäre, würde ich …
Wenn ich unendlich reich wäre, würde ich …
Wenn ich in China/Kenia geboren wäre, würde ich …
Wenn ich sehr arm wäre, würde ich …

Dürfen Jungen mehr?

Die französische Schriftstellerin und Philosophin Simone de Beauvoir veröffentlichte 1949 ein Werk mit dem Titel „Das andere Geschlecht". In ihm weist sie darauf hin, dass Jungen zu selbstständigen, freien Menschen erzogen werden, während man Mädchen darauf trimmt, artig und nett zu sein und anderen zu helfen. So sollte es nicht sein, meint sie, auch Mädchen sollten zu einem selbstständigen und freien Leben erzogen werden.

(nach: Liza Haglund: Gedankenspiele. Philosophie für Kinder, Omnibus Verlag, München 2007, S. 91)

2. *Was meint ihr: Werden Jungen und Mädchen heutzutage noch unterschiedlich erzogen? Und was denkt ihr darüber?*

3. *Gruppenarbeit: Bildet zwei Gruppen und erarbeitet die folgenden beiden Texte.*

- *Lest in eurer Gruppe einen Text und fasst zusammen, welches Problem darin beschrieben wird.*
- *Findet weitere Beispiele für ähnliche Situationen und besprecht sie.*
- *Bereitet ein Rollenspiel vor, in dem ein Junge/ein Mädchen sich für etwas interessiert, etwas sehr gerne tut, sich aber dafür schämt, weil es nicht zu seiner/ihrer Geschlechterrolle passt. Bereitet dann die gleiche Szene noch einmal vor, aber so, dass das Mädchen/der Junge sich nicht schämen muss.*
- *Spielt den anderen euer Rollenspiel vor und erklärt hinterher, was ihr damit zeigen wollt.*
- *Überlegt gemeinsam und diskutiert, welche Probleme sich ergeben können, wenn ein Mensch sich durch seine Geschlechterrolle eingeengt fühlt, und was Mädchen und Jungen voneinander lernen können.*

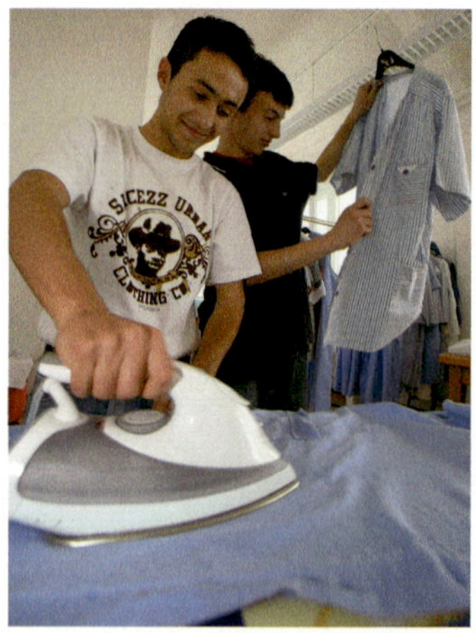

Verkappter Junge, verkapptes Mädchen!

Miranda will Thai-Boxen lernen, doch ihre Mutter meint, das sei nur was für Jungen. Peter liebt Stepptanz, es macht ihm einen Riesenspaß. Aber seine Freunde sagen, dass er ein Weichei ist, tanzen sei doch Mädchenkram. Elsa spielt in einer Mädchenmannschaft Fußball. Sie ist sehr gut und schießt viele Tore. Ihre Freundinnen sagen, sie sei ein verkappter Junge. Lukas kämmt schrecklich gern die Puppen seiner Schwester. Das gefällt seinem Vater gar nicht, denn sobald er Lukas dabei ertappt, schlägt er ihm vor, mit ihm zusammen mit der Autorennbahn zu spielen. Lukas spürt, dass er ihn von den Puppen ablenken will. Helene will Feuerwehrfrau werden. Ihre Eltern sagen, das solle sie sich gut überlegen, denn das sei ein Männerberuf.
Verkappt bedeutet missraten. Aber es gibt keine missratenen Jungen. Und auch keine missratenen Mädchen.

Wenn man zu einem Mädchen sagt, es sei ein verkappter Junge, dann will man nicht, dass es bestimmte Eigenschaften hat, stark, mutig und furchtlos ist. Eigenschaften, die man an einem Jungen hingegen sehr schätzt. Das gilt auch, wenn man zu einem Jungen sagt, er sei ein verkapptes Mädchen. Dann will man nicht, dass er Eigenschaften hat wie Sanftheit, Einfühlungsvermögen, ... Dabei sind das Eigenschaften, die man bei Mädchen sehr wohl schätzt. Es sieht ganz so aus, als wären manche Eigenschaften für manche Menschen tabu.

(Brigitte Labbé, Michael Puech: Was verbindet die Welt? Ethik für Kinder. Loewe Verlag GmbH, Bindlach 2005, S. 29)

Klempnerin, Au-Pair-Junge

Karin muss lernen, wie man mit Wörterbüchern umgeht. Sie hat eine Liste mit Wörtern, die sie nachschlagen soll, um die Bedeutung herauszufinden. Diese Wörter sind: Feuerwehrmann, Matador, Wildhüter, Höhlenforscher, Stabhochspringer und Angsthase. Karin geht in die Schulbibliothek, schlägt das Wörterbuch für Acht- bis Zwölfjährige auf und findet:

- Feuerwehrmann: Mann, dessen Aufgabe es ist, Brände zu löschen.
- Matador: Spanischer Begriff für den Mann, der bei einem Stierkampf den Stier tötet.
- Wildhüter: Mann, der das Rotwild in Privatwäldern beschützt und versorgt.
- Höhlenforscher: Person, die Grotten, Abgründe und unterirdische Flüsse erforscht.
- Stabhochspringer: Person, die mit einem sehr langen Stab über sehr hohe Hindernisse springt.
- Angsthase: Ängstliche Person, der es an Kraft und Mut fehlt.

Karin wundert sich. Bei Höhlenforscher, Stabhochspringer und Angsthase steht „Person, die ...“. Ein Angsthase kann folglich ein Mädchen oder ein Junge sein. Okay, ganz normal. Doch bei Feuerwehrmann, Matador und Wildhüter steht „Mann, der ...“. Komisch. Dabei hat Karin erst neulich eine Reportage über eine weibliche Matadorin gesehen, die lange blonde Haare hatte. Und unter den Feuerwehrleuten und Wildhütern gibt es auch Frauen! [...]

Sehr lange Zeit waren bestimmte Berufe den Männern vorbehalten, andere den Frauen. Oder mehr noch: Häufig durften Frauen gar keinen Beruf ausüben. Und wenn man in diesem Wörterbuch liest, konnte man glauben, dass auch heute noch nur ein Mann zur Feuerwehr gehen oder als Matador oder Wildhüter arbeiten kann. Dafür gibt es aber keinen Grund: Alle Vorbehalte gegen Frauen in Männerberufen sind aus der Luft gegriffen, galten aber jahrhundertelang als wahr.

Und trotzdem fallen auch heute noch viele Leute aus allen Wolken, wenn sie einen Klempner kommen lassen und plötzlich eine Frau vor ihnen steht. Oder wenn sie ihren Wagen zur Reparatur bringen und die Schlüssel einer Mechanikerin aushändigen müssen. Oder andersherum: wenn sie eine Betreuung für ihr Kind suchen und sich ein junger Mann um die Stelle bewirbt.

(ebd., S. 32 f.)

Projektvorschlag

Rollentausch: Wählt bekannte Geschichten, z. B. Märchen oder Sagen, und schreibt sie so um, dass die Hauptfiguren das Geschlecht tauschen. Schreibt eure Texte auf, spielt euch Szenen dazu vor und diskutiert, was sich durch den Geschlechtertausch verändert hat.

Filmtipps:

- „*Billy Elliot*“ handelt von einem englischen Jungen aus dem Bergarbeitermilieu, der Tänzer werden will.
- In „*Kick it like Beckham*“ geht es um ein Mädchen pakistanischer Herkunft, das Fußball spielen will.

Was du weißt und kannst

Die Bedeutung der Sprache

Der Stauferkaiser Friedrich II. machte ein Experiment mit Neugeborenen, mit dem er feststellen wollte, welche Sprache Kinder von sich aus zu sprechen anfangen. Er wollte also wissen, ob es eine Art Ursprache der Menschen gibt, die wir von uns aus sprechen. Die Kinder wurden zu diesem Zweck ihren Eltern weggenommen und von Ammen aufgezogen, die kein einziges Wort mit ihnen sprechen und ihnen auch keine Zuneigung zeigen durften. Keines der Kinder überlebte das Experiment.

1. *Was glaubst du, woran die Kinder gestorben sind, und was sagt das Ergebnis des Experiments über die Bedeutung der Sprache aus?*

Die Grenzen meiner Sprache sind die Grenzen meiner Welt.

(Ludwig Wittgenstein, österr. Philosoph, 1859–1951)

2. *Erklärt, wie ihr dieses Zitat über Sprache versteht.*

3. *Versucht auszudrücken, was Sprache eurer Ansicht nach für uns Menschen bedeutet.*

4. *In Rudyard Kiplings „Dschungelbuch“ wird Mowgli sowohl von den Menschen als auch von den Wölfen verstoßen. Kannst du dir vorstellen, weshalb?*

So also ging Mowgli seiner eigenen Wege und durchstreifte von jenem Tag an mit den vier Wolfsjungen den Dschungel. Aber er blieb nicht immer allein, denn mit den Jahren wuchs er zum Mann heran und nahm sich eine Frau.

(Rudyard Kipling: Das Dschungelbuch, Dressler Verlag, Hamburg 2009, S. 115)

5. *Was verändert sich für Mowgli, wenn er als erwachsener Mann nicht mehr nur mit Wölfen zusammenlebt?*

Rollentausch?

In der heutigen Zeit werden Jungen und Mädchen, Männer und Frauen weniger als früher in bestimmte Rollen gezwängt. Man achtet mehr auf die jeweilige Persönlichkeit, den Charakter, die Begabungen und Wünsche ... Aber noch heute fällt es vielen Menschen schwer, die traditionellen Rollen zu vergessen.

(Brigitte Labbé, Michael Puech: Was verbindet die Welt? Ethik für Kinder, Loewe Verlag GmbH, Bindlach 2005, S. 30/31)

6. *Was glaubst du, was heute für Mädchen und Jungen gleich schwer oder leicht ist? Wo siehst du deutliche Unterschiede?*

7. *In der Stadt Wien gibt es Ampelmänner und Ampelfrauen. Wie findest du das?*

8. *Wenn wir mit Schildern und Texten Mädchen und Jungen, Frauen und Männer gleichberechtigt darstellen und benennen wollen, was müssen wir dann ändern? Mache einige Vorschläge, entwirf ein oder zwei Straßenschilder.*

Was uns zu Menschen unter Menschen macht

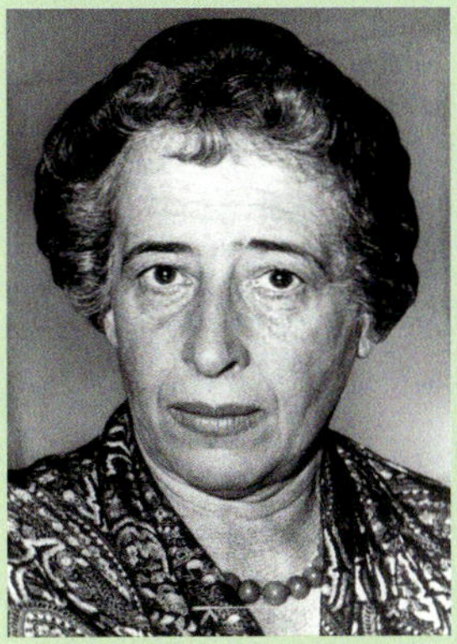

Die Philosophin Hannah Arendt (1906 – 1975) beschreibt in einem ihrer Werke „Viva activa – Vom tätigen Leben“ den Sinn des Lebens ungefähr folgendermaßen:
Der Mensch arbeitet, um zu leben, aber damit erfüllt er noch keinen Zweck in seinem Leben. Einen Zweck erfüllt der Mensch Arendt zufolge erst, wenn er etwas herstellt, weil er damit der Welt etwas hinzufügt, was es vorher noch nicht gab. Wenn ein Mensch beispielsweise einen Tisch oder ein Haus gezimmert hat, dann hat er etwas hergestellt, was die Menschen zusammenbringt. Menschen sitzen an einem Tisch zusammen, sie reden und essen, sie leben in einem Haus.
Verwirklichen, so nennt Arendt es, kann sich der Mensch erst, wenn er etwas tut, weil er dadurch mit anderen Menschen zusammentrifft. Indem er dies tut, schafft der Mensch Arendt zufolge etwas Besonderes, Einzigartiges, so wie der Mensch selbst schon durch seine Geburt einzigartig ist.

(nach: Christine Schulz-Reiss: Nachgefragt: Philosophie, Loewe Verlag, Bindlach 2005, S. 129)

9. *Fasst die Gedanken von Hannah Arendt zusammen und findet weitere Beispiele für ihre Aussage, dass der Mensch sich erst im Zusammentreffen mit anderen Menschen verwirklichen kann.*

Konflikte – Wie sollen wir damit umgehen?

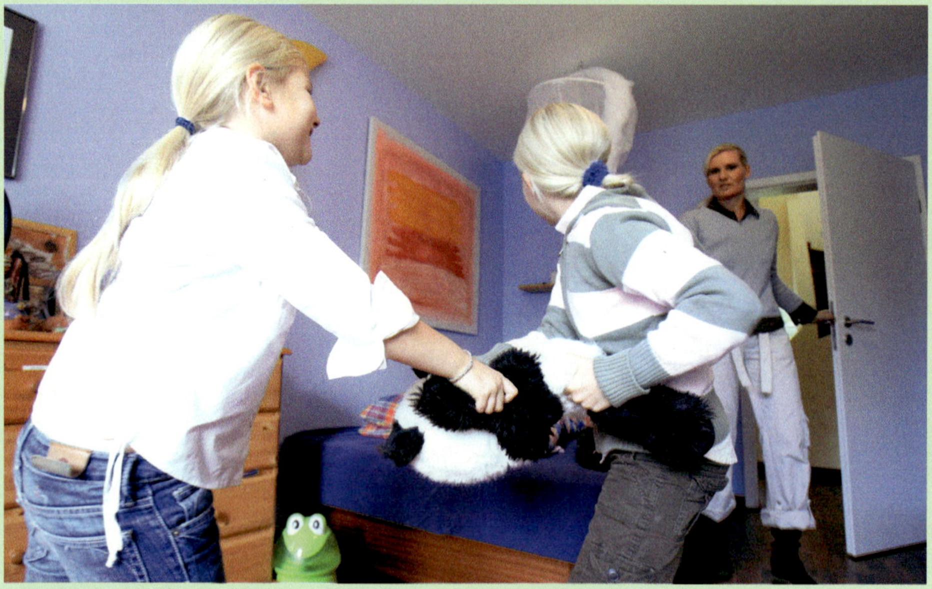

1. *Welche Situationen werden auf den beiden Bildern dargestellt?*
2. *Schreibt zu einem der Bilder eine Geschichte: Wie ist der Streit wohl entstanden und ausgegangen?*
3. *Berichtet über ähnliche Erfahrungen, die ihr selber gemacht habt.*

Wahrheit wird im Streit geboren!

Lieber magere Eintracht als dicker Streit!

In innigen Beziehungen wird auch innig gestritten!

4. *Sucht euch eine der Redensarten aus und klärt sie mit eurer Nachbarin, eurem Nachbarn. Sprecht anschließend in der Klasse darüber.*

5. *Stell dir vor, du hast dich über einen deiner Mitschüler geärgert und hörst dann den in der Karikatur festgehaltenen Satz. Wie würdest du darauf reagieren und warum?*

6. *Was interessiert dich an dem Thema „Konflikte“ und worüber möchtest du dir im Unterricht Gedanken machen? Sammelt eure Vorschläge und schreibt sie übersichtlich an die Tafel oder auf ein großes Plakat.*

1. Streit mit Erwachsenen

Ich gehe ins Bett, wenn ich müde bin!

In letzter Zeit bin ich länger wach, höre häufig Musik und surfe im Internet. Als Mama dann mal wieder reinkam und meinte, dass jetzt Schlafenszeit sei, bin ich ausgeflippt. Ich habe sie angeschrien, aus meinem Zimmer geschoben und die Tür verriegelt. Sie will es einfach nicht kapieren: Ich bin 11 und gehe ins Bett, wenn ich müde bin. Viele meiner Freunde, mit denen ich abends häufig E-Mails hin und her schreibe oder telefoniere, sind meistens auch noch länger wach. Wie kommt Mama überhaupt auf diese verrückte Zeit, neun Uhr, jeden Abend? Viel zu früh, da ist es ja draußen noch hell. Sie weiß ganz bestimmt nicht besser als ich selbst, wenn ich schlafen gehen sollte! Und sie hat kein Recht, mir meine Schlafenszeit vorzuschreiben. Ich sage ihr ja auch nicht, wann sie zu frühstücken hat.

(Sonja, 11)

Ich will nicht mehr überwacht werden!

Durch das Hausaufgabenheft kann man mich ständig kontrollieren. Ich habe mich entschlossen, mit dieser Überwachung Schluss zu machen, und das Heft meinen Eltern einfach nicht mehr gezeigt. Nach ein paar Wochen kam jedoch alles raus. Zur Strafe haben meine Eltern mir meine Sammlung von Donald-Duck-Comics weggenommen. Nun werde ich noch strenger beobachtet. Ich streite gar nicht ab, dass Hausaufgaben wichtig sind. Aber ich mag nicht mehr überwacht werden!

(David, 12)

Es ist allein meine Sache, was ich anziehe!

Als ich vor ein paar Wochen mit meiner Mutter shoppen war, hat sie mir verboten, ein hellgrünes Shirt zu kaufen, das ich mir ausgesucht hatte. Dabei ist es allein meine Sache, was ich anziehe. Ich schreibe ihr schließlich auch nicht vor, wie sie sich kleiden soll! Wir haben uns mitten im Geschäft tierisch gestritten. Am gleichen Tag noch habe ich mir das Oberteil von meinem Taschengeld gekauft. Jetzt ziehe ich es häufig in die Schule an. Dass sie das unpassend findet, ist mir ziemlich egal.

(Iana, 12)

1. *Setzt euch in Kleingruppen zusammen und sucht euch eines der drei Beispiele aus.*
Schreibt ein Streitgespräch zwischen den Jugendlichen und den Eltern auf und spielt es mit verteilten Rollen.

2. *Spielt euer Streitgespräch der Klasse vor und sprecht gemeinsam darüber.*

3. *Schaut euch die drei Fälle noch einmal an und überlegt, was jeweils zum Streit geführt hat. Benutzt zum Aufschreiben eurer Ergebnisse folgendes Schema:*

Sonja will ... →	*← ... die Mutter will*
David will ... →	*← ... die Eltern wollen*
...	...

4. *In welchen Fällen haben sich eurer Meinung nach die Jugendlichen richtig verhalten, in welchen weniger? Wie hättet ihr euch verhalten?*

Konflikte* stehen auf der Tagesordnung

Leben mit anderen heißt, dass wir unsere Interessen mit den Interessen der anderen in Einklang bringen müssen. Von morgens bis abends können unsere Wünsche mit den Wünschen der Menschen, die sich in unserer Nähe befinden, zusammenstoßen. Es gelingt uns häufig, diese Zusammenstöße – Konflikte – irgendwie friedlich zu lösen. Nicht selten kommt es aber auch vor, dass man versucht, einen Konflikt mit Gewalt zu lösen.

5. *Beschreibt Situationen, in denen es mit Freunden oder Erwachsenen innerhalb oder außerhalb der Schule zu einem Streit gekommen ist.*

6. *Wie ist der Streit beigelegt worden?*

Streit muss sein – oder?

7. *Ergänzt folgende Sätze im Schreibgespräch. Z. B.:*

„Streit ist gut!“	*„Streit ist gemein!“*
„Streit …“	*„Streit …“*

8. *Sprecht anschließend über eure Ergänzungen. Welche Seiten des Streits überwiegen, die guten oder schlechten? Wie lässt sich darüber wohl am besten streiten?*

Ein ganz besonderer Fall: Die alten Croissants …

Jeden Tag nach der Schule kauft sich Nora ein Schokocroissant, und jeden Tag gibt ihr die Bäckerin ein altes, schon halb vertrocknetes. Dabei sieht Nora, dass die Erwachsenen regelmäßig ein frisches Croissant bekommen. Das nervt sie am meisten. Eines Tages spricht sie die Frau darauf an. Doch diese erklärt ihr sehr unfreundlich, dass, wenn es ihr hier nicht passe, sie eben woanders ihr Croissant kaufen solle. Nora kocht vor Wut. „Am liebsten würde ich der ein paar Stinkbomben in den Laden werfen, dann kommen garantiert weniger Kunden und sie verdient weniger Geld“, denkt sie sich.
Am nächsten Tag erzählt Nora von ihrem Ärger den Klassenkameraden. Ihnen war die Sache mit den Croissants auch schon aufgefallen. Und die erzählen es ihren Freunden weiter. Alle sind sich einig: Da muss etwas passieren. Diese schäbige Behandlung lassen sie sich nicht weiter gefallen. „Wir gehen einfach nicht mehr hin und boykottieren den Laden“, schlägt John aus der Parallelklasse vor. „Aber das stört die gar nicht, wir sind doch nur ein kleines Häufchen …“, wendet Patrizia mit leiser Stimme ein. „Aber klar doch! Wenn alle Schüler unserer Schule mitmachen, dann spürt unsere fiese Bäckerin schon was, da bin ich mir sicher“, fällt ihr John ins Wort. „Dann kommt die ins Nachdenken und ändert garantiert ihr Verhalten.“
Tatsächlich kommt es so weit, dass alle Schüler keine Croissants mehr kaufen. Das nützt jedoch nicht viel. Also einigen sie sich, auch keine Brötchen, Bonbons oder Kuchenteile in dem Laden mehr zu kaufen. Noch immer ändert sich nichts. Da bitten die Schüler ihre Eltern, ihr Brot nicht mehr in dieser Bäckerei zu kaufen. Falls dann immer noch nichts passiert, wollen die Schüler mit den Leuten im ganzen Stadtviertel reden, damit keiner mehr dort einkauft. Wenn nötig, werden sie auch Plakate aufhängen …

(nach: Brigitte Labbé, Michael Puech: Was verbindet die Welt? Ethik für Kinder, Loewe Verlag, Bindlach 2005, S. 103 f.)

9. *Was haltet ihr von den Aktionen und Plänen der Schüler? Was ist das Besondere daran?*

10. *Was hättet ihr ihnen geraten, um den Konflikt mit der Bäckerin zu lösen?*

11. *Malt Plakate und erfindet Sprüche, mit denen die Schüler gegen die Bäckerin demonstrieren können.*

2. Streiten, ohne anderen wehzutun

Die meisten Konflikte entstehen durch Gespräche und können nur durch Gespräche gelöst werden.

1. *Stimmt ihr diesem Satz zu? Warum, warum nicht? Sucht nach Beispielen.*

Explosiv!

Ein Wortwechsel zwischen Bob und seiner Schwester Claire:

CLAIRE: Wo ist die Milch?
BOB: Die ist alle. Wir haben keine.
CLAIRE: Was? Du hast vergessen, eine Tüte Milch zu besorgen?
BOB: Stimmt, ich hab's einfach vergessen, da waren noch so viele andere Dinge zu erledigen.
CLAIRE: Du bist eben ein Chaot!
BOB: Was geht dich das an?
CLAIRE: Frag nicht so blöd! Ich habe Hunger und will jetzt Milch haben, basta!

Das Gespräch wird immer lauter, bis sie sich anschreien und Claire schließlich Türen knallend den Raum verlässt.

2. *Spielt die Szene mit verteilten Rollen.*

3. *Warum endet das Gespräch mit Türenknallen?*

4. *Spielt die Szene mit einem friedlichen Ausgang. Dazu müsst ihr euch zuvor genau überlegen, was Claire und Bob einander sagen.*

5. *Nehmen wir einmal an, Bob merkt im Verlauf des Gesprächs, dass seine Schwester sehr gereizt ist und Streit sucht. Er will einen lauten Streit vermeiden und lenkt ein: „Entschuldige. Ich besorge uns gleich die Milch." – Wie findet ihr diese Reaktion?*

Schlagfertig antworten

Natascha zu Alex auf dem Pausenhof: *„Du bist voll fett!"*
Alex mustert sie und zieht dabei ein ziemlich verächtliches Gesicht: *„Da hast du recht. Im Film musste ich sogar schon mal einen Elefanten spielen."*
Natascha lässt nicht locker: *„Du siehst aus wie ein Wischmop!"*
Alex, ganz ruhig, leicht grinsend: *„Ja, klar doch. Meine Mutter dreht mich einfach um und schrubbt mit mir den Boden."*
Natascha hat noch nicht genug: *„Dein Pulli ist wohl von deiner Uroma?"*
Alex: *„Nee, der wurde neulich bei wissenschaftlichen Ausgrabungen entdeckt."*
Da steht Natascha ziemlich ratlos da. Ihr fällt einfach nichts mehr ein. Ein paar unverständliche Worte murmelnd dreht sie sich schnell um und zieht davon ...

(nach: Dein Spiegel, 01/2009, S. 32)

6. *Warum fällt Natascha am Ende nichts mehr ein?*

7. *Denkt darüber nach, ob Antworten, wie Alex sie gibt, helfen können, weiteren Streit zu vermeiden.*

8. *Überlegt euch schlagfertige Antworten zu folgenden Beleidigungen:*
„Du Loser!"
„Du Zwerg!"

NATASCHA: „Du blöder Schleimer!“
ALEX: „Blubber das in eine Tüte und stell sie vor meine Tür.“

9. *Was meint ihr: Heizt die Antwort von Alex den Konflikt eher auf oder schwächt sie ihn ab?*

Konflikte lösen

Konflikt 1: Du möchtest zusammen mit deinem Freund/deiner Freundin deine neuen Tischtennisschläger ausprobieren. In der Pause rennst du gleich nach unten zu der Tischtennisplatte. Da kommt von der anderen Seite ein anderer Schüler mit Tischtennisschlägern gelaufen.

Konflikt 2: Du erfährst, dass jemand, dessen/deren Freundschaft dir wichtig ist, zu anderen gesagt hat, du seist „immer so doof angezogen“. Da triffst du sie/ihn auf dem Heimweg von der Schule.

Konflikt 3: Du hast dir gerade superfeine Overhead-Folienstifte gekauft. Am nächsten Tag kommst du dazu, als gerade jemand mit deinen Stiften auf grobem Karton eine Zeichnung macht.

10. *Bildet Vierergruppen und sucht euch einen dieser Konflikte aus.*
Spielt dann den Konflikt einmal mit versöhnlichem, einmal mit unversöhnlichem Ausgang.

11. *Sprecht danach in der Klasse darüber, welches Verhalten jeweils zu einem versöhnlichen und welches zu einem unversöhnlichen Ende führt.*

Wenn Svenja nicht wär …

Eigentlich finde ich Schule ganz okay. Aber seit ein paar Wochen hat sich da etwas geändert. Wenn ich morgens daran denke, wird mir schon beinahe übel. Am liebsten würde ich mich da gar nicht mehr sehen lassen. Dabei geht es nicht um den Unterricht oder um die Lehrer. Mit denen komme ich ganz gut klar. Es geht um Svenja, meine Klassenkameradin. Die hat sich auf mich eingeschossen und hackt ständig auf mir herum. Ständig hat sie etwas an mir auszusetzen. Und das macht sie so geschickt, dass die anderen auch über mich lachen. Sie findet immer einen Anlass. Einmal macht sie sich über meine Klamotten lustig oder schneidet Grimassen, wenn ich etwas sage. Sie ist ganz schön fies. Und das wird von Tag zu Tag schlimmer. Ich kann machen, was ich will, sie findet immer etwas, um die anderen über mich zum Lachen zu bringen. Von denen hätte ich ein bisschen Hilfe schon erwartet. Aber die scheinen sich mit den Aktionen Svenjas prächtig zu unterhalten. Miese Bande!
Ich versuche, soweit ich kann, mir nichts oder zumindest wenig anmerken zu lassen. Das ist wahrlich nicht immer leicht. Manchmal koche ich innerlich vor Wut und könnte laut brüllen oder ihr sogar eine reinhauen. Ich weiß mir nicht mehr zu helfen. Aber irgendetwas muss geschehen! So kann es nicht weitergehen!
(Nadine, 11)

12. *Was würdest du Nadine raten? Sammelt eure Vorschläge und sprecht darüber.*

Erkläre es mir – Was ist ein Konflikt?

In einem Konflikt (lat. confligere = zusammenstoßen, streiten, kämpfen) prallen unterschiedliche Wünsche, Interessen oder Meinungen von Personen oder von Gruppen aufeinander. Manchmal wird versucht, die eigenen Interessen mit Gewalt durchzusetzen. Dies führt jedoch zu Hass und ständigen Streitereien. Viel sinnvoller ist es, die Konflikte friedlich zu lösen. Die einzelnen Personen oder Gruppen reden vernünftig miteinander und versuchen so, eine faire Lösung zu finden. Fair ist eine Lösung dann, wenn die Wünsche aller am Konflikt Beteiligten berücksichtigt werden und sich nicht bloß eine Person auf Kosten der anderen durchsetzt.

3. Fair streiten – Wie geht das?

Streit unter Geschwistern

MAXI: Hast du meinen MP3-Player gesehen?

BORIS (ohne nachzudenken): Ne, hab ich nicht.

MAXI (leicht gereizt): Überleg doch mal! Du hattest ihn doch zuletzt.

BORIS (ungeduldig): Mensch, das ist schon ein paar Tage her! Den habe ich dir schon längst zurückgegeben!

MAXI: Quatsch, den hab ich eben nicht.

BORIS Das würde ich an deiner Stelle auch behaupten.

MAXI (ärgerlich): Blödmann, da leihe ich dir was, und jetzt ist dir schnuppe, ob ...

BORIS (unterbricht): Hör doch auf, du Stinktier! Ich brauch dein Zeug nicht! Überhaupt meine ich, dass ...

MAXI (ziemlich gereizt, unterbricht): Lass mich gefälligst ausreden. Man kann dir wirklich nichts anvertrauen! Ganz typisch für dich, so gehst du mit Sachen um, die anderen gehören.

BORIS (mit lauter Stimme): Unsinn! Ich passe im Gegensatz zu dir schon auf geliehene Sachen auf!

MAXI (lacht Boris aus): So? Erinnerst du dich nicht mehr an den Walkman deiner Freundin, den du jämmerlich verschlampt hast? Glücklicherweise hat sie zum Geburtstag einen neuen bekommen, sonst wäre das für dich ziemlich unangenehm geworden.

BORIS (brüllt): S c h w a c h s i n n ! Warte, du wirst noch was erleben!

Wutentbrannt reißt er die Tür auf und hätte um ein Haar seine Mutter umgerannt. Sie hat einen MP3-Player in der Hand.

MUTTER: Was ist denn hier wieder los? Warum muss das immer so laut sein? Was sollen bloß die Nachbarn von uns denken? Wem von euch beiden gehört dieses Ding?

1. *Spielt die Szene mit verteilten Rollen.*

2. *Was hat den Streit in die Höhe getrieben?*

Streitspirale

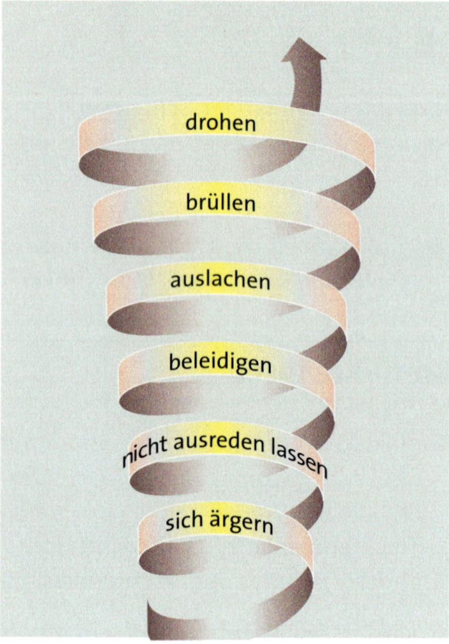

3. *Überlegt euch, an welchen Stellen die Streitspirale unterbrochen werden könnte.*

4. *Schreibt und spielt ein Gespräch zwischen Maxi und Boris ohne Streitspirale.*

„Ego-Regeln" für Streithähne:

a) Nur ich habe recht!
b) Es gibt nur eine Lösung!
c) Wer mehr redet, hat am Ende gewonnen!
d) Wer für den anderen Verständnis zeigt, hat schon verloren!
e) Beschimpfe den anderen und drohe mit Gewalt, das nützt immer!

5. *Was haltet ihr von diesen „Ego-Regeln"? „Ego" kommt aus dem Lateinischen und heißt „Ich".*

6. *Schreibt Regeln auf, die für eine Lösung von Konflikten gut sind. Notiert je eine Regel auf einem Kärtchen. Sammelt die Regeln und sprecht darüber. Wodurch unterscheiden sie sich von den „Ego-Regeln"?*

Wo es kein Gespräch mehr gibt, beginnt die Gewalt.
(Sokrates, griechischer Philosoph, 470 – 399 v. Chr.)

7. *Wie denkt ihr über diesen Satz? Führt ein Schreibgespräch dazu.*

Wie du vernünftig streiten kannst:

a) Schau dem anderen, während du oder er/sie redet, in die Augen!
b) Höre gut zu und zeige so, dass du den anderen verstehen möchtest!
c) Lass sie/ihn ausreden!
d) Vermeide, den anderen durch kräftige Ausdrücke zu beleidigen oder ihn/sie grundlos zu beschuldigen!
e) Frage nach, wenn du etwas nicht verstanden hast!
f) Sage klar und deutlich, was dich stört!

8. *Vergleicht diese Tipps mit den Regeln, die ihr zu Aufgabe 6 aufgeschrieben habt. Welche neuen sind hinzugekommen?*

9. *Welche Regeln haltet ihr für besonders wichtig? Sagt anhand von Beispielen, warum.*

Killerworte ...

Die Stunde ist gerade vorbei. Jens hat es ganz eilig und rennt zur Tür, um am Kiosk ganz vorne in der Schlange zu stehen. Dabei tritt er auf einen ganz neuen Kuli von Sebastian, der ihm ein paar Sekunden zuvor auf den Boden gefallen ist.
Mögliche Reaktion:
SEBASTIAN: Du Idiot! Kannst du nicht aufpassen? Nur weil du es mal wieder eilig hast, trampelst du auf meinem nagelneuen Kuli herum!
JENS: Pack doch dein Zeug weg! Du bist doch selbst schuld, wenn du alles fallen lässt und es nicht wegräumst!
Oder:
SEBASTIAN: Mich ärgert es und ich bin wütend, wenn du meinen neuen Kuli plattmachst. Jetzt bekomme ich eine Menge Ärger mit meinen Eltern.
JENS: Tut mir echt leid! Ich hab in der Hetze einfach nicht nach unten geschaut. Ich kann dir aber einen Kuli von mir leihen, wenn du willst.

10. *Welche der Reaktionen findest du besser? Gib an, warum.*

11. *An welche Regeln haben sich Sebastian und Jens in ihrer zweiten Reaktion gehalten?*

Offen sagen, was mich stört ...

Ein Beispiel:
Euer Lehrer sagt: „Seid endlich ruhig, sonst gibt es eine saftige Strafarbeit!"
Oder:
„Es stört mich, wenn ihr ständig dazwischenredet."

12. *Welche Formulierung gefällt euch besser? Begründet eure Antwort.*

Auf dem Schulhof zischt dir wiederholt einer deiner Klassenkameraden im Vorbeigehen eine Beleidigung zu.

Du kommst hungrig nach Hause und möchtest ein Stück von dem Kuchen, den deine Mutter zum Wochenende gebacken hat, essen. Du musst jedoch feststellen, dass dein Bruder/deine Schwester die letzten beiden Stücke aufgegessen hat:

13. *Bilde Sätze, mit denen du ein vernünftiges Gespräch mit dem Klassenkameraden oder den Geschwistern beginnen kannst, nach folgendem Schema:*
Ich bin ... ,
wenn du/ihr ... ,
weil ... .

TIPP:

Gebrauche beim Streiten so häufig wie möglich Ich-Sätze („Ich bin/habe das Gefühl/möchte ...") und verzichte auf Du-Sätze („Du bist/hast ...").
Probiere es aus. Es wirkt Wunder!

4. Streit schlichten

Ein typischer Fall

Jennifer aus der 6. Klasse will gerade ihre Getränkeflasche aus dem Automaten nehmen, als Silvio aus der 6b sie wegstößt und mit der Flasche das Weite sucht. Am Tag vorher hatte sie ihm „Doofmann“ und „Sitzenbleiber“ nachgerufen. Eine Lehrerin verdonnert Silvio dazu, Jennifer eine neue Flasche zu kaufen. Am nächsten Tag stellt Silvio Jennifer ein Bein. Eine Kettenreaktion ...

1. *Wie würdet ihr versuchen, den Streit zwischen Jennifer und Silvio zu schlichten?*

2. *Setzt euch in Gruppen zusammen und schreibt auf ein großes Plakat die einzelnen Schritte eurer Streitschlichtung. Besprecht in der Klasse die einzelnen Vorschläge: Welche Punkte findet ihr gemeinsam gut? Notiert sie auf einem eigenen Plakat.*

Schüler helfen, Streit zu schlichten – so kann es gehen

→ Streitende und Streitschlichter stellen sich vor.

→ Wichtige Gesprächsregeln werden festgelegt (z. B. zuhören, ausreden lassen).

→ Die Streithähne schildern den Konflikt, wie sie ihn sehen.

→ Die Streitschlichter fragen nach: „War das so?“ Sie fassen dann das zusammen, was die Streitenden gesagt haben.

→ Stuhlwechsel: Die Streitenden setzen sich auf den Stuhl ihres „Gegners“ und wiederholen dann, was dieser gesagt hat. Sie versetzen sich also in seine Lage und sehen den Streit mit seinen Augen. Die Streitschlichter fragen die Streitenden: „Kannst du dir jetzt besser vorstellen, wie es dem anderen ergangen ist und wie er sich dabei gefühlt hat?“

→ Lösungsmöglichkeiten überlegen: Die Streithähne schlagen sie vor. Die Streitschlichter schreiben sie auf Kärtchen und fragen dann: „Welcher Vorschlag ist wohl der beste?“

→ Die Lösungen, auf die man sich einigen konnte, werden aufgeschrieben und von den Beteiligten unterschrieben.

3. *Können so Streitigkeiten geschlichtet werden? Wie denkt ihr darüber?*

4. *Welche Punkte haltet ihr für besonders wichtig? Nennt eure Gründe.*

Ein Fall für die Streitschlichter

Es ist große Pause. Jakob läuft ziellos über den Schulhof. Er hat eine ziemliche Wut im Bauch. Schon wieder eine Fünf in Mathe. Das gibt Ärger – mit seiner Mutter und wohl noch schlimmer mit seinem Vater. In einer Ecke des Hofes kicken Mehmet und seine Freunde. Jakob kann diese Clique nicht ausstehen. Sie kapseln sich ab und lassen keinen mitspielen. Urplötzlich landet der Ball vor seinen Füßen. Das ist der richtige Moment. Er nimmt kurz Anlauf und haut drauf, was er kann. Die Kugel landet dummerweise mitten im Gesicht von Mehmet. Er geht kurz in die Knie, kommt dann aber schnell wieder hoch und stürzt sich auf Jakob. „Du Vollidiot! Kannst du nicht ein bisschen aufpassen?“ Einer aus der Clique schreit: „Verpass ihm eine, diesem Trottel!“ Die beiden wälzen sich auf dem Boden. Ein paar Sekunden später taucht zufälligerweise die Pausenaufsicht, Frau Krämer, auf. Sie trennt die Streithähne, zieht aber, ohne sich weiter einzumischen, davon. Die Pause ist zu Ende. Fred hat die Szene beobachtet. Er ist einer der drei Streitschlichter seiner Schule und überlegt, wie er sich in diesem Fall verhalten soll.

5. *Ernennt aus eurer Klasse drei Streitschlichter und spielt eine Streitschlichtung nach den oben angeführten Regeln.*

6. *Was ist dabei gut gelaufen? Wo hat es Schwierigkeiten gegeben? Haben sich die Regeln bewährt?*

Projektvorschlag

- Stellt fest, welche Konflikte an eurer Schule häufig auftreten. Führt dazu eine Umfrage durch, ohne Namen zu nennen, z. B. mit folgenden Fragen:

  a) Hattest du in letzter Zeit einen ernsthaften Streit in der Schule? Worum ging es dabei?

  b) Hast du beobachtet, dass Schüler Konflikte mit Gewalt ausgetragen haben?

  c) Beschreibe die Art, wie in deiner Klasse miteinander umgegangen wird.

- Redet mit den Lehrerinnen oder Lehrern eurer Wahl über eure Ergebnisse.
- Setzt euch mit den Streitschlichtern eurer Schule zusammen: Berichtet über eure Umfrage und erkundigt euch, wie sie Konflikte zu lösen versuchen.
- Schreibt einen Bericht darüber, wie die Streitschlichtung an eurer Schule abläuft.
- Veröffentlicht diesen Bericht und die Ergebnisse eurer Umfrage an der Plakatwand der Schule oder in eurer Schülerzeitung.

7. *Für eure Plakatwand könnt ihr eure eigenen Zeichnungen anfertigen, mit denen sich die Grundregeln einer vernünftigen Streitschlichtung darstellen lassen.*

5. Mobbing? – Schluss damit!

Was es heißt, gemobbt zu werden …

Ich weiß auch, wie das ist. Ich wurde in der Grundschule nicht gemobbt, aber in der Schule, in der ich jetzt bin, schon. Ich werde immer von den Jungs in meiner Klasse gemobbt. Aber ich habe einen Tipp an alle, die gemobbt werden. Wenn man die einfach ignoriert, dann mobben sie dich nicht mehr. Probiert es einfach mal aus!
(Trixi, 11)

Ich wurde zwar noch nie gemobbt, aber ich kann mir sehr gut vorstellen, wie schlimm das ist. Ich möchte nicht gerne in so eine Lage kommen. Aber verzweifelt nicht, sondern seid stark und lasst euch von Freunden, Eltern oder Psychologen helfen. Verheimlicht es nicht, sondern geht die Sache direkt an.
(Almut, 12)

Ich wurde auch gemobbt und es ist grauenvoll, so gedemütigt zu werden. Jeden Abend war ich am Weinen und meine Eltern haben sich gewundert, wieso ich weine, und ich habe denen nie was erzählt. Irgendwann hatte ich dann keine Lust mehr und ich habe geredet. Seitdem werde ich nicht mehr gemobbt. Meine Eltern haben dagegen etwas unternommen. Sie haben bei der, die mich gemobbt hat, angerufen. Die war zwar am nächsten Tag sauer, aber das war mir egal. Und dann hat sie bei mir angerufen und sich entschuldigt.
(Tanja, 12)

Ich wurde von ein paar Leuten aus meiner Parallelklasse gemobbt. Sie haben mich anfangs nur beleidigt, dass ich zu dick sei. Später haben sie angefangen, fiese Sachen über mich zu erzählen. Ich war sehr traurig und traute mich gar nicht mehr in die Schule. Irgendwann hab ich ihnen dann mal so richtig meine Meinung gesagt und seitdem lassen sie mich in Ruhe. Also lasst euch nicht unterkriegen, fasst euren Mut zusammen und sagt ihnen, was ihr denkt!
(Jan, 11)

1. *Was heißt es für die betroffenen Schülerinnen und Schüler, gemobbt zu werden? Wie haben sie sich dabei gefühlt? Schreibt die Gefühle – z. B. Trauer – in euer Heft. Wie können die Schülerinnen und Schüler mit diesen Gefühlen umgehen?*

2. *Welche Vorschläge machen sie, sich gegen Mobbing zu wehren? Welche findet ihr gut, welche weniger?*

3. *Berichtet von euren eigenen Erfahrungen mit Mobbing.*

Erkläre es mir – Was ist Mobbing?

Das Wort kommt vom englischen „mob“ für Meute, randalierender Haufen; „to mob“ heißt pöbeln.
Die Mobber wollen vor allem eine Mitschülerin oder einen Mitschüler fertigmachen. Dies geschieht durch körperliche Gewalt (z. B. Verprügeln) oder mit Worten (z. B. Hänseln wegen Aussehen oder Verhalten) oder auch dadurch, dass gewisse Mitschüler ausgegrenzt werden. In Umfragen geben mehr als die Hälfte aller Befragten – genau 54,3 Prozent – an, innerhalb von zwei Monaten mindestens einmal von direktem Mobbing betroffen gewesen zu sein. Dabei sind Jungen häufiger Opfer als Mädchen. Jedes fünfte Kind gibt an, sehr häufig gemobbt zu werden.

Was kann ich dafür?

Ob man gemobbt wird oder nicht, hängt immer von der jeweiligen Gruppe ab, in der man ist. Jeder von uns hat irgendwelche Besonderheiten an sich. Wenn wir Pech haben, treffen wir auf jemanden, der uns deswegen hänselt oder es versucht. Jemand mit Zahnspange oder mit Pickeln kann in der einen Klasse das Ziel von Gelächter und Spott werden, in einer anderen Klasse aber wäre das allen völlig egal. Wenn du dick bist, kann es sein, dass du in deiner Klasse deswegen gemobbt wirst, aber gleichzeitig kannst du in deinem Sportverein ein ganz normales Mitglied sein, wo das niemanden interessiert. Ob man gemobbt wird oder nicht, hängt meistens von dem Mobber ab. Die finden immer einen Grund zum Mobben. Es könnte also jeden treffen. Es ist wichtig, dass du das siehst und nicht die Schuld bei dir suchst!

4. *Können wir etwas dafür, dass wir gemobbt werden? Was sagt der Text dazu?*

5. *Schreibt eure eigene Meinung ins Heft und sprecht in der Klasse darüber.*

Was tun gegen Mobbing?

→ Bleib ruhig! Du bist ganz okay, so wie du bist. Suche die Schuld nicht bei dir!

→ Unternimm etwas, werde aktiv! Schreibe alle Leute, die du kennst, auf ein großes Blatt!
Mache um deine momentanen Mobber einen roten Kringel!
Mache um die, die auf deiner Seite sind, einen grünen Kringel! Dazu gehören auch deine Eltern und der Lehrer/die Lehrerin. Alle anderen umkringelst du gelb.
Jetzt hast du schon mal ein Bild, das dir sagt, dass du nicht allein bist.
Wende dich an die grünen und gelben Leute und erzähle ihnen alles! Sie werden dir helfen!

→ Schreibe ein Tagebuch!
Lege dir ein Heft zu und schreibe jeden Tag auf, was passiert. Dadurch wirst du aktiv und wirkst auf die Mobber nicht mehr so hilflos.

→ Vertraue dir!
Wichtig ist es, dass du an dich selbst glaubst und dass du dir nichts von den anderen einreden lässt. Sprich offen über das Mobbing-Problem, das man dir bereitet! Vermeide dabei, selbst Beleidigungen auszusprechen!

6. *Sprecht in Gruppen über die Vorschläge, was man gegen Mobbing tun kann. Welche sind eurer Meinung nach nützlich, welche weniger?*

7. *Macht eigene Vorschläge.*

8. *Zeichnet und gestaltet ein Anti-Mobbing-Logo. Ihr könnt einige gelungene Vorschläge an die Plakatwand zu den Ergebnissen eurer Umfrage anbringen.*

Buchtipp:

- Antje Tresp: Charlotte und der blaue Schleicher, KaTiKi Verlag, Gärtringen 2008

  In diesem Buch geht es um Mobbing gegen Mitschüler, die anders aussehen als die anderen.

Was du weißt und kannst

1. *Erstellt eine Mindmap zu der Frage „Was ist ein Konflikt?“.*

2. *Schaut euch das Bild genau an: Wer bekommt wofür die rote Karte?*

„Du musst zu den Siegern gehören!“

Heutzutage muss jeder schauen, wo er bleibt. Wenn du es zu etwas bringen willst, musst du deine Ellenbogen gebrauchen und ordentlich einstecken können. Die Schwächeren bleiben nun mal auf der Strecke. Logisch, selber schuld! Die müssten halt mehr tun. Es wird niemandem etwas geschenkt. Du musst zu den Siegern gehören, egal was es kostet. Das ist jedenfalls meine Meinung. So verhalte ich mich auch. Wenn es Streitereien gibt, ist mir jedes Mittel recht, um nicht zu den Verlierern zu gehören.

(Roxana, 12)

3. *Wie wird sich Roxana verhalten, wenn sie Streit mit anderen hat?*
Schreibe ihr in einem Brief deine Meinung dazu.

„Du bist ein ziemlicher Faulpelz!“

Tanja hat Probleme in Französisch. Ihre Mutter will ihr helfen. Sie hat früher in Paris studiert.

TANJA: „Das finde ich prima, dass du mir hilfst.“

MUTTER: „Schon gut. Ich habe den Eindruck, dass du dir nicht genug Mühe gibst. Du bist, um das einmal ganz klar zu sagen, ein ziemlicher Faulpelz! So kann das auf keinen Fall weitergehen. Ist dir das klar?“

TANJA: „Ich habe Probleme mit der Grammatik. Das habe ich dir schon so häufig gesagt. Hör doch mal zu! Ich gebe mir schon große Mühe, passe auch im Unterricht auf, aber manches kapier ich einfach nicht.“

MUTTER: „Zeig mit dein Heft und deine Grammatik. Auf geht's.“

Tanja zieht ihr Heft aus der Tasche und legt die Grammatik daneben.

TANJA: „Diese Aufgabe hier auf der Seite 57 macht mich noch wahnsinnig. Ich raff das einfach nicht.“

MUTTER: So eine ähnliche Aufgabe habe ich dir das letzte Mal ausführlich erklärt. Rede ich denn umsonst, du Träumerin? Mir reicht's, ich habe weitaus Wichtigeres zu tun!“

Sie verlässt mit hochrotem Kopf das Zimmer und knallt die Tür zu.
Tanja sitzt ein paar Sekunden verdutzt da, dann kommen ihr die Tränen ...

4. *a) Zeigt, wie der Streit zwischen Mutter und Tochter immer hitziger wird.*
b) Schreibt ein Gespräch zwischen den beiden mit einem versöhnlichen Ende und spielt es mit verteilten Rollen.

Ich-Sätze sind besser zum Streiten!

- „Du bist so was von vergesslich! Merk dir doch endlich, was ich dir sage!"
- „Mann, bist du doof! Wie kann man nur ständig die falsche Nummer wählen?"
- „Gemeiner Kerl, mich so fies zu schubsen!"

5. *a) Formuliert aus diesen unfreundlichen Du-Sätzen freundliche Ich-Sätze (z. B. aus dem ersten Satz wird: „Ich finde es überhaupt nicht toll, wenn du ständig alles vergisst, was ich dir sage. Das ist ziemlich lästig.").*
b) Warum ist es besser, beim Streiten möglichst viele „Ich-Sätze" und möglichst wenige „Du-Sätze" zu benutzen?

Ich muss mich entscheiden!

Ich erzähle meiner besten Freundin Sara, dass ich ständig von Jungs aus der Parallelklasse gemobbt werde. Nicht nur so ein bisschen, sondern ganz schön fies. Ganz gleich, was ich anhabe, denen fällt immer ein blöder Spruch über mich oder meine Eltern ein. Sara kennt jene Jungs und versteht sich eigentlich ganz gut mit denen.
(Lena, 11)

Sara sitzt in ihrem Zimmer und hört ganz unterschiedliche Stimmen:

„Ich will mir lieber nicht die Finger verbrennen."

„Die werden mich einfach auslachen, wenn ich ankomme."

„Sollen das doch andere klären."

„Eigentlich ist das doch ihre Sache."

„Gegen die haben wir kaum einen Chance."

„Es ist überhaupt nicht okay, was hier passiert."

„Ich sollte mich einsetzen ..."

6. *a) Was würdest du Sara in dieser Situation raten?*
b) Setzt euch in kleinen Gruppen zusammen und schreibt ein Gespräch mit ihr auf.
c) Besprecht diese Dialoge in der Klasse. Welche Ratschläge sind eurer Meinung nach die besten? Warum?

Schluss damit!

7. *Angenommen, du hast selbst gemobbt oder bloß zugesehen. Jetzt möchtest du damit aufhören. Was tun?*

Wahrheit und Lüge

Ein kniffliges Rätsel

Ein Wanderer, der sich verirrt hat, kommt an eine Weggabelung. Von dort führt ein Weg in die Wildnis, der andere zur nächsten Stadt. Es wird dunkel, der Wanderer kennt sich nicht aus, und es gibt keine Wegweiser. An der Gabelung stehen zwei Männer, von denen einer immer die Wahrheit sagt, der andere immer lügt. Der Wanderer weiß aber nicht, wer von beiden die Wahrheit sagt und wer lügt.

(Rainer Erlinger: Lügen haben rote Ohren, Ullstein Verlag, Berlin 2004, S. 30)

1. *Wie muss der Wanderer fragen, um sicher den Weg in die Stadt zu erfahren?*
(Die Lösung könnt ihr auf Seite 85 nachlesen.)

Sprichwörter und Zitate

„Zehn Mal zu versagen ist besser als ein Mal zu lügen."

„Fantasie und Lüge sind zweierlei."
(Stanislaw Jerzy Lec, poln. Lyriker, 1909–1966)

„Der Beste muss mitunter lügen. Zuweilen tut er's mit Vergnügen."
(Wilhelm Busch, dt. Schriftsteller, 1832–1908)

„Alles, was man sagt, sollte wahr sein. Aber man muss nicht alles sagen, was wahr ist."

„Lange Reisen, lange Lügen."

„Lügen sind wie Schneebälle. Je länger man sie rollt, umso größer werden sie."

„Wenn Lügen Haare wären, wir wären rau wie Bären und hätten keine Glatzen."
(Wilhelm Busch)

2. *Wählt ein Sprichwort aus, setzt euch in Gruppen zusammen und überlegt euch, was das Sprichwort über Wahrheit und Lüge* aussagt. Tragt anschließend eure Ergebnisse der Klasse vor und sprecht darüber.*

3. *Sucht weitere Sprichwörter zum Thema „Wahrheit und Lüge".*

4. *Erfindet eine Geschichte zu einem der Sprichwörter bzw. Zitate.*

Stimmt da etwas nicht?

Kölner Dom, Höhe 444 m

100 m-Lauf (Männer), 9,72 Sekunden

Die Chinesische Mauer, 11,11 km lang

5. *Schaut euch die Fotos an. Stimmen Bilder und Text wohl überein? Informiert euch mithilfe von Lexika oder im Internet.*

6. *Ein Ratespiel:*
Teilt euch in zwei Gruppen ein. Jede Gruppe stellt zehn Behauptungen auf, wahre und falsche durcheinander. Die Gruppe, die die meisten falschen Behauptungen herausfindet, hat gewonnen.

7. *Notiert auf Kärtchen, was euch an dem Thema „Wahrheit und Lüge" besonders interessiert und worüber ihr im Unterricht sprechen wollt.*

8. *Heftet die Kärtchen an eine Pinnwand und stellt dann gemeinsam eine Themenliste zu „Wahrheit und Lüge" zusammen.*

1. Lügengeschichten

Pippi Langstrumpf lügt wie gedruckt …

Pippi lebt allein in einem alten, leer stehenden Haus. Villa Kunterbunt tauft sie es. Ihre Mutter ist ein Engel. Ihr Vater lebt als Häuptling in Afrika. Oder er ist auf dem Meer unterwegs. Und als Pippi die Nachbarskinder Annika und Thomas kennenlernt, lügt sie ihnen gleich was vor. Trotzdem werden die drei Freunde, denn langweilig wird es mit dieser Pippi nie!

Pippi ging die Straße entlang. Sie ging mit dem einen Bein auf dem Bürgersteig und mit dem anderen im Rinnstein. Thomas und Annika schauten ihr nach, solange sie sie sehen konnten. Nach einer Weile kam sie zurück. Aber jetzt ging sie rückwärts. Das tat sie, damit sie sich nicht umzudrehen brauchte, wenn sie nach Hause ging. Als sie vor Thomas und Annikas Gartentür angekommen war, blieb sie stehen. Die Kinder sahen sich schweigend an. Schließlich fragte Thomas:
„Warum bist du rückwärts gegangen?"
„Warum ich rückwärts gegangen bin?", sagte Pippi. „Leben wir etwa nicht in einem freien Land? Darf man nicht gehen, wie man möchte? Übrigens will ich dir sagen, dass in Ägypten alle Menschen so gehen, und niemand findet das auch nur im Geringsten merkwürdig."
„Woher weißt du das?", fragte Thomas. „Du bist doch wohl nicht in Ägypten gewesen?"
„Ob ich in Ägypten war? Ja, da kannst du Gift drauf nehmen! Ich war überall auf dem ganzen Erdball und hab noch viel komischere Sachen gesehen als Leute, die rückwärts gehen. Ich möchte wissen, was du gesagt hättest, wenn ich auf den Händen gegangen wäre wie die Leute in Hinterindien."
„Jetzt lügst du", sagte Thomas.
Pippi überlegt einen Augenblick.
„Ja, du hast recht, ich lüge", sagte sie traurig.
„Lügen ist hässlich", sagte Annika, die endlich wagte, den Mund aufzumachen.
„Ja, Lügen ist *sehr* hässlich", sagte Pippi noch trauriger. „Aber ich vergesse es hin und wieder, weißt du. Und wie kannst du überhaupt verlangen, dass ein kleines Kind, das eine Mama hat, die ein Engel ist, und einen Papa, der Negerkönig ist, und das sein ganzes Leben lang auf dem Meer gesegelt ist, immer die Wahrheit sagen soll? Und übrigens", fuhr sie fort, und sie strahlte über ihr ganzes sommersprossiges Gesicht, „will ich euch sagen, dass es in Kenia keinen einzigen Menschen gibt, der die Wahrheit sagt. Sie lügen den ganzen Tag. Sie fangen früh um sieben an und hören nicht eher auf, als bis die Sonne untergegangen ist. Wenn es also passieren sollte, dass ich mal lüge, so müsst ihr versuchen, mir zu verzeihen und daran zu denken, dass es nur daran liegt, weil ich etwas zu lange in Kenia war. Wir können doch trotzdem Freunde sein, nicht wahr?"
„Ja, klar", sagte Thomas, und er wusste plötzlich, dass der Tag heute sicher keiner der langweiligen werden würde.

(Astrid Lindgren: Pippi Langstrumpf, übersetzt von Cäcilie Heinig, Oetinger Verlag, Hamburg, S. 14 ff.)

1. *Was findest du an dieser Geschichte seltsam?*

2. *Stell dir vor, du wärest Thomas oder Annika. Könntest du Pippi verzeihen, wenn sie lügen würde? Warum? Warum nicht?*

3. *Kennt ihr noch weitere Lügengeschichten? Ihr könnt sie genauer unter die Lupe nehmen und euch folgende Fragen stellen:*

- *Was gefällt mir an der Geschichte?*
- *Was kann nicht stimmen?*
- *Was ist gelogen?*

4. *Kennt ihr die Geschichte von Pinocchio? Warum hat er auf dem Bild eine so lange Nase?*

Ist angeben gleich lügen?

Der Franz ist mit seiner Mama und mit seinem Papa fast immer zufrieden. Nur wenn es ums Fernsehen geht, muss er sich über die beiden ärgern. Weil sie Fernseh-Muffel sind! Kabel-Fernsehen haben sie nicht legen lassen, eine Satelliten-Schüssel wollen sie auch nicht. Bloß drei Programme kann der Franz sehen. Oft beschwert er sich bei der Mama: „Alle Kinder haben Kabel. Oder eine Satelliten-Schüssel. Zwanzig Programme können die sehen. Und ich bin dauernd der Blöde.“

Der Franz kommt sich wie „der Blöde“ vor, weil die Kinder in der Schule von den Filmen reden, die sie im Fernsehen angeschaut haben. Und er kann dann nie mitreden. Und weil die Kinder sehr oft und sehr lang davon reden, kann er sehr oft nicht mitreden und muss sehr lang den Mund halten. Der Eberhard hat ihn auch schon gefragt, ob seine Eltern so arm sind, dass sie sich keine Satelliten-Schüssel und keinen Kabel-Anschluss leisten können. Oder ob sie zu den Knackern gehören, die gegen das Fernsehen sind. Der Franz mag nicht, dass man seine Eltern für arm hält. Oder für Knacker. Und den Mund halten, wenn andere reden, mag er auch nicht. Vor zwei Wochen nun haben die Kinder wieder einmal über eine TV-Serie geredet. Über eine, wo ein Detektiv einen Hund als Partner hat. Und der ist so klug, dass er Verbrechen erschnüffelt. Die einen Kinder haben die Serie toll gefunden. Die anderen Kinder haben gesagt, sie sei doch totaler Unsinn. Weil es so einen Hund nicht geben kann. Der Franz hat still dabeigesessen. „Was meinst du?“, hat ihn der Alexander gefragt.

Der Franz wollte nicht schon wieder sagen, dass er diese Serie zu Hause nicht sehen kann. So sagte er: „Ich hab was anderes angeschaut.“ In Wirklichkeit hatte er mit der Mama Fang-den-Hut gespielt. „Und zwar?“, fragte der Alexander. „Eine andere Serie“, sagte der Franz. „Und zwar?“, fragte die Martina. „Eine ... von einem Astronauten ... von einem anderen Planeten, der landet bei uns ... und sein Raumschiff geht dabei kaputt“, sagte der Franz.

„Auf welchem Sender?“, fragte der Max. „Sat-Sechs!“, sagte der Franz und seine Stimme war dabei ein bisschen piepsig.

„Sat-Sechs?“ Die Martina und der Max und der Alexander tippten sich mit einem Zeigefinger an die Stirn. „Sat-Sechs gibt es gar nicht!“, riefen sie. Der Franz dachte: Wer einen Schwindel anfängt, muss ihn durchhalten! Er piepste: „Den gibt's! Ist mit der Spezial-Antenne zu empfangen, die mein Papa gebastelt hat!“

(Christine Nöstlinger: Franz ist unzufrieden; in: Dies.: Die schönsten Schulgeschichten von Franz, Oetinger Verlag, Hamburg)

5. *Warum schwindelt Franz?*

6. *Wie findet ihr sein Verhalten: eher harmlos oder doch bedenklich?*

7. *Berichtet von Situationen, in denen ihr selbst nicht die Wahrheit gesagt habt.*

8. *Welches waren dabei die wichtigsten Gründe?*

Führt noch weitere Gründe an.

2. Wahrheit und Lüge

Ein ungleiches Pärchen

Es traf sich, dass sich in einer Stadt zwei arme Schlucker befanden, Fremdlinge, Zugewanderte, Faulpelze, Taugenichtse. Der eine hieß Wahrheit, der andere Lüge. Sie waren eines Sinnes, verkehrten miteinander wie Kameraden und eng verbrüderte Freunde. Sie waren übereingekommen, hatten sich das Wort gegeben und abgenommen, dass den Vorrang der Ältere von ihnen, Wahrheit, haben sollte, und wenn es ihnen nicht gut ginge, sollte zu ihrem Vorteil Lüge den Vorrang haben und gut Kommando führen. Aber sie hatten keinen Para[1] in ihrem Beutel, weder der eine noch der andere. Sie trieben sich den ganzen Tag in der Stadt herum, schlenderten von Gasse zu Gasse – alles umsonst und vergebens. Es wurde Abend, und der Abend ging vorüber, und ihr Bauch knurrte, um es kurz zu sagen und keine Umschweife zu machen; denn die Nacht war nahe, in der die Kinder schlafen und die alten Weiber die Ohren spitzen. Die guten Freunde hungerten sehr und gingen in eine Garküche und setzten sich, um zu essen. Und Wahrheit, der den Vorrang hatte, rief den Koch und sagte zu ihm, ob er ihnen zu essen geben wolle und ob sie ihn bezahlen dürften, wenn sie Geld bekämen, denn sie hätten keines. Der Koch war damit nicht einverstanden, dass er ihnen etwas geben solle, da sie doch niemand kenne noch für sie einstehe. Und sie standen auf, betrübt und verzweifelt, und gingen hinaus und weiter und begaben sich in eine andere Garküche; aber auch da hatten sie dasselbe Schicksal. Sie machten überall die Runde in den Garküchen, alles umsonst! Der Abend ging vorüber, sie zitterten vor Kälte und Frost und begaben sich in ein Chan[2], ohne gegessen zu haben, elend und verzweifelt. Sie ließen sich auf ein Lager nieder und drehten und wälzten sich und schlossen die ganze Nacht kein Auge. Als es Tag geworden und der Chanwirt die Chantür geöffnet hatte und sie aufgestanden und herausgegangen waren, da sprach Lüge zur Wahrheit: „Gestern, Kamerad, ist es uns übel ergangen, und wir sind ins Elend geraten: Unter diesen Umständen werde ich das Kommando führen. – Sie gingen geradenwegs ganz früh beim Morgengrauen in eine Garküche für Hammelfüße. Sie setzten sich: Lüge rief keck den Wirt und bestellte bei ihm allerlei Speisen. Er bereitete sie, brachte sie auf den Tisch, und sie aßen sich satt und pflegten sich. Lüge jedoch erblickte einen Gast, der aufstand, zum Ladentisch des Wirts ging, einen Napoleon[3] gab, den Rest herausbekam und wegging; und der Wirt warf den Napoleon in die Kasse. Da rief Lüge den Wirt, er solle die Rechnung machen, damit er ihn bezahle. Der Wirt rechnete zusammen und sagte zu ihm: „Mit Verlaub, fünf Piaster!" Als eine Weile vergangen war, rief er ihn wieder und sagte, er solle ihm den Rest bringen. „Was für einen Rest?", fragte der Wirt. Lüge schrie laut: „Den Rest von dem Napoleon, den ich dir gegeben habe." Der arme Wirt wurde verwirrt und bestürzt, und nachdem er sich gefasst hatte, erwiderte er: „Wann hast du mir einen Napoleon gegeben, Meister?" – „Damals, als der große Wind ging", sagte Lüge spöttisch. – „Höre, Verehrtester, meinst du dies im Ernst?" Lüge schrie wie verrückt: „Himmel und Hölle, gib mir den Rest heraus, dass ich dich nicht lächerlich mache!" Und mit einem Satz sprang er auf, schritt zum Schanktisch, zog die Kasse heraus, streckte die Hand aus und holte aus der Kasse den Napoleon heraus und zeigte ihn den Anwesenden – dies alles mit einer großen Sicherheit und mit einer Zunge, scharf wie eine englische Schere. Der Wirt griff, um vor seinen Gästen nicht übel dazustehen, eine Handvoll Geldstücke aus der Kasse, streute sie auf den Ladentisch, zählte nach und gab Lüge auf einen Napoleon heraus mit Abzug der fünf Piaster. Dann seufzte der Arme tief auf und sagte: „Ich bedaure vielmals, Meister." Als Wahrheit aus der Garküche hinaustrat und auch Lüge erschien, hielt sich Wahrheit nicht mehr zurück und sagte: „Hier *ist* auch die Wahrheit, Unseliger, aber sie sprach nicht, denn sie ließ uns gestern den ganzen Tag ohne Nahrung, und wir waren nahe daran, hungers zu sterben, während die Lüge es zu Geld brachte." Damit gingen sie auf und davon und machen noch immer ihre Wege.

(Jutta Kähler u. a. (Hg.): Geschichten zum Philosophieren, Reclam, Stuttgart 1994, S. 81 ff.)

---

1 kleine türkische Münze
2 Herberge
3 Goldmünze

1. *Wie versteht ihr diese Geschichte? Setzt euch zusammen und sprecht darüber.*

2. *Ihr könnt die Geschichte in einem Rollenspiel in Szene setzen.*

So geht es – Rollen spielen, Rollen beobachten

- Legt fest, welche Rollen zu besetzen sind, und verteilt sie.
- Schreibt kurze Dialoge, die die Spieler jeweils sprechen.
- Legt die einzelnen Spielszenen fest: z. B. „Wahrheit und Lüge unterwegs“, „In einer Garküche“, „In der Herberge“, ...
- Achtet darauf, wie „Wahrheit“ und „Lüge“ sich bewegen, in welchem Ton sie sprechen und was ihre Blicke, ihr Gesichtsausdruck zeigen.
- Die Schülerinnen und Schüler, die keine Rolle haben, sind Beobachter.
- Sie berichten bei der Auswertung des Spiels, was sie gesehen haben und ob – ihrer Meinung nach – die Spieler ihre Rolle gut gespielt und dadurch der Sinn der Geschichte getroffen wurde.
- Die Spieler antworten auf deren Beobachtungen und Urteil.

Ich werde belogen

3. *Überlegt euch Situationen, in denen ihr belogen worden seid. Schreibt sie auf einen Zettel und berichtet anschließend im Stuhlkreis eurer Gruppe darüber.*

4. *Überlegt euch dann jeder für sich allein: Welches Gefühl hatte ich damals, als ich belogen wurde?*

5. *Versuche, es mithilfe folgender Empfindungen zu beschreiben:*

Hass • Abscheu • Mitleid • Scham
Rache • Empörung • Neid

6. *Wähle die Farbe, die dein Gefühl am besten wiedergibt. Gestalte ein Bild in dieser Farbe.*

Lügen kann verletzen

7. *Kann bloßes „Gelaber“ auch verletzen? Sprecht darüber.*

In einer Hexenküche

In so einer Hexenküche könnt ihr ziemlich boshafte Sachen anrichten. Die Gewürze dieser Küche sind nichts als Gerüchte. Getreu dem Motto „Gerüchte sind das Gewürz des Lebens“ gibt es da zum Beispiel eine Prise Bosheit, eine Portion Argwohn, eine ganze Dose Gehässigkeit, ein fettes Pfund Verschlagenheit, ein ordentlicher Schuss Hinterhältigkeit usw.

8. *Die Behälter und Dosen sind noch nicht beschriftet. Ihr könnt euch überlegen, welche „Gewürze“ man in solch einer Hexenküche unbedingt noch braucht.*

9. *Nehmen wir einmal an, ihr wolltet kein Gericht, sondern ein Gerücht herstellen. Überlegt euch, was ihr dazu aus eurer Küche alles braucht. Bildet ein Beispiel, das ihr als Gerücht in die Welt setzen könntet, und würzt es kräftig mit den Zutaten aus eurer Hexenküche.*

10. *Schreibt – in Gruppenarbeit – euren „Gerüchtebrei“ oder euer „Fertiggerücht“ auf.*

11. *Schreibt für eure Schülerzeitung einen Artikel mit der Überschrift „Gerüchte sind doof!“.*

3. Spielen wir alle bloß Theater?

Mal ganz ehrlich ...

1. *Schreibe fünf Sätze auf, in denen du etwas Persönliches über dich berichtest; z. B.:*
- *Was ist dein Hobby?*
- *Welche Sportart treibst du besonders gern?*
- *Wer ist dein Vorbild?*
- *Was ist dein Lieblingsbuch?*
- *Welche Fernsehsendung magst du am liebsten?*
- *Was isst du besonders gern?*
- *Wo warst du letztes Jahr im Urlaub?*

Jeweils eine deiner Aussagen soll falsch sein.
Lies deine Aussagen der Gruppe vor. Sie muss raten, welcher Satz eine Lüge ist.

2. *Versucht zu zeigen, woran ihr die falschen Aussagen erkennt und warum es nicht immer leicht ist, sie von den richtigen zu unterscheiden.*

Maskenspiel

3. *Was reizt die Jungen, sich hinter ihren Masken zu verstecken?*

4. *Schreibt ein Gespräch (einen Dialog) zwischen den beiden Jungen auf dem Bild.*

5. *Zeichnet Masken, die Freude, Trauer, Zorn oder Nachdenklichkeit ausdrücken. Ihr könnt sie auch aus Papier, Pappe usw. herstellen. Bewegt euch dann so, wie es zur Maske passt.*

Vor dem Auftritt

Wenn ich z. B. zu einer Geburtstagsparty gehe, stehe ich ungelogen dreißig Minuten vor dem Kleiderschrank, um mir die richtigen Klamotten auszusuchen. Die Haare müssen sitzen und ein bisschen Schminke kann auch nicht schaden. Das Stylen macht mir einfach Spaß. Manchmal frage ich meine Mutter oder ältere Schwester, ob es nicht zu viel ist und ob ich so wohl ganz gut rüberkomme. Ganz wichtig ist mir auch, dass ich auf der Party dann mit ein paar coolen Sprüchen, die ich mir vorher zurechtlege, auftrumpfe und bei den Mädchen, vor allem aber bei den Jungs, Eindruck mache. Und vor allem: immer lächeln, freundlich sein, ohne die wahren Gefühle zu zeigen ... (Jessica, 11 Jahre)

6. *Spielt Jessica bloß Theater? Welche „Maske" setzt sie sich auf?*

7. *Ergänzt folgenden Satz in eurem Heft:*
Manche Menschen tragen eine Maske, weil ...

8. *Wenn ich echt, offen und aufrichtig rede und handle, habe ich dann immer noch eine Maske auf? Sprecht darüber.*

Nachdenken über Lüge und Wahrheit

Besser eine Lüge, die schmeichelt, als eine Wahrheit, die verletzt.

(Sprichwort)

9. *Schreibt dieses Sprichwort in euer Heft.*

10. *Denkt – einzeln – kurz darüber nach. Stimmt dieses Sprichwort oder eher nicht? Macht euch Notizen dazu.*

11. *Setzt euch dann in einen Stuhlkreis und führt ein Sokratisches Gespräch.*

So geht es – Ein Sokratisches Gespräch führen

- Sokrates (470–399 v. Chr.) war der erste Philosoph, dem das gemeinsame Nachdenken über wichtige Fragen des Lebens besonders wichtig war. Er hat keine Bücher geschrieben, sondern versucht, in Gesprächen (Dialogen) die Menschen zum Nachdenken zu bringen.

- Wenn wir im Ethikunterricht über Worte, Sätze oder Meinungen gemeinsam nachdenken und ein Sokratisches Gespräch führen wollen, dann ist es sinnvoll, sich an bestimmte Gesprächsregeln zu halten:
- Der Reihe nach sagt jeder zunächst seine Meinung zu dem Sprichwort und gibt dafür einen wichtigen Grund mithilfe eines Beispiels an.
- Die anderen hören gut zu und unterbrechen den, der gerade redet, nicht.
- Nach jeder Meinungsäußerung können Fragen gestellt werden, wenn etwas unklar und unverständlich gesagt worden ist.
- Die Lehrerin oder der Lehrer kann an der Tafel die genannten Gründe festhalten.
- Wenn alle ihre Meinung gesagt und begründet haben, sprecht ihr über Gemeinsamkeiten und Unterschiede.
- Jeder äußert sich dann dazu, welcher von den anderen angeführte Grund („Stimmt das Sprichwort?") ihm besonders eingeleuchtet oder ihn überhaupt nicht überzeugt hat.
- Zum Schluss versucht ihr zusammenzufassen: Worüber seid ihr euch einig, worüber nicht?

Aristoteles (384–322 v. Chr.) – einer der größten Philosophen Griechenlands – machte sich Gedanken über die Wahrhaftigkeit der Menschen.

Nun wollen wir von denen sprechen, die Aufrichtigkeit und Vorstellung sowohl in dem, was sie reden, wie in dem, was sie tun, zeigen. Von dem Aufschneider nimmt man an, dass er sich gerne etwas beilegt, das bei den anderen großen Eindruck macht; in Wirklichkeit ist aber nichts dahinter. Es kann auch sein, dass er sich größer und wichtiger macht, als er tatsächlich ist.
Der wirklich Bescheidene hingegen scheint seinen tatsächlichen Wert und sein Können zu verneinen oder zumindest ganz tief zu hängen.
Der Vertreter der Mitte aber ist ein Mann, der, sagen wir, die Dinge beim richtigen Namen nennt. Er ist aufrichtig in Wort und Tat und bekennt sich zu dem, was er tatsächlich ist und kann – nicht mehr und nicht weniger.
Jeder Mensch redet, handelt und lebt so, wie seine Charakteranlage ist. Ein unaufrichtiger Charakter ist etwas Schlechtes und Tadelnswertes.
Die Aufrichtigkeit dagegen ist etwas Schönes und Lobenswertes. Und so verdient denn auch der Aufrichtige – der Mann der Mitte – unser Lob, beide Arten der Verstellung aber unseren Tadel – ganz besonders der Aufschneider.

(Aristoteles: Nikomachische Ethik, IV, Kap. 13. Reclam, Stuttgart 1969, S. 112 f.; Text gekürzt und vereinfacht)

12. *Wie beschreibt und bewertet Aristoteles die drei Menschentypen? Übertragt das folgende Schema in euer Heft und ergänzt es.*

Bescheidene →	Mann der Mitte	← Aufschneider
…	…	…

13. *Was würde Aristoteles zu dem Sprichwort sagen, über das ihr euch im Sokratischen Gespräch Gedanken gemacht habt?*

4. Wo hört der Spaß auf?

Der beste Lügner

Der Pascha[1] von Rhodos[2], der sich häufig langweilte, ließ eines Tages in der gleichnamigen Hauptstadt seiner Insel verkünden: „Wer von meinen Untertanen imstande ist, mir eine Geschichte zu erzählen, von der ich behaupte, das ist eine Lüge, erhält als Preis eine Kugel aus reinem Golde!" Da sich keiner der vielen Lügner, die es in der Stadt gab, den reichen Lohn entgehen lassen wollte, gab es bald vor dem Tor des Palastes ein großes Gedränge. Es wurde jedoch nur einer nach dem anderen eingelassen und jeder zog mit langem Gesicht wieder ab. Der Pascha fand wohl an all den dummen, erlogenen Geschichten sein Vergnügen, am Ende aber sagte er jedes Mal: „Das ist schon möglich!" Die Männer, die den Palast des Sultans enttäuscht verließen, berichteten den andern, die noch vor dem Tore standen und auf Einlass warteten, wie es ihnen ergangen war, und fügten erbost hinzu: „Unser Pascha glaubt alles! Ihr könnt ruhig nach Hause gehen, denn die goldene Kugel bekommt ja doch keiner!" Trotzdem wollte es jeder versuchen, und wenn er dann vor dem Pascha stand, log er, dass sich die Balken bogen. Doch keiner hatte Glück, denn selbst, als einer fest und steif behauptete, er wäre soeben vom Himmel gefallen, und ein anderer beteuerte, das Meer wäre ausgetrocknet, erklärte der Pascha mit ernster Miene: „Warum nicht? Das ist schon möglich!" Nun lebte in Rhodos ein uralter, verschmitzter Mann, den es ebenfalls nach dem Preis gelüstete. Er lud sich einen riesigen tönernen Topf, den die Rhodier Pithos nennen, auf die Schulter, trug ihn keuchend zum Palast des Paschas und begehrte, von der Torwache vor den Herrn geführt zu werden.

Als er bald darauf vor dem Pascha stand, fragte ihn dieser erstaunt: „Weshalb bringst du denn diesen großen Pithos zu mir?"

Da sagte der listige Alte: „Ich komme zu dir, erhabener Gebieter, um eine alte Schuld einzutreiben. Mein Vater hat nämlich deinem Großvater, als der einmal in arger Bedrängnis war, eine gewaltige Summe Geldes geliehen. Er brachte sie ihm in lauter Goldstücken, die diesen Pithos bis zum Rande füllten. Dein Großvater versprach zwar die riesige Schuld so bald als möglich zu begleichen, tat es aber bis zu seinem Tode nicht. Auch dein Vater hat das Geld

nicht zurückgezahlt. Ich glaube, dass es an der Zeit wäre, die Sache zu begleichen, die dein Großvater wie dein Vater zu tilgen unterließen." Jetzt sprang der Pascha von seinem Sitze auf und rief empört: „Das ist eine Lüge!" Da erwiderte der Greis triumphierend: „Du hast recht, erhabener Gebieter, es ist eine Lüge! Weil du aber von meiner Geschichte behauptet hast, dass sie erlogen sei, gebührt mir nun die goldene Kugel!" Der Pascha machte zuerst ein verblüfftes Gesicht, dann aber musste er lachen. Er befahl seinem Diener, die goldene Kugel zu bringen, und reichte sie dem listigen Alten als wohlverdienten Preis.

(Von Schelmen und närrischen Leuten. Aus dem Volksmund nacherzählt von Max Stebich, Verlag Julius Breitschopf, Wien/München/Zürich 1961)

1 Pascha: hoher orientalischer Offizier oder Beamter
2 Rhodos: griechische Insel

1. *Der Pascha lässt sich alle Lügengeschichten gefallen – bis auf eine. Was ist an der Lüge des alten Mannes so anders, dass der Pascha voll Empörung ruft: „Das ist eine Lüge!"?*

2. *Warum hört für ihn der Spaß mit einem Schlag auf?*

Die Fabel vom Hirtenjungen und dem Wolf

Ein Hirtenjunge hütete Schafe. Weil ihm langweilig war, rief er eines Tages: „Hilfe, Hilfe! Ein Wolf!“ Daraufhin liefen sofort die Leute aus dem Dorf herbei, um zu helfen, aber da war kein Wolf, und der Hirtenjunge lachte nur. Am nächsten Tag war ihm wieder langweilig und er rief wieder: „Hilfe, Hilfe! Ein Wolf.“– Wieder kamen die Dorfbewohner gelaufen, wieder war kein Wolf da, und wieder lachte der Junge. Am dritten Tag aber kam tatsächlich ein Wolf und griff die Schafe an. Der Hirtenjunge rief: „Hilfe, Hilfe! Ein Wolf.“ – Die Dorfbewohner hörten ihn, dachten aber, er lügt wieder, da ist gar kein Wolf, und kamen nicht zu Hilfe. Deshalb fraß der Wolf die Schafe.
„Wer einmal lügt, dem glaubt man nicht, und wenn er auch die Wahrheit spricht.“

(Rainer Erlinger: Lügen haben rote Ohren, Ullstein, Berlin 2004, S. 17)

3. *Was versteht ihr diese Fabel? Setzt euch in einen Stuhlkreis und sprecht darüber.*

4. *Stimmt ihr dem Sprichwort zu? Sucht nach eigenen Beispielen.*

Wie hättest du dich verhalten?

Fatma kommt mit ihrem neuen Pullover in die Schule. Ihre Freundin Nelli findet diesen in grellen Farben gestreiften Pullover scheußlich. Sie weiß, dass Fatmas Eltern ihr nicht allzu oft neue Kleidung kaufen können. In der Pause fragt Fatma: „Nun, wie findest du meinen neuen Pullover? Ist der nicht einfach klasse?“

5. *Was hättest du an Nellis Stelle geantwortet?*

6. *Warum hättest du so geantwortet?*

Svenja ist zusammen mit ihrem Bruder im Auto gefahren. Der Bruder fuhr auf einem Zebrastreifen einen Mann an, fuhr aber weiter und beging somit Fahrerflucht. Als er verdächtigt wird, streitet er vor der Polizei ab, diese Straße überhaupt gefahren zu sein. Er gibt seine Schwester als Zeugin für seine Behauptung an, dass er einen anderen Weg gefahren sei. Svenja hat vor Gericht die Möglichkeit, die Aussage zu verweigern.

7. *Wie würdest du dich anstelle von Svenja verhalten?*

8. *Warum hättest du dich so entschieden?*

Liona wurde ihr Fahrrad gestohlen. Die Versicherung will wissen, ob das Fahrrad abgeschlossen war, denn sonst besteht kein Versicherungsschutz. Das Fahrrad war nicht abgeschlossen. Liona schließt ihr Fahrrad ganz selten ab. Doch außer ihr weiß das ja keiner.

9. *Was hättest du an Lionas Stelle der Versicherung geantwortet?*

10. *Warum hättest du dich so entschieden?*

11. *Versetzt euch jeweils in die Lage von Fatma, Svenja und Liona: Was mag ihnen bei dem Versuch, die richtige Entscheidung zu treffen, durch den Kopf gegangen sein? Schreibt diese Selbstgespräche auf, lest sie in der Gruppe vor und überlegt, ob eure Entscheidung jetzt anders ausfallen würde.*

12. *Warum haben Lügen kurze Beine? Erfindet eine Geschichte, die zu diesem Sprichwort passt.*

5. Notlügen … okay?

Die mit den kurzen Beinen oder über die Wahrheitsliebe

a)

Hans sagte im Brustton der Überzeugung: „Ich lüge grundsätzlich nicht. Auch Notlügen kommen für mich nicht infrage."

„Du scheinst einen sehr festen Charakter zu haben, bewundernswert", sagte Anne zu ihm. „Aber warum lügst du nicht, nicht einmal im Notfall?"

„Für mich ist es ganz selbstverständlich, nicht zu lügen. Der Grund? Du kennst doch das Sprichwort ‚Lügen haben kurze Beine'. Die Türken sagen etwas Ähnliches: ‚Die Kerze des Lügners brennt nur bis Mitternacht.' Und meine Großmutter pflegte zu sagen: ‚Es ist nichts so fein gesponnen, es kommt doch ans Licht der Sonnen.' Jetzt weißt du, warum ich grundsätzlich nicht lüge."

Hans richtete sich auf und hob den Kopf ein wenig. Man konnte sehen, wie stolz er auf seine Charakterfestigkeit war. Anne schaute ihn fragend an und schüttelte ein wenig den Kopf.

b)

„Ob ich charakterfest bin, weiß ich nicht", sagte Thilo. „Aber auch ich lüge nicht. Ich habe allerdings einen anderen Grund als Hans."

„Und welcher wäre das?", fragte Karla.

„Wenn ich nie lüge, dann mache ich Eindruck bei den Leuten."

„Wie meinst du das? Kannst du mir nicht genauer erklären, von welchem Eindruck du sprichst und warum du bei den Leuten Eindruck machen willst?"

„Den Gefallen tu ich dir gern. Und das ist auch nicht gelogen. Also: Wenn ich nie lüge, merken das die Leute. Logisch. Sie sagen dann: ‚Der Thilo ist einer, der nie lügt. Auf den kann man sich verlassen. Wenn der was sagt, dann ist das ehrlich. So etwas ist heute selten.' Ist doch klar: Wenn man mich für ehrlich und zuverlässig hält, dann kann das nur gut für mich sein."

„Gut für dich?", sagte Karla. „Dir muss man jeden Wurm aus der Nase ziehen."

„Also gut, ich bringe ein Beispiel. Nehmen wir an, ich brauche einen speziellen Schraubendreher, habe aber keinen. Also gehe ich zu unserem Nachbarn, der alle möglichen Werkzeuge hat, und leihe mir einen. Ich sage: ‚In einer Stunde haben Sie ihn zurück.' Der Mann weiß, dass ich zuverlässig bin. Er kann damit rechnen, dass er den Schraubendreher in einer Stunde zurückhat. Also leiht er mir das Ding. Wenn er aber wüsste, dass ich mein Wort nicht halte, dann würde er mir den Dreher bestimmt nicht geben. Also ist es gut für mich, immer die Wahrheit zu sagen."

„Das habe ich verstanden", sagte Karla, „trotzdem gefällt mir nicht, was du sagst. Ich muss darüber nachdenken. Eigentlich ist es ja richtig, nicht zu lügen. Aber …" Sie beendete den angefangenen Satz nicht.

c)

„Auch ich lüge fast nie", sagte Karla. „Und warum nicht?", wollten Hans, Thilo und Anne wissen. „Ganz einfach: Meine Mutter hat gesagt, man darf nicht lügen. Mein Vater hat das gesagt, meine Oma hat das gesagt und unsere Lehrerin auch. Deshalb lüge ich nicht. So einfach ist das. Aber es fällt mir nicht immer leicht, die Wahrheit zu sagen." „Schön, dass du das zugibst", meinte Anne.

d)

„Mir fällt es überhaupt nicht schwer, die Wahrheit zu sagen. Das macht mir sogar Spaß", sagte Egon.

„Spaß?", fragte Karla. „Das kann ich mir nicht vorstellen."

„Los, erklär' mal!", rief Hans.

„Also: Gestern traf ich David. Der hatte sich seine langen Haare abschneiden lassen. Jetzt sind seine Haare nur fünf Millimeter lang, eh, kurz, meine ich. Zu ihm habe ich genau das gesagt, was ich gedacht habe. Ich habe ihm die Wahrheit gesagt."

„Was denn?", riefen die anderen ungeduldig.

„Ich habe gesagt: ‚Du siehst aus wie eine kahl geschorene Ratte.' Ihr hättet mal sein Gesicht sehen sollen. Und ob mir das Spaß gemacht hat!"

„Sagst du Erwachsenen gegenüber auch die Wahrheit?" Thilo war skeptisch.

„Klar doch, macht auch Spaß", erwiderte Egon. „Als der Müller letztens in die Klasse kam, hatte er vergessen, seine Hose zuzumachen; kann ja passieren. Alle grinsten. Keiner traute sich, was zu sagen. Ich aber: ‚Herr Müller, haben wir heute Tag der offenen Tür?' Zuerst verstand der Müller mich nicht. Dann merkte er, was mit seiner Hose los war.

Ihr könnt euch denken, wie verlegen der war, als er sich umdrehte, um Ordnung zu schaffen. Ich hatte meinen Spaß. Erst recht, als der Müller sich noch bei mir bedankte."
Alle lachten, wurden aber wieder ernst. „Hast du noch so ein Beispiel deiner Wahrheitsliebe?" Karla schaute Egon kritisch an. „Ja, jede Menge", sagte Egon. „Also noch ein Beispiel. Ihr kennt doch den Marvin, der im Rollstuhl sitzt. Mit dem unterhielt ich mich, und er redete dauernd über irgendwelche tollen Mädchen. Als es mir zu viel wurde, habe ich ihm gesagt: ‚Mach dir mal keine Illusionen. Du kriegst doch keine ab.' Genau das hatte ich gedacht. Man muss den Leuten doch die Wahrheit sagen." „Logo, vor allem, wenn du deinen Spaß dabei hast!" Annes Stimme klang empört.

e)

„Ich habe den Eindruck", sagte Anne, „dass ich hier der einzige Mensch bin, der manchmal lügt und manchmal die Wahrheit sagt. Mal ist es richtig, die Wahrheit zu sagen, und mal ist es falsch. Mal ist es richtig, zu lügen, mal ist es falsch. Manchmal lüge ich, wenn ich meine, ich sollte eigentlich ehrlich sein, und manchmal sage ich die Wahrheit, wenn ich meine, ich sollte eigentlich lügen."
„Mein Gott, ist das kompliziert", meinte Thilo. „Dass man nicht immer tut, was man eigentlich tun sollte, das kenne ich. Das ist normal. Das ist menschlich. Aber sag mal, woher weißt du, wann es richtig ist, zu lügen, und wann es richtig ist, die Wahrheit zu sagen?" Anne dachte nach. Dann sagte sie: „So genau weiß ich das auch nicht. Es ist mehr ein Gefühl, das mir sagt: Tu das oder das. Ich kann dir das nicht genauer erklären." Thilo war nicht zufrieden: „Und wer sagt dir, dass dein Gefühl richtig tickt?"
„Vielleicht gibt mir mein Gefühl auch manchmal einen falschen Ratschlag; kann sein. Ich muss darüber noch einmal nachdenken, wann genau es richtig ist, die Wahrheit zu sagen, und wann es genau richtig ist, zu lügen. Aber ich bin ziemlich sicher: Man darf nicht immer die Wahrheit sagen."

(Helmut Engels: Blaue Schokolade, Siebert, Hannover 2007, S. 30 ff.)

1. *Spielt die Situationen – Texte a) bis e) – mit verteilten Rollen.*

2. *Achtet dann auf die Gründe, die die Schüler dafür anführen, dass sie nicht lügen. Schreibt sie in euer Heft:*
Hans lügt nicht, weil ...
Thilo lügt nicht, weil ...

Wann genau ist es richtig, die Wahrheit zu sagen?

3. *Welche der Weil-Sätze findet ihr gut? Welche findet ihr weniger gut? Versucht, dafür Gründe anzugeben.*

4. *Welche weiteren Gründe gibt es für euch persönlich, nicht zu lügen?*

5 *Anne ist sich einer Sache ziemlich sicher: Man darf nicht immer die Wahrheit sagen! Wie denkt ihr darüber? Findet Beispiele, um eure Meinung deutlich zu machen.*

6. *Ihr könnt eure persönlichen Gründe mit den passenden Beispielen in ein Weil-Schema ins Heft übertragen.*

Gründe angeben mit dem Weil-Schema

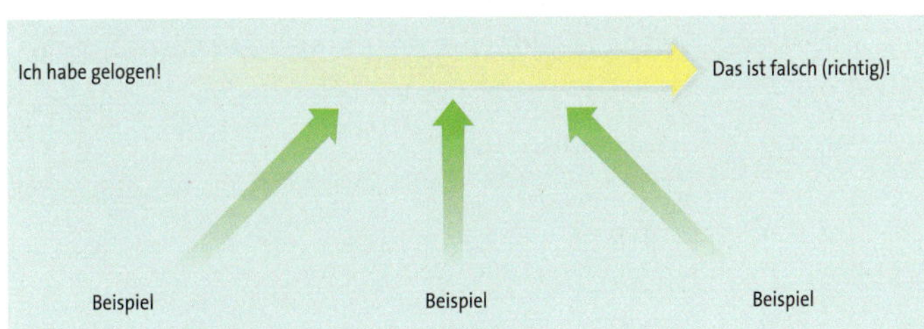

Was du weißt und kannst

1. *Sammelt passende Verben zu „lügen“ und tragt sie in eurem Heft in einen Wort-Stern ein.*

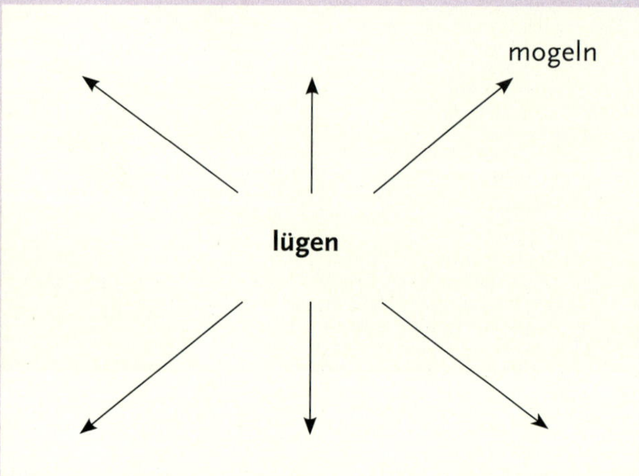

a) Was haben die Verben gemeinsam?
b) Wo seht ihr Unterschiede? Um diese genauer herauszufinden, könnt ihr die W-Fragen stellen. Z. B. für „mogeln“:
WER tut WAS WEM gegenüber mit WELCHEN Folgen?

Wenn jemand lügt, dann will er absichtlich andere Menschen täuschen, um sich damit einen Vorteil zu verschaffen. Er sagt etwas, von dem er genau weiß, dass es nicht stimmt.

2. *a) Stimmt diese Behauptung?*
b) Findet Beispiele, um eure Meinung zu verdeutlichen.

3. *Zeigt, dass die Figur auf dem Bild gerade lügt. Zeichnet mit passenden Denk- und Sprechblasen den „Angelogenen“.*

Wenn jeder lügen dürfte, so wie es ihm passt, und daran gar nichts Schlechtes wäre, könnte auch niemand auf die Idee kommen, dem anderen zu vertrauen.

4. *a) Stimmt dieser Satz?*
b) Findet Beispiele dafür.

5. *Führt ein Sokratisches Gespräch zur Frage „Was heißt es, jemandem zu vertrauen?“.*

Dumm gelaufen

Michel kommt aus der Schule nach Hause und verzieht sich wortlos in sein Zimmer. Er wirft sich auf sein Bett und schaltet den CD-Player ein. „Hallo, Michel“, tönt es plötzlich von unten aus der Küche. Seine Mutter hat ihn doch gehört. „Habt ihr heute die Mathearbeit zurückbekommen?“ „Ne, haben wir nicht“, sagt er etwas kleinlaut. Er guckt ziemlich abwesend vor sich hin und fühlt sich ganz kaputt. Es dauert nicht lange und die Mutter stürzt wütend ins Zimmer und schreit: „Du hast mich angelogen! Deine Mathelehrerin hat mich soeben angerufen. Du hast schon wieder eine Fünf geschrieben. Mach sofort die Musik aus und zeig mir dein Matheheft! Ich muss mit dir reden.“

6. *a) Versetzt euch in Michels Lage. Was hättet ihr gesagt, um die Lüge zu rechtfertigen?*
b) Hat Michel richtig oder falsch gehandelt? Benutzt für eure Antwort das Weil-Schema.

7. *Was ist das?*

Erst war es irgendwo im Kopf,
dann sprang es aus dem Mund.
Da hoben es die Leute auf
wie einen guten Fund.
Dann schnappt es ein Redakteur.
Da lief es schneller als der Wind
durchs ganze Land.
Bis eines Morgens es an einer
winzig kleinen Nadelspitz –
die Wahrheit heißt – zerplatzt.
Und alle schütteln den Kopf:
„Verflixt noch mal, da war ja
gar nichts dran!“

(Lösung: Das Gerücht)

Lösung zum Rätsel auf S. 72:
Der Wanderer muss fragen: „Wenn ich den anderen frage, welcher Weg in die Wildnis führt, wohin wird er zeigen?“ – Egal, wen er fragt, der Gefragte wird jeweils auf den Weg in die Stadt deuten.

(aus: Rainer Erlinger: Lügen haben rote Ohren, Ullstein, Berlin 2004, S. 30)

Gut und böse

1. *Was siehst du auf dem Bild?*
2. *Welche Überschrift würdest du ihm geben?*
3. *Wenn diese Gestalt sprechen könnte, was würde sie sagen?*
4. *Schreibe zu dem Bild eine Geschichte.*

Gut* gehandelt?

→ Larissa und Ben sind sich einig geworden: Larissa darf Bens Matheaufgaben abschreiben. Er bekommt dafür von ihr jeweils einen Euro.

Handelt Ben gut?

→ Bettina will mit Daniel kicken gehen. Sie trifft ihn jedoch nicht zu Hause an. So klingelt sie eben bei Bob. Bob spielt gerade mit Daniel ein neues Computerspiel. Er sagt zu Bettina, dass Daniel nicht da sei.

Handelt Bob gut?

→ Tom mag das Verleihen von Dingen überhaupt nicht. Häufig hat er seine Sachen verdreckt, beschädigt oder gar nicht zurückbekommen. Daher leiht er sich selbst nie etwas aus. An der Kinokasse bittet ihn Tina, eine Mitschülerin, ihr zwei Euro zu leihen, da sie sich zu wenig Geld eingesteckt hat. Tom sagt: „Nein, nicht mit mir!"

Handelt Tom gut?

5. *Sucht euch einen der drei Fälle aus, setzt euch in Gruppen zusammen und sprecht darüber.*

6. *Die Gruppen tragen dann der Klasse vor, was sie herausgefunden haben. Diskutiert in der Klasse darüber, wer gut und wer nicht gut gehandelt hat.*

7. *Teilt die Figuren in „gute" und „böse" ein. Woran seht ihr, dass sie „gut" oder „böse" sind?*

8. *Ihr könnt auch eigene „gute" und böse" Figuren farbig zeichnen. Vergleicht eure Zeichnungen und sprecht darüber, welche Zeichnung besonders gut gelungen ist.*

1. Was ist gut, was ist böse?

1. *Erinnerst du dich an eine Situation, in der jemand oder eine Gruppe böse zu dir war? Schreibe sie in Stichworten in dein Heft.*

2. *Sprecht dann über die Situationen: Worin unterscheiden sie sich? Was haben sie gemeinsam?*

3. *Ihr kennt sicher die bösen Figuren in Märchen. Was ist böse an ihnen? Was ist böse an dem, was sie tun?*

4. *Setzt euch in Gruppen zusammen und sucht euch drei Märchen aus, in denen eine böse Figur vorkommt. Welche bösen Dinge tun sie? Schreibt die Ergebnisse nach folgendem Schema auf:*
Titel: ...
Böse Handlung: ...

Begründet dann gesondert auf einem Blatt, warum die Handlung jeweils böse ist:
Die Handlung ist böse, weil ...

Das Wörtchen „böse"

5. *Übernehmt das Schema in euer Heft und setzt die folgenden Wörter an die passenden Stellen. In den mittleren Kreis kommen alle Wörter, die nicht eindeutig zu „böse" oder „nicht böse" gehören.*
Vergleicht eure Ergebnisse und sprecht über Gemeinsamkeiten und Unterschiede.

hässlich, weise, unehrlich, freundlich, Gier, traurig, richtig, Streich, gemein, ehrgeizig, Geld, schädlich, Krankheit, kämpfen, unecht, Fehler

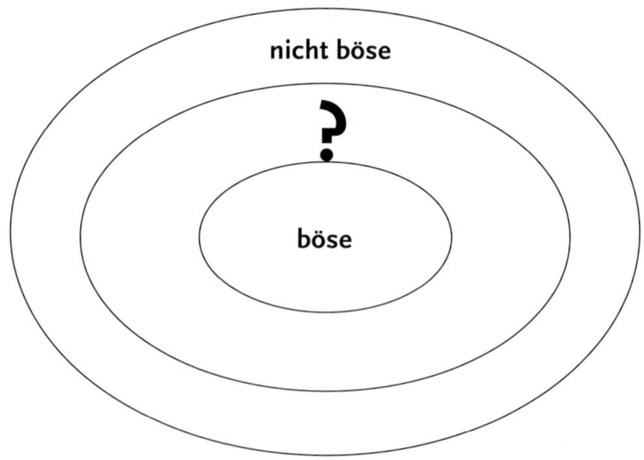

Der bitterböse Friederich

Wenn es auf Familienfeiern langweilig wurde, war Maria ein Segen. Sie hatte kurzes graues Haar und scheute sich nicht, auch mal ein derbes Wort in den Mund zu nehmen, das man einer älteren Dame nicht zutrauen würde. Die Zwillinge Hanna, Katrin und ihr jüngerer Bruder Till hatten genug von dem Gerede der Erwachsenen und gaben Maria einen Wink. Sie stand auf und folgte ihnen. Sie ließen sich nieder. [...]
„Kennt ihr den ‚Struwwelpeter'?" „Schon mal gehört, irgend so ein uraltes Kinderbuch mit Comics", sagte Hanna. Ihre Schwester nickte.

„Gut, daraus möchte ich etwas vortragen, auswendig, wohlgemerkt. Überschrift: *Die Geschichte vom bösen Friederich.*“ Die Geschwister grinsten, sagten aber nichts.
„Die erste Strophe lautet:

Der Friederich, der Friederich,
Das war ein arger Wüterich!
Er fing die Fliegen in dem Haus
Und riss ihnen die Flügel aus.
Er schlug die Stühl' und Vögel tot,
Die Katzen litten große Not.
Und höre nur, wie bös er war:
Er peitschte oft sein Gretchen gar.“

Maria schaute die drei an. Till sagte: „Das ist ja wohl ein Witz: *Er schlug die Stühl' und Vögel tot.*“ „Stimmt“, sagte Katrin, „das klingt auch alles so holprig. Aber dieser Friederich ist ein Kotzbrocken. Ist das nicht schrecklich übertrieben, oder waren die Jungen früher so?“ „Ich habe tatsächlich Jungen kennengelernt“, sagte Maria, „die den Fliegen die Flügel ausgerissen haben und sich darüber amüsierten, wenn sie nur umherkrabbeln konnten. Ekelhaft. Aber sonst?“ Sie zuckte die Achseln. „Zur zweiten Strophe. Ich hoffe, ich kriege sie hin:

Am Brunnen stand ein großer Hund,
Trank Wasser dort mit seinem Mund.
Da mit der Peitsch' herzu sich schlich
Der bitterböse Friederich;
Und schlug den Hund, Der heulte sehr,
Und trat und schlug ihn immer mehr.
Da biss der Hund ihm in das Bein
Recht tief bis in das Blut hinein.“

„Geschieht ihm ganz recht!“, rief Till. „Aber ich finde das komisch: *Trank Wasser dort mit seinem Mund*, das musste sich wohl reimen. Aber dem Typ gönn' ich das ...“ Er wollte noch weiterreden, aber Maria unterbrach ihn: „Stopp! Es geht noch weiter:

Der bitterböse Friederich,
Der schrie und weinte bitterlich,
Jedoch nach Hause lief der Hund
Und trug die Peitsche in dem Mund.“

Hanna sagte: „Da kommt bestimmt noch was nach. So eine ‚Moral von der Geschicht'.“ „Ja, und zwar wie folgt“, sagte Maria mit einem Lächeln.

„Ins Bett muss Friedrich nun hinein,
Litt vielen Schmerz an seinem Bein;
Und der Herr Doktor sitzt dabei
Und gibt ihm bittre Arzenei.“

„Eine Tetanusspritze hat er wohl nicht bekommen“, sagte Katrin, „die gab's damals noch nicht.“ „Nein, die gab's nicht, der ‚Struwwelpeter‘ ist in der Mitte des 19. Jahrhunderts entstanden. Der Arzt Heinrich Hoffmann hat ihn verfasst, er hat auch selbst die Bilder gezeichnet. Aber es geht noch weiter. Nämlich so:

Der Hund an Friedrichs Tischchen saß
Wo er den großen Kuchen aß.
Aß auch die gute Leberwurst
Und trank den Wein für seinen Durst.
Die Peitsche hat er mitgebracht
Und nimmt sie sorglich sehr in Acht.

Das also ist die berühmt-berüchtigte Geschichte vom bösen Friederich. Was sagt ihr dazu?“ Maria schaute erwartungsvoll von einem zum andern.

(Helmut Engels: Blaue Schokolade, Siebert, Hannover 2007, S. 35 ff.)

6. *Wie werden die Zwillinge und Till auf die Geschichte reagieren? Welche Fragen werden sie wohl stellen?*

7. *Was ist an dem, was Friederich tut, böse?*

8. *Haltet ihr seine Strafe für gerecht?*

2. Das ist gemein – oder?

Sicherlich hat es schon Situationen gegeben, in denen du dich selbst gegenüber jemandem oder einer Gruppe schlecht verhalten hast.

1. *Beschreibe eine Situation, an die du dich noch besonders gut erinnern kannst.*

2. *Stellt eure Beispiele der Klasse vor und sprecht darüber.*

3. *Welches Gefühl hast du, wenn du dich an jene Situation erinnerst? Versuche, es mit folgenden Wörtern zu beschreiben:*
Scham ● Reue ● Wut ● Hass ● Mitleid

Die Grille und die Ameise

Grillchen, das den Sommer lang/zirpt' und sang,
litt, da nun der Winter droht',/harte Zeit und bittre Not:
nicht das kleinste Würmchen nur,/und von Fliegen keine Spur!
Und vor Hunger weinend leise,/schlich's zur Nachbarin Ameise,
fleht sie an, in ihrer Not/ihr zu leihn ein Körnlein Brot,
bis der Sommer wiederkehre./„Glaub mir", sprach's, „auf Grillen-Ehre,
vor dem Erntemond noch zahl'/Zins ich dir und Kapital."
Emschen, die, wie manche lieben/Leute, das Verleihen hasst,
fragt die Borgerin: „Was hast/du im Sommer denn getrieben?" –
„Tag und Nacht hab' ich ergötzt/durch mein Singen alle Leut'." –
„Durch dein Singen? Sehr erfreut!/Weißt du was? Dann – tanze jetzt!"

(Susanne Fromm: Denken und Nachdenken, Vandenhoeck, Göttingen 2007, S. 51)

4. *Lest den Text laut vor.*

5. *Schreibe auf, was deiner Meinung nach an der Reaktion der Ameise schlecht ist.*

6. *Wie sollte die Ameise mit der Grille umgehen? Diskutiert eure Vorschläge in der Klasse.*

Warum eigentlich?

Ihr könnt eure Meinungen zum Verhalten der Ameise noch einmal überdenken und euch allgemein fragen: **Warum** ist eine Handlung **schlecht**? Mögliche **Gründe**:
→ Es gibt Dinge, die tut man einfach nicht. Basta!
→ Schlecht ist, was jemandem wehtut/ihn verletzt!
→ Schlecht ist es, wenn nur eine Seite ihren Vorteil davon hat!

7. *Findet noch weitere Gründe.*

8. *Welche der Gründe passen am besten auf das Verhalten der Ameise? Diskutiert darüber.*

Mit-leiden = Mitfühlen

Der deutsche Philosoph Arthur Schopenhauer (1788 – 1860) hat viel über das Mitleid nachgedacht. Ein Mensch, der Mitleid empfindet, fühlt das Leid anderer gerade so, als wäre es sein eigenes. Ganz im Gegensatz dazu verhält sich der Egoist* (lat. Ego = ICH). Er sieht sich als Mittelpunkt der Welt und handelt nach dem Motto:

„Alles für mich und nichts für die Anderen.“

Derjenige hingegen, der mit anderen Mitleid hat, handelt nach dem Motto ***„Hilf allen, so viel du kannst!“.***

9. *Fehlt es der Ameise an Mitleid? Diskutiert in der Klasse darüber.*

Kleine Fische

Es war einmal ein ganz kleiner Fisch, der wusste noch nicht viel vom Leben. Seine Mutter sagte ihm daher: „Nun hör mal gut zu: Du musst viele kleine Fische fressen, um groß und stark zu werden, sonst frisst dich ein großer Fisch und du kannst nicht überleben.“

„Ich bin aber doch selbst ein kleiner Fisch!“, sagte der kleine Fisch. „Ich mag keine kleinen Fische fressen!“ „Es ist aber unbedingt nötig!“, antwortete die Mutter. […]

Siehst du nicht, wie hässlich sie sind, so schwächlich und winzig, ängstlich und ohnmächtig? Du musst sie verachten und hassen, denn alles im Meer funktioniert besser, wenn man hassen kann. Der Hass ist die mächtigste Triebkraft, die es gibt, und er wird dich lebendig erhalten!“ Der kleine Fisch wollte natürlich lebendig bleiben und begann, das Hassen zu üben. Zuerst konnte er es noch nicht richtig und nie für lange, doch mit der Zeit merkte er, dass er tatsächlich voller Verachtung und Hass für kleine Fische war.

Groß und mächtig wollte er werden, alle sollten vor ihm Angst haben, und kein großer Fisch sollte es jemals wagen, ihn zu fressen! Voller Wut und Hass stürzte er sich auf kleine Fische, die niemals vor ihm sicher waren. Wenn sie sich fressen ließen, war es doch ihre Schuld! Und so wurde er größer und mutiger und wagte sich eines schönen Tages sogar ins offene Meer hinaus. Da riss der kleine Fisch vor Überraschung beide Augen weit auf. So etwas hatte er noch nie gesehen. Da gab es wild zerklüftete Unterwassergebirge mit düsteren Höhlen, vor denen man sich in Acht nehmen musste – wer weiß, wer sich dort versteckt hielt und auf Beute lauerte –, und zart schimmernde Quallen ließen ihre Fangarme im Wasser schweben wie bunte Tüllschleier. […]

Doch all diese Herrlichkeiten konnten den Fisch nicht erfreuen. So sehr er sich auch bemühte, er konnte kein Staunen und keine Freude empfinden und wunderte sich darüber. Er entdeckte, dass in ihm nur noch Hass und Wut waren und dass er kein anderes Gefühl mehr hatte. Da begann er, auch sich selbst zu hassen, und er hasste seine Mutter, die ihm diesen Rat gegeben hatte, und auch alle großen Fische, vor denen er ständig auf der Hut sein musste. Er war nirgendwo sicher und nirgendwo richtig zu Hause! Und es überkam ihn eine große Traurigkeit und Müdigkeit, die sich wie ein dunkler lähmender Schatten auf ihn legte.

Doch plötzlich fiel ein Sonnenstrahl durch das Wasser auf eine wunderschöne rosarote Koralle, die der kleine Fisch vorher gar nicht bemerkt hatte, und sie fing an, im Licht zu glitzern. „Komm her, kleiner Fisch“, rief sie. „Wenn du willst, kann ich dich beschützen. Versteck dich zwischen meinen Fächern, und du kannst dich ein bisschen ausruhen.“ Der kleine Fisch glaubte, nicht richtig gehört zu haben und war misstrauisch, doch eigentlich konnte er nichts Gefährliches an der Sache finden. Er schwamm vorsichtig auf die Koralle zu. Der Lichtstrahl wärmte ihn, und auf einmal entdeckte er zu seiner großen Überraschung, dass er sich freute.

(aus: Gabriele Münnix, Anderwelten. Eine fabelhafte Einführung ins Philosophieren, dtv Hanser, München 2009)

10. *Welche Mittel, um Gefahren zu überleben, werden dem kleinen Fisch empfohlen?*

11. *Welche Folgen hat der Hass bei dem kleinen Fisch?*

12. *Stellt eine kalte Welt voll von Hass und Misstrauen einer Welt der Wärme und Hilfsbereitschaft gegenüber. Warum wollen wir in der ersten nicht leben? – Stellt beide Welten in einer Collage dar.*

13. *Was bedeutet das Wörtchen „böse“ für die Fische?*

»Alles Böse kommt von oben.«

3. Was heißt eigentlich „gut“?

Das Adjektiv „gut“

Das Adjektiv „gut“ benutzen wir ganz häufig, ohne uns immer im Klaren darüber zu sein, was wir damit sagen wollen.

1. *Sammelt Sätze oder Ausdrücke, in denen „gut“ vorkommt, z. B.:*
„Gut gemacht!“ – „Guten Tag!“ – „Ein gutes Messer!“ – „Ein gutes Argument!“ – „Eine gute Tat!“ – ...

Du kannst deine Sammlung als „Wort-Netz“ in dein Heft schreiben:

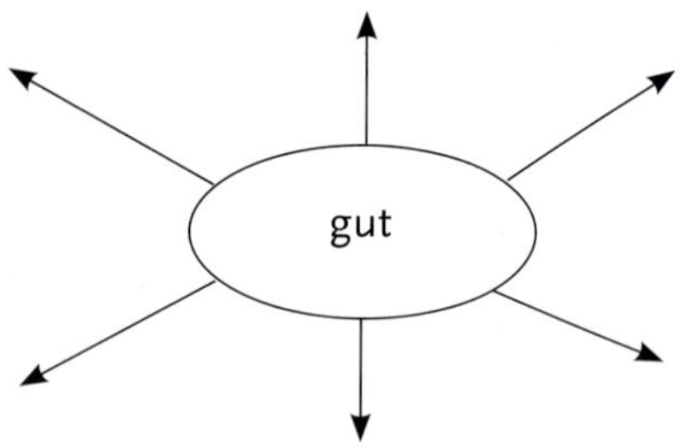

2. *Gliedert nun die gesammelten Ausdrücke in zwei große Gruppen:*

Ausdrücke, die etwas mit Moral zu tun haben	*Ausdrücke, die nichts mit Moral zu tun haben*
Beispiel: *eine* ***gute*** *Tat* ...	*Beispiel:* *ein* ***gutes*** *Messer* ...

3. *Führt ein Sokratisches Gespräch zu dem Thema „Was ist ein* ***guter*** *Lehrer?“.*
Achtet dabei vor allem auf folgende Punkte:
- *Jeder denkt zunächst für sich nach: Was macht für mich einen guten Lehrer aus?*
- *Notiert eure Gedanken.*
- *Sprecht dann darüber in der Gruppe.*
- *Findet Gemeinsamkeiten und Unterschiede heraus.*
- *Haltet das Ergebnis der gemeinsamen Überlegungen an der Tafel oder auf einem Plakat fest.*

4. *Ihr könnt nun die „guten“ Eigenschaften eines guten Lehrers auch untergliedern in „moralische“ – z. B. „gerecht“ – und „nicht moralische“ – z. B. „kann gut erklären“. Welche sind in euren Augen wichtiger? Warum?*

Erkläre es mir – Was heißt Moral?

Unter „Moral*“ versteht man jene Regeln und Grundsätze, die ein faires Miteinander von Menschen und Gruppen möglich machen sollen. Beispiele: „Sag die Wahrheit!“ – „Hilf jenen, die in Not sind!“ – „Schädige niemanden!“

5. *Was sagt der Junge wohl zu dem Mädchen?*

Jemanden nicht leiden können

a) „Du hast doch gesagt, du kannst den Marcus nicht leiden. Trotzdem bist du immer so freundlich zu ihm.“ „Stimmt, ich kann ihn nicht ausstehen. *Aber ich brauche ihn.*“ „Wofür?“ *„Er lässt mich immer seine Hausaufgaben abschreiben.“*

b) „Du hast doch gesagt, du kannst die Karla nicht leiden. Trotzdem bist du immer so freundlich zu ihr.“ „Stimmt, ich kann sie nicht ausstehen. *Aber kein Mensch bessert sich, wenn man ihn links liegen lässt.*“

c) „Du hast doch gesagt, du kannst den Kevin nicht leiden. Trotzdem bist du immer so freundlich zu ihm.“ „Stimmt, ich kann ihn nicht ausstehen. *Aber ich finde es einfach richtig, zu allen Menschen freundlich zu sein.*“

d) „Du hast doch gesagt, du kannst die Inga nicht leiden. Trotzdem bist du immer so freundlich zu ihr.“ „Stimmt, ich kann sie nicht ausstehen. *Aber mein Vater sagt immer, man soll zu allen freundlich sein. Denn man weiß nie, ob sie einem mal nützlich sein können.*“

e) „Du hast doch gesagt, du kannst den Kalle nicht leiden. Trotzdem bist du immer so freundlich zu ihm.“ „Stimmt, ich kann ihn nicht ausstehen. *Aber ich habe es auch lieber, wenn andere mich freundlich behandeln.*“

(Helmut Engels: Blaue Schokolade, Siebert, Hannover 2007, S. 40 f.)

6. *Zu jemandem freundlich sein, obwohl man ihn nicht mag: Schreibt die dafür genannten Gründe ins Heft.*

7. *Welche Gründe sind gut und wiegen am meisten, welche weniger und welche fallen für euch kaum ins Gewicht? Diskutiert darüber.*

Das-bist-ja-du-Spiel

Eine Mutter spielte mit ihren Kindern hin und wieder das „Das-bist-ja-du-Spiel“. Wenn sie etwa über den Markt gingen und der Sohn sich vor Lachen schütteln wollte, weil er gerade einen schrecklich schielenden, vor sich hin stotternden Jungen gesehen hatte, brauchte sie nur zu sagen: „Und jetzt spiel doch einmal das Das-bist-ja-du-Spiel. Stell dir vor, du wärest so zur Welt gekommen!“ – Oder wenn sie mit ihrer Tochter über die Straße ging und diese den schwerfälligen Gang einer Frau nachmachte, die unförmig dicke und von Krampfadern marmorierte Beine hatte, dann forderte sie wieder zum Das-bist-ja-du-Spiel auf [...] – Oder wenn der Junge von einem Lehrer erzählte, den sie wegen seiner Ungeschicklichkeit ständig ärgerten und foppten. Oder wenn er von einem Mitschüler sprach, den sie so lange quälten, bis er wieder einmal einen seiner Wutausbrüche hatte. Oder wenn sich die Kinder über das Verhalten von Behinderten amüsierten.

(Ulrich Sprenger; in: Gabriele Münnix: Menschlich, Klett, Leipzig 1997, S. 81)

8. *Wie findest du das Spiel? Begründe deine Meinung.*

9. *Beschreibt, was im Kopf des Fahrradfahrers vorgeht. Findet und zeichnet ähnliche Beispiele.*

So geht es – Rollen tauschen

- Um das, was andere tun, besser verstehen und beurteilen zu können, ist es sinnvoll, sich in sie hineinzuversetzen.
- Wir stellen uns vor, wir wären an ihrer Stelle, hätten ihre Interessen, ihre Gefühle und ihre Gedanken.
- Beispiel: Rollstuhlfahrer: Versetz dich in seine Lage, spiele seine Rolle.
- Was siehst du, empfindest du, denkst du?
- Erfindet eine Situation und spielt einen Dialog mit einem Rollstuhlfahrer.

4. Die Fairness-Regel

1. *Was ist „unfaires“ Verhalten? Nennt Beispiele und schreibt einen Steckbrief:*
„Ein fairer Typ“ ist ...
Schreibt eure Antworten nach diesem Muster ins Heft.

Wenn wir gut handeln wollen, kann uns eine wichtige Überlegung auf den richtigen Weg bringen:

→ Wir fragen uns: **Wie möchte ich, dass andere mit mir umgehen, was ich ihnen gegenüber auch täte?**

2. *Zähle dazu Fälle auf:*
Ich möchte, dass andere ...
– und ich täte es auch.

3. *Notiere dann Handlungen, von denen du nicht willst, dass andere sie dir gegenüber tun.*
Ich möchte auf keinen Fall, dass andere ...
– und ich täte das auch auf keinen Fall.

4. *Lest euch die Beispiele vor und sprecht darüber.*

Der griechische Philosoph und Mathematiker Thales von Milet (um 600 v. Chr.) soll auf die Frage, was gutes Handeln sei, geantwortet haben:

„Wenn wir selber nicht tun, was wir anderen übel nehmen.“

Etwas anders formuliert wird daraus die GOLDENE REGEL:

„Was du nicht willst, das man dir tu, das füg auch keinem andern zu!“

5. *Formuliert die Goldene Regel ohne Verneinung.*

6. *Was hat die Goldene Regel mit einer Waage zu tun?*

7. *Probiert in Gruppen die Goldene Regel aus. Wendet sie auf folgende Fälle an und entscheidet, ob hier gut gehandelt wird.*
- *Nina leiht Tom eine CD, will sie aber in drei Tagen wiederhaben. Er hat aber noch keine Zeit gehabt, die CD anzuhören.*
- *Michel hat Carla versprochen, sie zu seinem Geburtstag einzuladen. Weil Ali Carla blöd findet, tut es Michel dann doch nicht.*

Findet weitere Beispiele.

8. *Es gibt allerdings auch noch kniffligere Fälle:*
- *Mana liebt Schokoküsse über alles. Wenn eine ihrer Freundinnen Geburtstag hat, schenkt sie ihr stets Schokoküsse.*
- *Stefan kann es nicht haben, wenn ihm beim Radflicken geholfen wird. Mike sieht zufällig, wie Stefan sich mit seinem Rad abmüht, lässt alles liegen und will helfen. Stefan weist ihn zurück.*

Findet gemeinsam heraus, warum in diesen Fällen die Anwendung der Goldenen Regel nicht so recht klappt.

9. *Schreibe auf, was dir an der Goldenen Regel einleuchtet und was du noch nicht so richtig verstanden hast. Du kannst ein passendes Bild oder eine Zeichnung beifügen.*

Das Messer

Karl hatte gar nicht vorgehabt, das Messer zu stehlen. Er war ganz früh morgens in das Eisenwarengeschäft von Herrn Klack gegangen, um eine Dose Farbe zu kaufen. Damit wollte er die Bretter seines Baumhauses überstreichen. Aber die Farbe, die er verlangt hatte, war im Lager. Während Herr Klack sie von hinten holte, blieb Karl im Laden, und sein Blick wanderte über die Auslagen. Es war noch so früh, dass Karl ganz allein im Laden war. Es gefiel ihm, mit all diesen nagelneuen Dingen allein zu sein: den glänzenden Angelruten und den hübschen Taschenlampen. Dann fiel sein Blick auf den normalerweise abgeschlossenen Kasten. Der Kasten war auf! Karl nahm ein sehr schönes Messer in die Hand und untersuchte es. „Wie nützlich wäre das bei der Arbeit an meinem Baumhaus“, dachte er bei sich, „das ist ein Glücksfall: Es könnte Tage dauern, bis jemand merkt, dass ein Messer fehlt, und wer kann mich dann noch verdächtigen?“ Karl ließ das Messer in die tiefe Tasche seiner

Winterjacke gleiten. Als Herr Klack mit der Dose Farbe zurückkam, bezahlte Karl und ging.
Vor Aufregung über sein gewagtes Abenteuer und auch aus Angst, doch entdeckt zu werden, fing Karl an zu rennen, sobald er aus dem Laden war. Als er um die Ecke schoss, stieß er mit seinem Freund Charly zusammen. Beide schlugen der Länge nach hin. Glücklicherweise hatten sie sich nicht verletzt. Kaum war Karl wieder zu Atem gekommen, begann er ganz aufgeregt, mit seiner Tat zu prahlen. Während sich die beiden unterhielten, bemerkte Karl, dass Charly wegen der Sache Bedenken hatte. Das ärgerte ihn. „Was macht das schon aus, solange man nicht erwischt wird? Mir ist ganz egal, was du dazu sagst." Er sah sich voller Bewunderung das Messer an, das er eben aus dem Laden gestohlen hatte. Charly war offensichtlich schockiert von der Geschichte seines Freundes und versuchte, ihn zu überreden, das Messer zurückzubringen. „Auf keinen Fall!", protestierte Karl. „Es gibt keine Beweise, und du bist der Einzige, dem ich es erzählt habe, und weil du mein bester Freund bist, kannst du mich nicht verpfeifen. Also steht euer Wort gegen meins und ich werde gar nichts zugeben. Man muss manchmal lügen, um sich selbst zu retten – so einfach ist das. Vielleicht bist du ja nur neidisch, dass ich so davongekommen bin." „Aber viele werden erwischt und woher willst du wissen, dass du nicht erwischt wirst?", warf Charly ruhig ein.
Die Jungen gingen die Straße herunter und debattierten heftig darüber, was für und was gegen das Stehlen sprach. Bald trafen sie Natascha und Birgit, die gerade auf dem Weg zur Apotheke waren. Sie erzählten den Mädchen schnell, worum es in ihrer Diskussion ging ...

(nach: Philip Guin: Das Messer; in: Gabriele Münnix: Menschlich, Klett, Leipzig 1997, S. 85 f.)

10. *Wie werden sich die Mädchen wohl in dieser Situation verhalten haben?*

11. *Setzt euch in Vierergruppen zusammen, schreibt das Streitgespräch der Schülerinnen und Schüler auf und spielt es mit verteilten Rollen.*

Der gute Wille

Manchmal fällt es uns nicht leicht, die Goldene Regel anzuwenden. Sie verlangt immerhin von uns, nicht an uns, sondern auch an die anderen und deren Interessen zu denken. Ich kann mich also stur stellen und bloß das tun, was mir gerade gefällt.
Am Anfang einer guten Tat steht also ein guter Wille. Wir müssen wollen, dass z. B. die Fairness-Regel angewandt wird und wir danach handeln.
Diesen nicht ganz selbstverständlichen Gedanken hat der deutsche Philosoph Immanuel Kant (1724–1804) schon im 18. Jahrhundert formuliert.

In der ganzen Welt gibt es nur eines, das man als vollkommen gut bezeichnen kann: nämlich ein guter Wille. Dass jemand intelligent, witzig ist, logisch denken kann oder mutig, entschlossen beim Handeln ist – dies alles ist ohne Zweifel wünschenswert. Aber all diese schönen Eigenschaften können auch äußerst böse und schädlich werden, wenn der Wille, der von ihnen Gebrauch macht, nicht gut ist. Auch Macht, Reichtum, selbst Gesundheit und alles Glück machen häufig übermütig, wenn nicht ein guter Wille da ist.
Ohne einen guten Willen können auch Selbstbeherrschung und ein klarer Kopf äußerst böse werden. Man nehme als Beispiel die Kaltblütigkeit, mit der ein Bösewicht zu Werke geht ...

(nach: Immanuel Kant: Grundlegung zur Metaphysik der Sitten, Reclam, Stuttgart 1961, S. 28 f.; der Text ist stark gekürzt und vereinfacht)

12. *Schreibt all jene Eigenschaften des Menschen auf, die nach Meinung Immanuel Kants nicht so wichtig wie ein guter Wille sind.*

13. *Warum ist für Kant ein guter Wille so wichtig?*

14. *Findet eigene Beispiele, mit denen ihr zeigen könnt, dass er recht hat.*

15. *Welche Fragen würdet ihr Kant zum guten Willen stellen?*

5. Gutes tun …

Schüler verkauften für „Fröhlich sein – Gutes tun“

Die Schüler/innen der 6. bis 8. Klassen verkauften selbst gemachte Marmelade und Plätzchen, Weihnachtskarten, Dinkelkissen, gestrickte Strümpfe, Weihnachtsdekorationen, Kräuteröle und gute Düfte. Trotz der kalten Tage am Stand und dem geringen Umsatz äußerten sich alle Beteiligten begeistert über die Aktion und wollen auch im nächsten Winter wieder mitmachen.

Der beste Freund für Schüler

Die Schüler der Hauptschule Itterstraße aus Düsseldorf haben Spaß daran, Gutes zu tun. Sie helfen den Kindern einer Förderschule bei den Hausaufgaben.
Sie nennen sich Buddys. „Das bedeutet Kumpel, bester Freund“, erklären die Schüler. Seit letztem Schuljahr helfen sie im Rahmen des Buddy-Projekts den Schülern der benachbarten Astrid-Lindgren-Schule einmal wöchentlich bei den Hausaufgaben – freiwillig. „Weil das Spaß macht und weil wir was Gutes tun“, sagen die Schüler.

Schüler helfen älteren Menschen

Was tun, wenn man immer älter wird und der Spaziergang und der Einkauf immer schwerer wird? Wenn die Angehörigen weit weg wohnen, keine Zeit für die großen und kleinen Erledigungen haben? Diese Frage haben sich auch die Holstentor-Realschule und das Nachbarschaftsbüro St. Lorenz gestellt und haben schließlich ein Schulprojekt ins Leben gerufen. „Schüler helfen Seniorinnen im Stadtteil“ – unter diesem Motto besuchten acht Schüler sechs Monate lang wöchentlich Seniorinnen in St. Lorenz Süd.
Sie unterstützten die Seniorinnen bei Erledigungen und Einkäufen, begleiteten die älteren Damen auf Spaziergängen und spielten leidenschaftlich Gesellschaftsspiele. Bei Tee und Keksen gab es einen spannenden Austausch zwischen den Generationen. Dazu gehörten auch Einblicke ins Altenhilfezentrum „Travetal“. „Wir können vieles voneinander lernen“, so urteilten Helena Kolossa, Sozialpädagogin an der Holstentor-Realschule, und die beteiligten Seniorinnen.

Auch die Schülerinnen und Schüler hatten viel Spaß bei ihrer Arbeit. Sie haben sich diese Tätigkeit freiwillig im Rahmen der halbjährlichen Schul-AGs ausgesucht und sind mit sehr großem Eifer dabei. Die Schul-AG ging mit einem gemeinsamen Abschiedsgrillen in der Realschule zu Ende. Jung und Alt sind sich einig: „Es soll nach den Sommerferien unbedingt weitergehen!"

(http://www.luebeck.de/aktuelles/presse/pressedienstarchiv/view/2004/7/040568L/)

1. *Was haltet ihr von den hier beschriebenen Projekten?*

2. *Formuliere genau: Was ist jeweils „gut" daran?*

3. *An welchen Projekten habt ihr persönlich teilgenommen? Was fandet ihr „gut" daran, was war weniger „gut"? Ihr könnt eure Meinung als Beitrag für eure Schülerzeitung formulieren.*

Es gibt bestimmte Organisationen, die sich zum Ziel gesetzt haben, für andere Menschen etwas Gutes zu tun. Ein Beispiel:

Kindernothilfe „Ich verändere die Welt"

Eine Schule und 18 Patenkinder

Seit 30 Jahren fördern Schüler des Gymnasiums Marienstatt (Rheinland-Pfalz) Patenkinder. Die Initiative ging von den Mädchen und Jungen aus, aber Lehrer und Schulleitung stehen voll hinter diesem Engagement. Patenschaft-Teams in jeder Klasse, Briefeschreiben und Geldsammeln – das Patenschaftssystem wurde perfekt organisiert und läuft seit Jahren reibungslos.

[...]

Jedes Kind, das mitmacht, zahlt einen Euro. [...] Wenn die zehnten Klassen ins neue Schuljahr wechseln, geben sie ihr Patenkind an die neuen Fünftklässler weiter. In diesem Jahr zum Beispiel fördert die 5 a Ku Geeta Nag aus Indien, die 5 b Habtamu Mesaye aus Äthiopien und die 5 c Olga Janeth Cepeda aus Ecuador. [...]

„Helfen macht Spaß!"

„Ich finde es schön, wenn wir anderen Kindern helfen können, denen es nicht so gut geht wie uns", begründet Natascha Bellinger aus der 6b ihre Hilfe. „Ich mache mit, weil man sich besser fühlt, wenn man etwas Gutes getan hat!", gibt ihr Klassenkamerad Leonhard Hofmann zu. „Und Helfen macht ja auch Spaß", ergänzt Magdalena Schneider.

[...]

Jede Klasse hält Kontakt zu ihrem Patenkind. Im Klassenraum hängen Fotos und Briefe der Kinder, manchmal auch Informationen über die Länder, aus denen sie kommen. Einige Lehrer beziehen diese Länder in den Unterrichtsstoff mit ein, holen sich auch schon mal Kindernothilfe-Mitarbeiter, die über aktuelle Projekte in Afrika, Asien oder Lateinamerika berichten. Im November 2008 vermittelte die Kindernothilfe den Auftritt südafrikanischer Studenten im Marienstätter Gymnasium. In einem eindrücklichen Theaterstück führten sie den Schülern die schlimmen Folgen von Armut und Krankheiten in ihrem Land vor Augen. [...] „Das Gymnasium Marienstatt ist eine von rund 3 000 Schulen, die sich seit Jahren für unsere Arbeit einsetzen", freut sich Kindernothilfe-Mitarbeiterin Imke Häuser.

(www.kindernothilfe.de [25.3.2010])

4. *Würdest du gerne in der Kindernothilfe mitarbeiten? Warum ja, warum nicht?*

5. *Frage Erwachsene oder informiere dich im Internet über Organisationen, die weltweit Gutes tun. Überlegt euch, ob solche großen Organisationen auch Nachteile haben.*

6. *Bildet kleine Gruppen. Sucht euch eine Organisation aus und informiert euch über deren Arbeit und Ziele. Stellt eure Ergebnisse der Klasse vor.*

Was du weißt und kannst

Das „Gut und Böse-ABC“

1. *a) Eine Schülerin oder ein Schüler sagt in Gedanken langsam das ABC auf. Jemand aus der Gruppe sagt dann „Stopp“. Mit dem Buchstaben, bei dem gestoppt wurde, sollen nun alle Worte beginnen, die etwas mit „gut“ oder „böse“ zu tun haben.*

Beispiel: Es wird beim „S“ gestoppt:

„GUT“	„BÖSE“
stützen, schützen, schön, ...	schädigen, stehlen, schlagen, ...

b) In einer zweiten Runde könnt ihr dann Geschichten schreiben, in denen alle gefundenen Wörter vorkommen müssen.

Eugen Roth

Der Sitzplatz

Ein Mensch sitzt in der Bahn ganz heiter
Als mittlerer von dreien, Zweiter.
Dort muss, die Vorschrift ist jetzt scharf,
Ein vierter sitzen, bei Bedarf.
Ein Unmensch kommt, der strenge mustert,
Doch alle hocken aufgeplustert
und ihre böse Miene spricht:
Vielleicht wo anders, bei mir nicht!
Der Unmensch hat sofort erkannt,
Wo der geringste Widerstand
Und setzt sich, breit und rücksichtslos,
Dem Menschen beinah auf den Schoß,
Sodass der vorzieht, aufzustehn
Und überhaupt ganz wegzugehn.
Gar heiter sitzt der Unmensch jetzt.
Denn schau: Er hat sich „durchgesetzt“!

(zit. nach: Gabriele Münnix: Menschlich, Klett, Leipzig 1997, S. 88)

2. *a) Wer handelt hier „böse“ und warum? Ihr könnt für eure Antwort auch die Goldene Regel anwenden.*
b) Schreibt eine eigene Geschichte, in der sich jemand mit Gewalt durchsetzt.

Jean de La Fontaine

Der Rabe und der Fuchs

Auf einem Baume Meister Rabe hockt,
im Schnabel hält er einen Happen Käse.
Vom Käseduft herbeigelockt,
spricht Meister Fuchs so fein, als ob er läse:
„Ei, guten Morgen, Herr von Rabe,
was seid Ihr hübsch, welch stattliches Gehabe!
Nein, ohne Lüge, Eurer Stimme Pracht,
war sie so schön wie Dero Federtracht,
des Waldvolks König wäret, ohne Zweifel, Ihr!“
Der Rabe schnappt fast über vor Begier;
Gleich soll der Wohllaut seiner Stimme schallen:
Er reißt den Schnabel auf und lässt den Käse fallen;
den schluckt der Fuchs; es schmunzelte der Heuchler

und sprach: „Mein Herr, ein jeder Schmeichler
lebt gut und gern von dem, der auf ihn hört:
Die Lehre ist doch wohl ein Stückchen Käse wert!“
Der Rabe, wütend und verdrossen,
schwor ab, jedoch zu spät, für immer solchen Possen.

(Jean de La Fontaine: Die Fabeln, übertr. von Rolf Mayr, Diederichs, Düsseldorf 1964)

3. *a) Welche List wendet der Fuchs an?*
b) Ist eine List immer böse?
c) Wann beginnt die List für dich, böse zu werden? Finde Beispiele dafür.

Quadratisch „gut“

Das Adjektiv „gut“ kann unterschiedlich verwendet werden.

MENSCH | HANDELN

ABSICHTEN | ZWECKE

4. *a) Nennt jeweils ein Beispiel für einen „guten Menschen“, „gutes Handeln“, „gute Absichten“ und „gute Zwecke“.*
b) Und nun das Gegenteil: Was ist ein „böser Mensch“, „böses Handeln“, ...? Nennt auch hier jeweils ein Beispiel.

Es gibt nichts Gutes, außer: man tut es.

(Erich Kästner, dt. Schriftsteller, 1899 – 1974)

5. *a) Was bedeutet das Zitat?*
b) Findet Beispiele, mit denen ihr es erklären könnt.

6. *a) Stellt mit den Logos der weltweit tätigen Hilfsorganisationen eine Collage zusammen. Mit wenigen Schlagworten oder knappen Sätzen könnt ihr ihre Ziele festhalten.*
b) Schreibt einen kleinen Artikel für eure Schülerzeitschrift, in dem ihr eure Meinung zu den Zielen solcher Organisationen nennt.

7. *Mache dir Notizen für eine kurze, ca. zwei Minuten dauernde Rede: Versuche, deine Mitschüler und Mitschülerinnen davon zu überzeugen, dass man kein guter Mensch sein kann, wenn man immer nur das tut, was einem persönlich nützt. Schreibe die Notizen in Stichworten gut lesbar auf kleine Kärtchen, sodass du deine Rede beinahe frei halten kannst.*

Warum man kein guter Mensch sein kann, wenn man nur tut, was einem selbst nützt:

- Gründe: ...
- Beispiele: ...

Regeln und Gesetze

Spielregeln

1. *Was fällt euch spontan ein, wenn ihr das Wort „Regel“ hört? Schreibt euren ersten Gedanken groß mit Farbe auf ein Blatt Papier. Setzt euch in einen Stuhlkreis und sprecht übe eure unterschiedlichen oder auch ähnlichen Gedanken.*

Gesprächsregeln

2. *Schaut euch die Bilder genau an. Welches von ihnen passt zum Thema besonders gut?*

3. *Berichtet eurer Nachbarin/eurem Nachbarn über Spiele, die ihr besonders gerne spielt. Beschreibt ihnen dabei die jeweiligen Spielregeln.*

4. *Welche Gesprächsregeln haltet ihr für besonders wichtig? Warum?*

5. *Welche Verbote, die im Straßenverkehr gelten, kennt ihr?*

6. *Was haben Spielregeln, Gesprächsregeln und Verkehrsregeln gemeinsam?*

Verkehrsregeln

1. Wozu Gesprächsregeln?

Gesprächsregeln aufstellen

- Bildet Gruppen mit jeweils 4–5 Schülern.
- Stellt in jeder Gruppe fünf Regeln auf, die euch für das Unterrichtsgespräch besonders wichtig sind.
- Formuliert die einzelnen Regeln z. B. so: „Wir wollen einander ausreden lassen!“
- Schreibt die fünf Regeln jeweils auf eine Folie.
- Wählt aus eurer Gruppe einen Sprecher aus, der die Regeln der Klasse vorstellt und sagt, warum sie für die Gruppe wichtig sind.
- Stellt die Regeln der Gruppen wie in einem Vertrag zusammen und hängt sie im Klassenzimmer auf.
- Jeder unterschreibt und bekommt ein Exemplar des Vertrags.
- Ihr könnt euch überlegen, wie man sich verhält, wenn einer gegen die Regeln verstößt.

1. *Schaut euch das Bild genau an: Auf welche Gesprächsregeln hat sich die Gruppe wohl geeinigt?*

Es ist gar nicht einfach, sich an die Gesprächsregeln zu halten. Es klappt wohl nur, wenn alle sich Mühe geben und darauf achten, die vereinbarten Regeln einzuhalten. Ihr könnt das bei jedem Unterrichtsgespräch trainieren.

- Dabei ist es hilfreich, einen Beobachtungsbogen anzulegen.
- Wählt aus eurer Klasse zwei oder drei Schülerinnen oder Schüler aus, die für eine bestimmte Zeit in einer Unterrichtsstunde die Einhaltung der Regeln beobachten.

Ein Beispiel:

	1. Regel: Schüler/in hat andere ausreden lassen		2. Regel: Schüler/in hat seine/ihre Meinung gut begründet	
NAME	Ja	Nein	Ja	Nein
Hannes	xxxxx	xxx	xxxx	xxx
Maja	xxx	xxxxxx	xxx	xxxxxx
…				

2. *Besprecht eure Beobachtungen direkt nach dem Gespräch.*

3. *Sprecht mit den Schülerinnen und Schülern, die ihr beobachtet habt, und fragt sie, wie sie sich während des Gesprächs gefühlt haben.*

So geht es – Die Echo-Übung

Bildet einen großen Sitzkreis. Sucht euch ein interessantes Gesprächsthema aus, z. B.: „Sollte mehr Unterricht außerhalb des Klassenzimmers stattfinden?“
So könnt ihr vorgehen:

- Ein Schüler sagt kurz seine Meinung dazu.
- Der Nächste muss, bevor er seine Meinung sagt, möglichst genau wiederholen, was zuvor gesagt worden ist.
- Das Spiel ist zu Ende, wenn jeder Schüler etwas gesagt hat.
- Sprecht dann über dieses Spiel: Was ist euch dabei besonders schwergefallen? Was findet ihr gut an der Übung?

Pieper greift ein …

Mehmet und Jan haben sich auf dem Weg von der Sporthalle ins Klassenzimmer in die Haare gekriegt. Der Klassenlehrer, Herr Pieper, erfährt davon und ruft die Streithähne zu sich.

HERR PIEPER: Was ist passiert? Warum habt ihr euch geschlagen?

MEHMET: Der Jan hat es beim Kicken immer auf mich abgesehen. Er foult mich, wo er kann.

JAN: Das ist gelogen! Mehmet hat …

Mehmet (*fällt Jan ins Wort*): Das ist nicht gelogen! Das stimmt!

HERR PIEPER: Mehmet, lass doch Jan erst mal ausreden.

JAN: Mehmet ist ein Schisser. Man darf ihn kaum berühren und schon fängt er an, zu meckern. Kicken ist eben kein Murmelspiel. So ne Memme. Der macht immer auf so zimperlich. Auf unserem letzten Wandertag …

HERR PIEPER: Jan, du kommst vom Thema ab! Wir wollen uns um den jetzigen Vorfall kümmern.

MEHMET (*zieht sein Hosenbein hoch und zeigt Herrn Pieper sein blutendes Schienbein*): Und was ist das hier? Ist das denn kein Foul?

HERR PIEPER: Okay, aber warum habt ihr euch nun auf dem Weg ins Klassenzimmer geprügelt?

JAN: Der hat mich von hinten geschubst und in den Schwitzkasten genommen, so heftig, dass ich kaum mehr Luft kriegte!

MEHMET: Quatsch! Du hast das Wichtigste vergessen! Du hast mich saublöd angegrinst, als ich dir mein Schienbein zeigte!

HERR PIEPER: Und was hast du dann gemacht, Jan?

JAN: Ich bin schnell abgetaucht und habe ihm einen Hieb in den Magen gegeben, damit er auch keine Luft mehr kriegt.

HERR PIEPER: Ihr findet das, was ihr gemacht habt, ganz okay?

MEHMET: Ich schon! Ich lass mich doch nicht einfach für nichts und wieder nichts ins Schienbein treten!

JAN: Und ich mache das immer so: Wenn einer mich schlägt, schlage ich zurück! Das finde ich okay!

HERR PIEPER: Ihr meint also, dass ihr mit Gewalt eure Probleme lösen könnt? Gibt es da nicht bessere Mittel? Ich schlage vor, dass wir darüber mit der ganzen Klasse reden …

4. *Lest das Gespräch mit verteilten Rollen.*

5. *Nach welchen Regeln führt Herr Pieper das Gespräch?*

6. *Was findet ihr gut daran?*

7. *Führt eine Diskussion mit der ganzen Klasse über diese „Prügelei“. Achtet dabei auf die Regeln, die dabei eingehalten werden sollten.*

8. *Findet eigene Logos, mit denen sich die von euch aufgestellten Gesprächsregeln veranschaulichen lassen. Beispiele:*

- *„Höre gut zu!“*

- *„Lass andere ausreden!“*

2. Warum sollen wir uns an Regeln halten?

Auch eure Schule hat eine Hausordnung. Darin steht, wie ihr euch in der Schule verhalten sollt.

1. *Bereitet ein Interview mit der Schulleitung vor über die „Hausordnung unserer Schule“.*

2. *Führt dieses Interview durch.*

So geht es – Ein Interview führen

- Vorbereitung:
  - Legt die Fragen fest, die ihr stellen wollt. Schreibt sie auf.
  - Achtet darauf, dass es nicht zu viele werden.
  - Vereinbart einen Termin.
- Durchführung:
  - Stellt die Fragen und notiert euch die Antworten.
  - Schreibt euch auch zusätzliche Bemerkungen des Interviewpartners auf.
- Auswertung:
  - Ordnet die Antworten und Bemerkungen nach Wichtigem und Unwichtigem.
  - Prüft, ob ihr auf die von euch gestellten Fragen ausreichende Antworten bekommen habt oder ob ihr noch mehr zu dem Thema wissen wollt.

3. *Schreibt über das Interview einen Artikel für die Schülerzeitung.*

Rasen betreten verboten!

„Betreten der Rasenflächen verboten!“ Seit der 11 Jahre alte Ferdinand sich erinnern kann, steht dieses Schild an der kleinen Rasenfläche vor seinem Haus. Und weil man den Rasen nicht betreten darf, muss Ferdinand jedes Mal einen Umweg machen, wenn er zu seinem Fahrrad will. Einmal außen rum, statt das kurze Stück quer darüber. Lange Zeit war ihm das gar nicht so bewusst geworden und er hatte gar nicht darüber nachgedacht. Es war einfach so – schon immer so gewesen: Über den Rasen durfte man nicht laufen. Dann hatte ihn eines Tages sein Freund Mike aus der 6b zum Fußballtraining abgeholt. Ferdinand ging wie immer außen rum, Mike aber schnurstracks über den Rasen. „Was soll denn das?“, fragte Mike. „Hier geht's rüber. Was läufst du denn für 'nen Unsinn?“ Ferdinand wollte gerade auf das Schild zeigen, aber da hatte es Mike schon gesehen: „Das meinst du doch nicht ernst! Du lässt dir wie so'n Milchbubi vorschreiben, wo du langgehst? Warum gehst du nicht gleich an Mamis Hand? Du hast ja wohl 'ne Meise!“ „Nee, natürlich nicht!“, sagte Ferdinand schnell, „is nur so 'ne Gewohnheit“, und nahm sich vor, das in Zukunft nicht mehr zu tun. Später überlegte er dann, warum er sich eigentlich so lange daran gehalten hatte.
„Da gibt es doch echt keinen vernünftigen Grund dafür“, dachte er sich, „außer dass es eben verboten ist.“ Eigentlich konnte ihm das Schild doch völlig egal sein. Obwohl es das ja eben nicht war, er ärgerte sich schließlich darüber. Noch mehr ärgerte er sich aber darüber, dass es ihm nicht egal war. Mike scherte das nicht. Aber was war nun? Sollte er sich weiter daran halten oder nicht?

(Rainer Erlinger: Lügen haben rote Ohren, Ullstein, Berlin 2005, S. 108)

4. *Wie würdest du seine Frage beantworten? Schreibt eure Antworten auf einen Zettel, vergleicht sie miteinander und sprecht darüber.*

5. *Schreibt die Gründe auf, die für bzw. dagegen sprechen, den Rasen zu betreten; verwendet für jeden Grund eine Karte. Befestigt die Karten übersichtlich auf einem großen Plakat.*

6. *Jetzt musst du dich entscheiden: Welche Gründe sind in deinen Augen die besseren?*

Verkehrsregeln

7. *Was sagt die Frau wohl gerade zu dem Mann?*

8. *Schreibe jeweils drei Verbote und Gebote auf, die den Straßenverkehr regeln. Ihr könnt sie so aufschreiben: Man darf nicht … / Man muss …*

9. *Stell dir für einen kurzen Augenblick vor: Alle Verbote und Gebote im Straßenverkehr sind aufgehoben. Es ist kein einziges Schild mehr zu sehen. Du bist mit deinem Fahrrad unterwegs.*
Erzähle, was jetzt alles passiert.

Jetzt wird's ganz schön kniffelig …

10. *Sieh dir den folgenden Satz genau an.*

„Es gibt keine Regel ohne Ausnahme."

Wenn dies aber eine Regel ist, dann ist sie falsch, denn dann gäbe es ja doch eine Regel ohne Ausnahme, nämlich diese:

„Es gibt keine Regel ohne Ausnahme."

Einverstanden?

Regel bleibt Regel, oder?

Letztes Jahr waren sie in den großen Ferien aus dem Urlaub in Italien zurückgekommen. Die Fahrt hatte sehr lange gedauert, und erst um drei Uhr nachts waren sie daheim. Die ganze Stadt war völlig leer. Ferdinand hatte wirklich auf der ganzen Fahrt durch die Stadt nicht einen Menschen gesehen. Kurz vor ihrem Haus mussten sie durch die Straße fahren, in der Ferdinands Schule liegt. Wegen der vielen Schüler, die dort jeden Tag sind, gilt in der Straße Tempo 30. Gleich ein paar Schilder stehen dort. Ferdinands Vater war aber viel schneller, sogar mehr als 50 gefahren. Ferdinand hatte sich noch gewundert und seinen Vater gefragt. Der war ein bisschen genervt, weil er schon so lange am Steuer gesessen hatte und nach Hause wollte. „Jetzt um diese Zeit und auch noch in den Ferien ist da ganz sicher kein einziger Schüler, da muss man sich nicht an die 30 halten", hatte der Vater gesagt. Ferdinand hatte sich damals schon gewundert, schließlich waren da ja die Schilder. „An die muss man sich doch halten. Auch wenn man meint, dass die Schilder zu diesem Zeitpunkt keinen Sinn haben", sagte er zur Mutter.
„Das ist doch etwas anderes", sagte die. „Da war es doch ganz klar, deshalb musste sich dein Vater da nicht dran halten." Das fand Ferdinand jetzt unlogisch: „Aber du hast doch gesagt, es ist immer wichtig, Regeln zu beachten, weil man nie sicher wissen kann, wofür sie gut sind. Dann hätte sich Vater bei der Heimfahrt aus Italien auch an die Vorschrift mit den 30 Stundenkilometern halten müssen."
„Frag deinen Vater!", meinte die Mutter. Das tat Ferdinand dann auch. Der war um eine Antwort nicht verlegen: „Ausnahmen bestätigen eben die Regel!", sagte er. „Ganz einfach."
Das überzeugte Ferdinand nun gar nicht. War es nun wichtig, sich an Regeln zu halten oder nicht? Er beschloss, zu Onkel Gottfried zu gehen.

(ebd., S. 114 f.)

11. *Warum findet Ferdinand das, was seine Mutter sagt, unlogisch?*

12. *Wie würde wohl der Onkel auf seine Frage antworten? Schreibt dazu ein Gespräch zwischen ihm und dem Onkel, lest es der Klasse vor und sprecht darüber.*

3. Spielen nach Regeln

1. *Nach welchen Regeln spielen wohl die Schüler auf dem Bild?*

Kein Spiel ohne Regeln!

Der österreichische Philosoph Ludwig Wittgenstein – er wurde 1889 in Wien geboren und ist 1951 in Cambridge (England) gestorben – hat viel über das Spielen der Menschen nachgedacht.

Wir können uns doch sehr wohl denken, dass sich Menschen auf einer Wiese damit unterhielten, mit einem Ball zu spielen, so zwar, dass sie verschiedene bestehende Spiele anfingen, manche nicht zu Ende spielten, dazwischen den Ball planlos in die Höhe würfen, einander im Scherz mit dem Ball nachjagen und bewerfen etc. Und nun sagt einer: Die ganze Zeit hindurch spielen die Leute ein Ballspiel und richten sich daher bei jedem Wurf nach bestimmten Regeln.

(Ludwig Wittgenstein: Philosophische Untersuchungen, Frankfurt/M. 1967, S. 57)

2. *Hat jener („Und nun sagt einer ...") mit seiner Behauptung recht? Was würdet ihr sagen?*

Ein Gedankenexperiment

3. *Macht ein Gedankenexperiment und sprecht anschließend darüber: „Wie wäre es, wenn in einem Spiel nichts geregelt wäre?"*

So geht es – Ein Gedankenexperiment machen

- Ihr denkt euch mit eurer Fantasie eine Situation aus, die es noch nicht wirklich gegeben hat, z. B. „Spielen ohne Regeln".
- Diese anscheinend „verrückte" Situation bringt uns zum Nachdenken.
- Wir können uns daran klarmachen, wie – eben im Gegensatz zu der fantasierten Situation oder Geschichte – unser alltägliches Handeln, z. B. unser Spielen, tatsächlich „funktioniert".
- Wichtig dabei ist, dass wir an die Folgen der ausgedachten Situation denken und darüber nachdenken, ob wir diese für gut oder schlecht halten.
- Schreibt also jeweils auf:
  - Was würde passieren, wenn die ausgedachte Situation tatsächlich eintreten würde? Folge 1 ..., Folge 2 ...
  - Was wäre gut daran? Was wäre schlecht?

Warum ich manchmal ganz gerne mogle

„Es macht einfach Spaß, beim Kartenspiel beim Nachbarn in die Karten zu spicken. So steigen meine Chancen zu gewinnen." (Julia, 11)

„Beim Mensch-ärgere-dich-nicht-Spiel verschiebe ich manchmal so ganz nebenbei und unbemerkt ein Klötzchen, während die anderen mit Würfeln oder mit Quatschen beschäftigt sind." (Sven, 12)

„In meiner letzten Mathearbeit konnte ich meinen Spickzettel toll gebrauchen. Der Mathelehrer streifte zwar gelegentlich dicht an meinem Platz vorbei. Ich hab dann doch die Nerven behalten. War ganz schön anstrengend. Und ich war ziemlich erleichtert." (Jessika, 11)

4. *Findest du diese Art zu mogeln bedenklich? Nenne zumindest einen Grund für Ja oder Nein.*

5. *Findet weitere Beispiele.*

Was ist richtig, was ist falsch?

Diese oder eine ähnliche Frage begegnet uns beinahe täglich. Wir stellen uns die Frage selbst oder anderen. Manchmal ist die Antwort klar: Es ist ganz sicher falsch, Tiere oder Menschen zu quälen, ihnen grundlos wehzutun, nur weil es Spaß macht. Auf diese Regel können sich wohl die allermeisten Menschen schnell einigen.
Viele Fälle sind aber komplizierter. Wir sehen nicht sofort, was richtig oder falsch ist, sondern müssen durch Nachdenken zu einer Lösung kommen.
Eine Überlegung kann uns dabei weiterhelfen. Wir fragen uns, was passieren würde, wenn alle Menschen so handeln würden:

Testfrage: „Was wäre, wenn alle so täten?"

Wir fragen also, ob eine Regel zu einer allgemeinen Regel werden kann, nach der alle Menschen handeln sollen.

6. *Setzt euch in kleinen Gruppen zusammen und wendet den „Was wäre, wenn alle so täten"-Satz auf die Mogelbeispiele an:*
- *Was wäre, wenn alle beim Kartenspiel ständig spicken würden?*
  Antwort: ...
- *Was wäre, wenn alle bei Klassenarbeiten heimlich Spickzettel benutzen würden?*
  Antwort: ...

Tragt der Klasse dann eure Ergebnisse vor und sprecht darüber.

7. *Nehmen wir an, Julia, Sven und Jessika versuchten, ihr Mogeln mit folgendem Punkt zu rechtfertigen: „Tatsächlich mogeln ja nicht alle. Die meisten halten sich ja an die Regeln. Da kommt es auf mich doch gar nicht an. Ich kann mir das schon herausnehmen und eine Ausnahme machen."*
Was würdest du ihnen antworten?

Kant in seiner Studierstube

Der deutsche Philosoph Immanuel Kant (1724–1804) fragte sich in seinen Büchern immer wieder: Was kennzeichnet einen moralisch guten Menschen? Was ist eigentlich eine gute Tat? Und vor allem: Wie kann ich herausfinden, ob eine Tat gut oder schlecht ist? Als Philosoph wollte er diese Fragen ganz gründlich durchdenken, um so zu klaren, für jeden vernünftig denkenden Menschen verständlichen und überzeugenden Antworten zu kommen.
Kant untersuchte die von den Menschen in ihrem alltäglichen Handeln angewandten Regeln. Er unterzog sie einer philosophischen Prüfung. Das Wichtigste an dieser Prüfung war, dass er sich fragte, ob jene Regeln für das Zusammenleben der Menschen günstig oder schädlich sind. Und dazu stellte er die Testfrage: Was wäre, wenn alle Menschen sich nach der zu prüfenden Regel richten würden? Was käme dann dabei heraus?
Er kam schließlich zu einem eindeutigen und in seinen Augen sehr klaren Ergebnis: Kein vernünftig denkender Mensch kann wirklich wollen, dass das Lügen, das Betrügen oder Stehlen zu allgemeinen Regeln des Miteinanders werden. Kants Begründung: Wenn alle in einer Gemeinschaft stets lügen, betrügen oder stehlen, dann ist ein Zusammenleben der Menschen unmöglich. Kein Mensch würde einem anderen mehr trauen. Jeder wäre ein Feind des anderen. Es gäbe dann ein allgemeines Chaos, in dem Muskeln und gemeine Tricks anstatt vernünftiger Regeln herrschten.

Immanuel Kant

8. *Was würde wohl Kant Julia, Sven und Jessika antworten? Schreibt ein Gespräch zwischen ihnen und Kant auf. Lest die Gespräche vor und sprecht darüber.*

4. Wenn sich Regeln in die Quere kommen …

Sackgasse

1. *Stell dir vor, du fährst mit dem Fahrrad in eine Straße hinein und siehst diese beiden Verkehrsschilder nebeneinanderstehen. Was würdest du tun?*

In der Zwickmühle

Nina war mit Julia, ihrer besten Freundin, in ein Kaufhaus gegangen, um sich etwas Schönes zu kaufen. Sie hatte zu ihrem Geburtstag von ihrem großzügigen Onkel ganz schön viel Geld bekommen. Sie schauten sich eine ganze Weile um, als Ninas Blick zufällig auf ein tolles Top fiel. Sie war sofort Feuer und Flamme. Während sie es in einer Kabine anprobierte, zog es Julia zur Musikabteilung. Nach kurzer Zeit verließ Nina sehr rasch die Kabine, ging auf die ein paar Meter entfernt stehende Julia zu und zupfte sie am Ärmel. Julia drehte sich rasch um und sah unter dem leicht geöffneten Anorak das Top. Über Ninas Gesicht huschte ein verschmitztes Lächeln. Ohne ein Wort zu sagen, drehte sie sich um und verließ das Geschäft.
Wenige Augenblicke später tauchten plötzlich der Sicherheitsbeamte des Ladens, ein Verkäufer und der Geschäftsleiter auf. Sie gingen schnellen Schrittes auf Nina zu und baten sie, ihre Tasche zu öffnen. Nina stand wie angewurzelt, völlig bleich und stumm da. Die Männer entdeckten dann sofort das Top unter dem Anorak. Nina, nach ihrem Namen gefragt, verweigerte jegliche Auskunft. Darauf wandten sie sich an Julia und forderten sie auf, den Namen des Mädchens, das bei ihr war, zu nennen. Der Geschäftsführer erklärte: „Ich kann Ladendiebe nicht laufen lassen. Wenn das einreißt, bin ich meinen Job los. Schließlich sind die Verluste, die dabei unserem Geschäft entstehen, beträchtlich. Wenn du uns den Namen nicht nennst, kannst du wegen Mithilfe bei einer kriminellen Handlung bestraft werden."

2. *Was würdest du – ohne lange darüber nachzudenken – sagen: Sollte Julia dem Sicherheitsbeamten Ninas Namen nennen?*

3. *Diskutiert über die Zwickmühle (Dilemma), in der Julia steckt.*

So geht es – Über ein Dilemma diskutieren

- Schreibe mit wenigen Worten auf einen Zettel, was du zu dem Fall meinst, z. B.: „Julia sollte den Namen nennen, weil..."
- Setzt euch dann in Gruppen (ca. 4 Schüler) zusammen: Jeder sagt seine Meinung und nennt seine Gründe. Schreibt dann die genannten Gründe auf Karten. Für jeden Grund eine Karte. Klebt die Karten übersichtlich auf ein Plakat. Ordnet sie nach Ja- und Nein-Gründen.
  Z. B. Ja-Grund: Julia sollte den Namen nennen, weil …
  Z. B. Nein-Grund: Julia sollte den Namen nicht nennen, weil …
  Sprecht darüber, welche Gründe für euch in der Gruppe die wichtigeren sind.
- Jede Gruppe stellt dann der Klasse ihr Plakat vor.
- Schaut euch nun die Plakate gründlich an. Ihr könnt auch den einzelnen Gruppen Fragen stellen, wenn euch etwas unklar ist.
- Führt nun eine Abstimmung durch: Diejenigen, für die die Ja-Gründe wichtiger sind, versammeln sich in einer Hälfte des Klassenzimmers, in der anderen Hälfte kommen jene zusammen, für die die Nein-Gründe überzeugender sind.
- Beide Gruppen nennen nun ihre drei wichtigsten Gründe und diskutieren miteinander.
- Abschließend schreibt jede Schülerin und jeder Schüler seine persönliche Meinung mit den ausschlaggebenden Gründen ins Heft.

Erkläre es mir – Was ist ein Dilemma?

Als Dilemma oder Zwickmühle bezeichnet man eine Situation, in der ich nicht so recht weiß, wie ich mich entscheiden soll. Ich habe zwei Möglichkeiten. Für beide sprechen wichtige Gründe. Ich muss mich aber für eine entscheiden.

Das Schwierige daran ist, dass sich in einem Dilemma zwei ungefähr gleich wichtige Regeln in die Quere kommen. In unserem Fall:

REGEL 1 →	← REGEL 2
Du sollst zu deiner Freundin halten und sie nicht verraten!	Du sollst die Wahrheit sagen und den Sicherheitsbeamten nicht anlügen!

4. *Befindet sich der Elefant in einer Zwickmühle? Was meint ihr dazu?*

Hermann ist tot

Katjas Vater sitzt im Büro an seinem Schreibtisch. Es ist elf Uhr morgens. Da klingelt das Telefon. Es ist Katjas Mutter. Sie sagt: „Jürgen, Hermann ist tot." Katjas Vater sagt: „Ach du liebe Zeit, wie ist das denn passiert?" Katjas Mutter antwortet: „Weiß ich auch nicht. [...] Ich habe ihn gleich in die Mülltonne geworfen, bevor er noch anfängt zu stinken. Aber das ist nicht das Problem. Du weißt doch, wie sehr Katja an dem Tier gehangen hat. Willst du ihr nicht einfach ein neues besorgen?"
„Du meinst", fragt Katjas Vater zurück, „ich soll in eine Zoohandlung gehen und einfach einen neuen Hamster kaufen?"
„Genau. Aber pass bloß auf, dass er auch so aussieht wie Hermann. Du weißt ja, mit weißem Bauch und den Flecken auf den Backentaschen. Dann brauchen wir Katja gar nichts davon zu sagen. Sie hat ja heute Nachmittag noch Ballettstunde. Wenn sie dann nach Hause kommt, merkt sie nichts."
„Aber wenn der neue Hamster in seinem Wesen ganz anders ist?", fragt Katjas Vater. „Wenn er zum Beispiel beißt oder wenn es ein Weibchen ist?"
„Aber das wissen die doch in der Zoohandlung", entgegnet Katjas Mutter ungeduldig. „Also mach mal!"
„Ich weiß nicht, Gabriele", zögert Katjas Vater. „Ist es denn recht, dem Kind einfach den Tod des Tieres zu verschweigen, auch wenn es bloß um einen Hamster geht?"

(Kerstin Michalik/Helmut Schreier: Wie wäre es, einen Frosch zu küssen? Westermann, Braunschweig 2006, S. 213)

5. *Diskutiert über das Dilemma, in dem Katjas Eltern stecken.*

6. *Welche Regeln kommen sich hier in die Quere?*

7. *Was würdet ihr den Eltern raten?*

8. *Nehmen wir einmal an, Katja kommt nach Hause, der Hamster ist ausgetauscht worden und sie merkt tatsächlich, dass etwas nicht stimmt.*
Schreibt ein Gespräch, das zwischen Katja und den Eltern möglicherweise stattfindet, und spielt es mit verteilten Rollen.

9. *Berichtet über Zwickmühlen, in denen ihr schon gesteckt habt, und wie ihr versucht habt, aus ihnen herauszukommen.*

10. *Zeichnet ein Bild, mit dem ihr zeigen könnt, wie ihr euch in solch einer Situation gefühlt habt.*

5. Gesetze: eine Hausordnung für viele

Wenn viele Menschen in einer großen Gemeinschaft friedlich miteinander leben wollen, sind allgemeine Regeln, an die sich jeder hält, besonders wichtig. Ohne sie gäbe es wohl nur Streit und endloses Chaos. Selbst die Stärksten müssten dann in ständiger Angst leben. Denn es könnte ja jederzeit irgendeiner daherkommen, der noch stärker ist. Also lassen sich die Menschen etwas einfallen, um diesem unangenehmen und gefährlichen Durcheinander zu entkommen. Sie stellen Gesetze auf, mit denen alle einverstanden sind und an die sich alle ohne Ausnahme halten. So wird aus einem wilden Chaos ein durch Gesetze geregeltes vernünftiges Miteinander.
Die Regeln, die sich die Menschen ausgedacht haben, um besser miteinander auskommen zu können, nennt man Recht oder auch Gesetz. Das „Recht" zu haben, etwas zu tun, bedeutet, dass es erlaubt ist. Genauer gesagt, bedeutet es, dass man gegen keine Regel verstößt.

Regeln und Gesetze

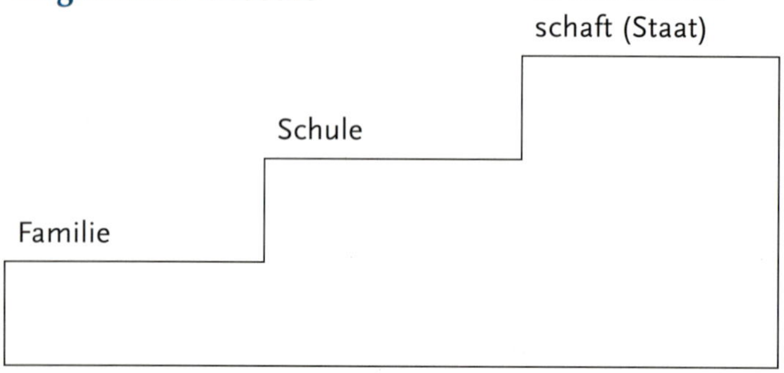

1. *Übertragt das Schema in euer Heft. Schreibt mindestens eine wichtige Regel oder ein Gesetz auf, die/das für das Zusammenleben in der Familie, in der Schule oder in der staatlichen Gemeinschaft wichtig ist.*

Erkläre es mir – Was ist ein Gesetz?

Gesetze sind allgemeine Vorschriften, an die sich alle in einer großen Gruppe (z. B. Staat) lebenden Menschen halten müssen. So schreiben Gesetze z. B. vor, dass niemand bestohlen oder verletzt wird. Wer also andere bestiehlt (z. B. Ladendiebstahl) oder verletzt (z. B. 12-jähriger Schüler rast mit seinem Skateboard in eine Mutter mit Kinderwagen), kann wegen Diebstahl oder Körperverletzung vor Gericht bestraft werden.

Paragrafen als Schutz – drei Beispiele

§ 212: Totschlag: Wer einen anderen absichtlich tötet, wird mit Gefängnis nicht unter 5 Jahren bestraft.
§ 223: Körperverletzung: Wer einen anderen körperlich misshandelt, wird mit Gefängnis bis zu 3 Jahren bestraft.
§ 242: Diebstahl: Wer einem anderen sein Eigentum (z. B. Handy, Auto oder Fahrradpumpe) wegnimmt und es sein Eigen nennt, wird wegen Diebstahl mit Gefängnis bestraft.
(Die Gesetzestexte sind stark vereinfacht.)

2. *Welchen Schutz garantieren diese Paragrafen des Strafgesetzbuches?*
Paragraf 212 schützt vor ...
Paragraf ...
Übertragt dieses Schema ins Heft und füllt es aus.

3. *Können Paragrafen uns immer schützen?*

4. *Sind Paragrafen bequeme Ruhekissen, auf denen es sich tatsächlich „ausruhen" lässt? Sprecht darüber.*

Da läuft was schief!

Es waren einmal Menschen, die sich mit ihrem König darauf einigten, dass er zwar alle Macht haben solle, sie gegen Angreifer zu schützen, ihnen jedoch in keinem Fall ihr Recht auf Leben, Eigentum und Freiheit nehmen dürfe. Darüber hinaus kamen sie überein, dass die Gesetze vom Ratsschreiber nur dann geändert werden dürften, wenn alle in jenem Reich lebenden Menschen damit einverstanden wären.
Nun gab es einen reichen und mächtigen Viehhändler, der darauf aus war, die Gesetze in seinem Sinne zu ändern. Er schmeichelte dem Ratsschreiber, lud ihn zu üppigen Gastmahlen ein und versuchte, ihm hin und wieder eine nicht unbeträchtliche Summe an Geld zukommen zu lassen. Allein der Ratsschreiber weigerte sich standhaft. Dann wurde der unnachgiebige Händler sogar gewalttätig. Er drang unbemerkt in seine Schreibstube ein und versuchte, beim Schreiben der von ihm aufgezwungenen neuen Gesetze seine Hand zu führen. Durch diese wiederholten Versuche und Streitigkeiten wurde die Schrift, in der die Gesetze geschrieben waren, immer unleserlicher. Schließlich konnte kaum einer mehr lesen und verstehen, was einst als Gesetz niedergeschrieben worden war. Die Menschen wurden immer unsicherer und ängstlicher.
Als der König von dem Streit erfuhr, ärgerte er sich zunächst über die Frechheit des Viehhändlers. Später jedoch erkannte er, dass ihm ein unleserliches Gesetz durchaus lieb sein konnte. Ein unleserliches Gesetz war so gut wie kein Gesetz. Also brauchte er sich nicht daran zu halten. Er konnte tun und lassen, was er wollte. So wurde er immer mächtiger ...

5. *Was lief in jenem Königreich schief? Gegen welche Regeln wurde verstoßen?*

6. *Wie endet die Geschichte wohl? Findet einen passenden Schluss und schreibt ihn auf.*

Warum Justitia blind ist ...

Tim kennt den Weg zum Sportplatz ganz gut. Regelmäßig führt er ihn an dem großen, finsteren Gerichtsgebäude vorbei. Heute kicken dort ein paar Jungen. Plötzlich ein Aufschrei: Der Ball ist mitten in das Gesicht einer großen Figur aus Stein geflogen. Tim hat diese Gestalt noch nie so recht bemerkt. Also stellt er seinem Vater, der ihn begleitet, ein paar Schritte weiter die Frage: „Sag, was ist denn das für eine komische Figur? Was soll die denn da?“
Der Vater: „Ja, mein Junge, das ist die Justitia. Sie war schon bei den Römern die Göttin der Gerechtigkeit. Von ihr stammt dann auch das Wort ‚Justiz‘ – ein anderes Wort für Gerichte, Richter und deren Tätigkeit, nämlich nach Gesetzen Recht zu sprechen. Sie ist – wie du siehst – mit einer Augenbinde dargestellt. Aber diese Binde trägt sie nicht, weil sie blind ist oder das Sonnenlicht nicht verträgt. Sondern sie soll nicht sehen, wer vor ihr steht und sein Recht haben will. Sie sieht also nicht, ob es ein Mann ist oder eine Frau, ein Reicher oder ein Armer, ein Weißer oder ein Schwarzer. Die Göttin der Gerechtigkeit ist unparteiisch, und sie behandelt alle Menschen gleich. Wenn man diesen Gedanken ohne Göttin ausdrückt, dann erhält man die vielleicht wichtigste Grundregel für ein Zusammenleben in einer staatlichen Gemeinschaft: ‚Alle Menschen sind vor dem Gesetz gleich.‘“
Tim ist ziemlich beeindruckt von dem, was ihm sein Vater erklärt hat. Unwillkürlich muss er in diesem Moment an seine Mathelehrerin denken ...

7. *Schaut euch die Zeichnung zur „Justicia“ genau an. Gegen welche Regel scheint die Göttin zu verstoßen?*

8. *Versetze dich in die Lage des Menschen, der auf der linken Bildseite steht: Was würdest du in dem Moment wohl sagen?*

6. Den Gesetzen gehorchen – ohne Ausnahme?

Zur Ethikstunde der 6. Klasse haben sich die Schülerinnen und Schüler heute im Freien versammelt. Sie sitzen im Halbkreis um ihren Lehrer – Herrn Klug – unter einer hohen Eiche. Es ist Sommer und das dichte Blattwerk der Eiche spendet reichlich Schatten.

Nadine fällt ein, dass sie mit David kürzlich darüber geredet hat, ob man sich auch dann noch an Regeln und Gesetze halten muss, wenn sie einem ziemlich sinnlos vorkommen. Sie sind zu keinem so recht befriedigenden Ergebnis gekommen. Daher hat sie jetzt Lust, mit der ganzen Gruppe weiter über diese Frage nachzudenken. Niemand hat etwas dagegen – auch Herr Klug nicht –, aber so recht will das Gespräch nicht in Gang kommen.

„Vielleicht könnte uns die Geschichte von Sokrates hier etwas weiterhelfen", sagt Herr Klug schließlich. David überlegt sich kurz, ob das wohl eine gute Idee ist, ist dann aber doch gespannt, was da kommt.

„Wer war Sokrates? Ich glaube, den Namen habe ich noch nie gehört", wirft Nadine ein.

Herr Klug: „Sokrates war ein berühmter Philosoph im alten Griechenland. Philosophen – ihr erinnert euch sicher – sind Menschen, die möglichst alles wissen wollen und dabei den Dingen auf den Grund gehen. Er lebte vor – lass mich kurz nachdenken – über 2400 Jahren. Das Merkwürdige an ihm ist, dass er nichts aufgeschrieben hat."

„Und woher wissen wir dann heute, was er gesagt hat?", fragt David.

„Weil zwei seiner Schüler, Xenophon und Platon, sehr viel über ihn aufgeschrieben haben. Vor allem Platon, selbst ein großer Philosoph, hat sogenannte Dialoge aufgeschrieben, Gespräche, die Sokrates mit verschiedenen Leuten geführt hat. Darin hat Sokrates – und dafür ist er berühmt – den Menschen gezeigt, dass sie nicht genau genug nachdachten. Diese Gespräche heißen immer so wie derjenige, mit dem Sokrates sie jeweils geführt hat. ‚Kriton' ist der Dialog, in dem es um unser Problem geht.

Folgendes war passiert: Wie du dir vorstellen kannst, war es vielen Menschen nicht angenehm, immer vorgeführt zu bekommen, dass sie oberflächlich und falsch dachten."

Statue des Sokrates (470 – 300 v. Chr.)

„Das leuchtet mir ein", sagt David, „das würde uns doch auch nicht gefallen."

„Da hast du natürlich recht", sagt Herr Klug. „Aber für Sokrates hatte das schlimme Folgen. Die Leute fanden ihn lästig und fürchteten vor allem, dass er einen schlechten Einfluss auf die Jugendlichen hatte. Denen hat er nämlich beigebracht, auch alles infrage zu stellen. Das war den Mächtigen seiner Zeit zu gefährlich. Deshalb brachten sie ihn vor Gericht mit dem Vorwurf, nicht die vom Staat eingeführten Götter zu verehren, sondern neue eingeführt und damit die Jugend verdorben zu haben."

„Na, das ist ja kein so schlimmes Verbrechen", meldet sich Lukas zu Wort – einer von jenen, die sich eher wenig am Unterricht beteiligen.

„Für uns heute klingt das ziemlich komisch", sagt Herr Klug, „aber im alten Griechenland reichte das aus, um jemanden zum Tode zu verurteilen."

„Oh là là, so was!", bemerkt Esther, Nadines Sitznachbarin. „Was passierte dann?"

Herr Klug fährt fort: „Weil Sokrates auch vor Gericht die Richter mit seinen Fragen provozierte, wurde er auch tatsächlich zum Tode verurteilt. Sokrates saß also, ohne wirklich etwas Böses verbrochen zu haben, im Gefängnis und wartete darauf, hingerichtet zu werden. Da besuchte ihn sein Freund Kriton und wollte ihn zur Flucht überreden. Alles war schon vorbereitet, ein Fluchtplan geschmiedet, die Wachen bestochen, ein Fluchtweg ausgekundschaftet. Nur Sokrates wollte nicht."

„Warum denn das nicht?", bricht es aus David heraus.

„Sokrates wollte erst mitgehen", fährt Herr Klug fort, „wenn es Kriton gelänge, ihn davon zu überzeugen, dass die Flucht moralisch vertretbar ist. Weil das Todesurteil nach den damals in Athen herrschenden Gesetzen gefällt worden war, meinte Sokrates, verstößt eine Flucht gegen die Rechtsord-

Der Tod des Sokrates (Gemälde von Jacques Louis David, 1748 – 1825)

nung und damit gegen die Regeln des Staates. Mit anderen Worten sagt Sokrates also, er will erst dann fliehen, wenn Kriton ihn davon überzeugen kann, dass man sich an diese Regeln nicht zu halten braucht. Das ist es doch genau, um was es dir, Nadine, geht, oder?"

Nadine und David nicken.

„Es gelang Kriton nicht, weil Sokrates es eben für wichtig hielt, sich an die Gesetze und Regeln zu halten. Ungehorsam gegenüber einzelnen Gesetzen, meinte Sokrates, führt dazu, dass irgendwann alle Gesetze missachtet werden, die ganze Rechtsordnung und damit der Staat zerstört wird. Die Folge wäre ein totales Chaos, das keiner will, weil der Staat uns mit seinen Gesetzen ja auch alle beschützt."

Darauf herrscht Schweigen. Die Gruppe scheint das erst mal ein bisschen verdauen zu müssen.

„Meinte Sokrates, wenn ich mich nicht an die Regeln und Gesetze halten muss, dann müssen andere das auch nicht tun?", fragt schließlich Diana – sie sitzt unmittelbar neben Herrn Klug.

„Das ist es genau!", entgegnet er ihr. „Was willst du denn dem Dieb sagen, der dir dein Fahrrad wegnehmen will, auch wenn gerade keine Polizei da ist?"

„Finger weg! Das ist mein Fahrrad, das darfst du nicht einfach wegnehmen!", antwortet David und überlegt weiter.

„Und wenn man die Regeln nicht einhält, könnte der Dieb antworten: ‚Ja, aber daran muss ich mich nicht halten, weil sich sonst auch niemand an Regeln hält.' Und dann könnte ich nichts mehr entgegnen. Weil ich mich eben auch nicht an die Regeln halte."

„Super!", rief Herr Klug, „du hast den Sokrates verstanden."

Wieder folgt ein Schweigen. Die Gruppe braucht Zeit um – jeder für sich – nachzudenken.

„Hmmm ...", brummt David schließlich. „Wie ist das eigentlich ausgegangen mit Sokrates?"

„Sokrates hat das Urteil akzeptiert und ist gestorben. Er hat sogar selbst mitgewirkt, weil er Gift, den sogenannten Schierlingsbecher, getrunken hat."

„Echt?", sagt Nadine. „Und das nur aus Prinzip? Also ich weiß nicht, ob es dann nicht manchmal besser ist, sich statt nach einem Prinzip nach dem wirklichen Leben zu richten."

...

In die Stille, die dieser Bemerkung von Nadine folgt, tönt vom Schulgebäude der Stundengong herüber. Herr Klug und die Gruppe stehen auf und verlassen mit nachdenklichen Gesichtern den schattigen Ort ihrer heutigen Ethikstunde.

1. *Welche Situation wird auf dem Bild „Der Tod des Sokrates" dargestellt?*

2. *Sokrates legt seine Hand auf den Unterarm Kritons: Was sagt er ihm wohl in diesem Moment?*

3. *Sokrates lässt sich von seinen Freunden nicht zur Flucht überreden. Wie findet, ihr seine Entscheidung? Schreibt auf ein Kärtchen, was ihr daran gut findet, auf ein zweites, was ihr daran nicht versteht. Befestigt alle Kärtchen an der Tafel und sprecht darüber.*

4. *Was hat Nadine mit ihrem letzten Satz wohl gemeint? Könnt ihr zustimmen?*

Was du weißt und kannst

Verkehrsschilder

aus: „Schräge Schilder" von Thomas Hillenbrand

zu 1) Schlittschuhe bitte zu Hause lassen. Das Eis auf diesem See ist noch brüchig. (Finnland)

zu 2) Auto mit Sirene: Autos dürfen hier nicht parken! (Peking)

zu 3) Vorsicht: Reptilien am Ende des Abhangs! (Auf der Krokodilsfarm in St. Lucia in Südafrika)

zu 4) Auf der Insel Rügen soll man sein großes Geschäft nicht im Wald machen.

zu 5) In Singapur soll man Katzen nicht verwöhnen.

zu 6) Man soll die Sitze nicht beschädigen! (Zürcher Straßenbahn)

zu 7) Dieses Schild soll vor Dieben warnen: Nichts Wertvolles im Auto liegen lassen!

(nach: Dein Spiegel, 01/2009)

1. *a) Welchen Sinn haben in deinen Augen diese Regeln?*
b) Was spricht dafür, sich immer an sie zu halten?
c) Kannst du dir eine Situation ausdenken, bei der du eine Ausnahme machen würdest?
d) Wie ließe sich diese begründen?

Gesprächsregeln

Zwei Schüler kommen ins Gespräch:
Der erste sagt: „Ich wollte dir schon lange etwas sagen, was mich stört ..."
Der zweite bezieht diese Äußerung sofort auf sich und fällt dem anderen ins Wort: „Ich hab doch überhaupt nichts gemacht. Was willst du denn von mir?"
Schließlich sagt der erste Schüler verärgert: „Ich hatte dich doch gar nicht gemeint, warum kannst du nicht warten, bis ich ausgeredet habe?"

2. *a) Gegen welche wichtige Gesprächsregel wird hier verstoßen?*
b) Nennt noch andere Gesprächsregeln, die in euren Augen zu einem sinnvollen Gespräch gehören.
c) Welchen der folgenden Sätze hörst du lieber? Gib auch an, warum:
- → *„Sag das bitte noch einmal, ich habe es nicht verstanden."*
- → *„Kannst du dich nicht endlich laut und deutlich ausdrücken?"*
- → *„Und jetzt bitte das Ganze noch einmal laut und deutlich! Auf geht's!"*

Regeln statt Muskeln

Zwei Gruppen von Jägern verfolgen denselben Büffel. Sie erlegen ihn. In den Höhlen warten ihre hungrigen Familien auf das Fleisch. Aber welcher Gruppe gehört nun das Büffelfleisch? Es entbrennt ein erbitterter Streit. Die Anführer der beiden Gruppen brüllen sich an.
Schließlich kommt es zu einer wilden Schlägerei, die sich zu einem großen Krieg zwischen den beiden Clans

ausweitet. Ein Clan geht nach langen Kämpfen als Sieger hervor. Er bekommt das Fleisch und kann damit Frauen und Kinder ernähren.

3. *a) Nach welchen Regeln hätten die Clans das Büffelfleisch aufteilen sollen?*
b) Versetzt euch in die Situation vor dem Ausbruch der Gewalt. Ihr habt die Gelegenheit, vor den beiden Gruppen eine Rede zu halten. Sie hat den Titel „Regeln statt Muskeln!“. Macht euch zunächst Notizen dazu und haltet die Rede dann vor der Klasse.

In einer Zwickmühle

Karl bekommt von seiner Tante ein Skateboard geschenkt, das er sich immer schon gewünscht hat. Er gerät in eine Gruppe von Skateboard-Fahrern, die eine Mutprobe von ihm fordern. Er soll ein Zeichen geben, wann sich ein LKW nähert, damit die anderen sich auf ihren Boards daran anhängen können. Einer der Jugendlichen verunglückt dabei und wird mit einer schweren Gehirnerschütterung ins Krankenhaus eingeliefert, in dem Karls Vater als Arzt arbeitet. Der Anführer der Gruppe erzwingt von Karl das Versprechen zu schweigen und droht ihm andernfalls mit Prügel. Karl, der ein schlechtes Gewissen hat, geht zu seiner Schwester und bittet sie um Rat.

4. *a) Was soll Karls Schwester ihm sagen?*
b) Welche Regeln kommen sich in diesem Fall in die Quere?
c) Diskutiert über dieses Dilemma.

Der Philosoph Sokrates fragt ...

Wenn wir, lieber Kriton, davonlaufen und auf unserer Flucht sich die Gesetze des Staates uns in den Weg stellen würden und mich fragten: „Sage mir, Sokrates, warum läufst du weg? Willst du damit uns, die Gesetze und den ganzen Staat zugrunde richten? Oder glaubst du, dass ein Staat bestehen kann, in dem die einmal gefällten Gerichtsurteile von niemandem mehr beachtet werden?“

(nach: Platon (427–348 v. Chr.): Kriton; in: Sämtliche Werke, Bd. 1, Rowohlts Klassiker, Hamburg 1957, S. 154 f.)

5. *a) Warum stellt Sokrates seinem Schüler Kriton diese Fragen?*
b) Wie denkst du über Sokrates' Entscheidung, nicht zu fliehen und sich stattdessen dem Urteil des Gerichts zu beugen?
Stell dir vor, dass im Internet eine heftige Diskussion darüber entbrannt ist. Schreibe deine Meinung dazu.

Armut und Wohlstand

Märchenhaft reich

Dagobert Duck – die reichste Ente der Welt

Er ist in den Comics von Walt Disney ein „Fantastilliardär", der unvorstellbar viel Geld in seinen Geldspeichern gelagert hat. Täglich springt er wie ein Seehund in sein Meer aus Münzen und Scheinen und badet darin. Er ist berühmt für seine Sparsamkeit, jede Münze, die er ausgeben muss, dreht er vorher noch einmal um, er bevorzugt trockenes Brot und Leitungswasser, verschafft sich gebrauchte Zeitungen und lässt sich von seinem Neffen Donald Duck möglichst oft zum Essen einladen. Donald ist sein Universalerbe, den er aber sehr streng behandelt. Er lässt ihn für wenig Geld hart für sich arbeiten. Er soll sich seinen Reichtum erst mit Fleiß und Sparsamkeit verdienen.

„Was ist Reichtum? Für jemand ist ein altes Hemd schon Reichtum. Ein anderer ist mit zehn Millionen arm?"
(Franz Kafka, österr. Schriftsteller, 1883 – 1924)

„Nur wer im Wohlstand lebt, hat was vom Leben!"
(François Villon, frz. Dichter, 1431 – 1463)

„Nicht derjenige ist arm, der wenig besitzt, sondern derjenige, der immer mehr wünscht."
(Seneca, römischer Philosoph, 1 n. Chr. – 65 n. Chr.)

Bill Gates – der reichste Mann der Welt

Mit der Gründung der Firma Microsoft (z. B. Entwicklung von Windows) begann sein märchenhafter Aufstieg. 2009 betrug sein Vermögen 40 000 000 000 US-Dollar.
Davon spendete er in diesem Jahr 120 Millionen Dollar für wohltätige Zwecke (z. B. für die Bekämpfung von Malaria und Kinderlähmung). Nach eigenen Aussagen will er bis zu seinem Tode über 90 % seines Vermögens spenden. Jedes seiner drei Kinder soll nur 10 000 000 US-Dollar erben.

Der ärmste Mensch auf der Welt ist für mich ...
- wer kein Essen und kein Trinken hat und sich jeden Tag an den Straßenrand setzen und betteln muss.
(Maria, 13 Jahre)
- wer nur an sich denkt, keine Freunde hat und deshalb nie zufrieden ist mit dem, was er erreicht hat.
(Lucille, 12 Jahre)

1. *Beschreibt die Charaktereigenschaften von Dagobert Duck und sein Verhältnis zu Donald. Wie bewertet ihr es? Sprecht darüber.*
2. *Stell dir vor, du wärst unendlich reich, so wie heute zum Beispiel Bill Gates. Was würdest du mit deinem Geld anfangen? Erzählt euch dazu gegenseitig eure Ideen.*
3. *Wenn jemand plötzlich reich wird, zum Beispiel durch einen Lottogewinn, sagt man: „Das ist wie im Märchen!" Überlegt euch an Beispielen aus Märchen, die euch bekannt sind, inwiefern dieser Vergleich zutrifft.*
4. *Sucht euch eines der Zitate aus und erklärt es.*
5. *Wer ist für euch der ärmste Mensch auf der Welt?*

Armut

Fußgängerzone in Berlin (2009)

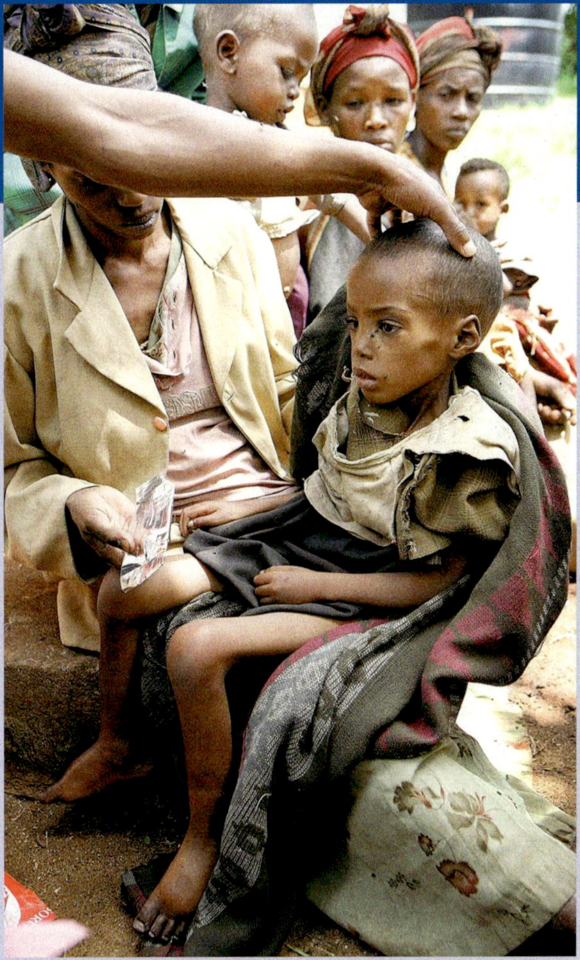

Hungernde Kinder in Äthiopien (2008)

... und Elend

Im Jahr 2009 sind es 29 Staaten, in denen nach Angaben der Hilfsorganisation Welthungerhilfe viele Menschen hungern und an Unterernährung sterben. Das trifft vor allem die Kinder. Am meisten an Hunger leiden die Länder Äthiopien, die Demokratische Republik Kongo, Eritrea, Sierra Leone und der Tschad.

6. *Beschreibt die Fotos und vergleicht sie miteinander.*

7. *Wenn ihr mit den abgebildeten Menschen sprechen könntet, was würdet ihr sie fragen? Fasst eure Fragen stichwortartig zusammen.*

8. *Es gibt viele Hilfsorganisationen wie zum Beispiel die „Welthungerhilfe", „Misereor", „Brot für die Welt", „Menschen für Menschen", „terre des hommes", „UNICEF*" usw. Alle haben eine ausführliche Homepage. Sucht euch eine Organisation aus, informiert euch unter „Projekte" und „Aktuelles" und berichtet darüber.*

1. Arm und Reich im Märchen

Der Grindkopf[1]

Es war einmal ein recht armes Bäuerlein, das oft nicht wusste, wie es sich und seinem Weibe den Hunger stillen sollte. Einmal ging es nun in den Wald hinaus und klaubte Holz. Da wispelte ein großer fremder Mann daher, der hatte einen grünen Hut und eine lange Hahnenfeder darauf, und sein Gesicht schaute recht wild aus. „Du", sagte er zum Bäuerlein, „ich weiß, dass du dich sehr hart durchschlagen musst, und ich habe Mitleid mit dir. Wärest du nicht froh, wenn dir jemand helfen würde?"

„Ja, freilich wäre ich froh", antwortete das Bäuerlein, „aber wer wird mir auch helfen können?"

„Oh, das kann ich ganz leicht", versetzte der Fremde, „ich habe mir vorgenommen, dir zu helfen, und weil es mich nicht viel kostet, verlange ich auch nicht viel dafür. Schau, gib mir das, was du in deinem Hause nicht weißt, und dein Glück ist gemacht! Ist es dir so recht, dann schlage ein!"

Da lachte das Bäuerlein: „Es kann gewiss nichts gar Kostbares sein, wenn ich es in meinem Hause nicht einmal weiß!", und – topp – schlug er ein.

„Heute nach vierzehn Jahren", fuhr der Fremde fort, „musst du mir das Versprochene auf diese Stelle bringen. Jetzt geh nur nach Hause und sei lustig; im Keller wirst du alles finden, was du nur wünschest!" Mit diesen Worten war der unheimliche Mann verschwunden.

Der Bauer kümmerte sich nicht weiter um das Klaubholz und eilte mit freudestrahlendem Gesichte heim, um seinem Weibe das große Glück zu verkünden, das ihnen zuteilgeworden war. „Grete", rief er schon unter der Türe, „Grete, geh nur gleich in den Keller und bring uns zu essen und zu trinken, was einem schmeckt, wenn man lange Zeit Hunger und Durst gehabt hat!" Das Weib stutzte und meinte, Hans sei närrisch geworden, ging aber doch aus Neugierde in den Keller hinab. Und siehe, alles war im Überflusse vorhanden, wie man es sonst nur bei steinreichen Leuten findet. Ganze Kisten voll Geld standen herum, und der Duft der herrlichsten Speisen stieg ihr in die Nase. Neben den vollen Schüsseln sah sie große Flaschen voll funkelnden Weines, und in großen Truhen waren die schönsten Kleider aufgehäuft. Grete sah nun wohl, dass ihr Mann vernünftig und wahr geredet hatte. Sie nahm ein paar Schüsseln und etliche Flaschen mit sich und ging damit hinauf zu ihrem Manne. Dann setzten sich beide zu Tische und aßen und tranken und ließen sich wohl sein. Als der ärgste Hunger gestillt war, fingen sie wieder zu plaudern an, und Grete sagte:

„Aber, lieber Mann, wie ist denn das zugegangen, dass auf einmal der Keller voller Zeug und Sachen ist? Da muss doch etwas anderes dahinter sein?"

„Gelt", antwortete Hans, „jetzt sind wir reiche und vornehme Leute, brauchen uns nicht mehr zu schinden und zu plagen, und die Vögel fliegen uns gebraten ins Maul. Und sieh, wie wohlfeil wir zu all dem Glücke gelangt sind: Wir haben keine andere Verpflichtung, als das, was ich nicht weiß, in vierzehn Jahren herzugeben." Und dann erzählte er ihr den ganzen Hergang im Walde mit jenem fremden Manne.

Als das Weib das hörte, wurde es ganz traurig und sagte: „Oh, wie unbesonnen hast du gehandelt! Was für ein Unheil hast du über uns gebracht! Das Kind, was wir bekommen werden, hast du verkauft!"

Da wurde auch der Mann traurig und niedergeschlagen, und von der Stunde an sah man keines von beiden jemals wieder fröhlich. [...]

(mündlich aus dem Zillertal; in: Waltraud Woeller: Deutsche Volksmärchen von arm und reich, Akademie Verlag, Berlin 1971, S. 50 f.)

[1] Grindkopf: von „grindig", mit Schorf verkrustet

1. *Lest den hier abgedruckten Anfang des Märchens mit verteilten Rollen und erklärt den letzten Satz.*

2. *Erst waren sie arm und trotzdem reich, dann waren sie reich und trotzdem arm. Wie kann das sein? Lest dazu noch einmal den Auszug aus dem Märchen.*

3. *Schreibt zu diesem Märchen eine Fortsetzung und tragt sie vor. Welche Gemeinsamkeiten und Unterschiede könnt ihr beim Vergleichen eurer Ideen feststellen?*

Arm und Reich

Es waren einmal ein armes und ein reiches Mädchen. Das reiche Mädchen hatte fast alles, doch das arme Mädchen trug noch nicht einmal vernünftige Kleidung. Außerdem musste seine ganze Familie hungern.
Eines Tages ging das reiche Mädchen im Wald spazieren, da rief ihm jemand zu: „Hallo! Warte mal, ich bin der Zauberer Drusibald aus dem Dorf Simsalabim. Ich, ich werde dir drei Wünsche erfüllen." Das reiche Mädchen strahlte über das ganze Gesicht. Es war überglücklich und entgegnete sofort: „Da kann ich nicht Nein sagen." Sofort fing es an aufzuzählen: „Ich muss noch ein Pferd, ein neues Fahrrad und ein schönes Spielhaus haben! So, diese Sachen hätte ich dann gerne. Her damit!" Der Zauberer überlegte lange, dann sprach er: „Mal sehen, was sich da machen lässt ... Oh, tut mir leid, ich kann dir deine Wünsche nicht erfüllen, denn leider hast du nur an dich selbst gedacht." Das Mädchen rannte weg und rief dem Zauberer zu, dass er gemein wäre. Auch der Zauberer spazierte weiter. Etwas später traf er auf das arme kleine Mädchen Dieses Mädchen hatte keine vernünftigen Kleider an. Der Zauberer fragte: „Was machst du denn so alleine im Wald? Und wie siehst du denn aus? Deine Kleidung ist ja ganz zerrissen." Das Mädchen entgegnete ihm traurig: „Meine Eltern haben keine Arbeit, darum haben wir auch kein Geld, und wenn wir kein Geld haben, können wir uns auch keine neue Kleidung kaufen!"

Die Kleine tat dem Zauberer leid und er sprach. „Du hast drei Wünsche frei!" Das Mädchen fing sofort an zu erzählen: „Ich möchte gerne, dass mein Papa Arbeit findet, dass kein Krieg auf der ganzen Erde herrscht und dass niemand mehr hungern muss. Bitte, erfüll diese drei Wünsche." Der Zauberer überlegte: „Ja, ich werde sehen, was ich für dich tun kann. Geh du nur nach Hause, du wirst merken, ob sich deine Wünsche erfüllen lassen."
Das Mädchen bedankte sich noch beim Zauberer und hopste fröhlich und munter nach Hause. Dort sah seine Familie es schon von Weitem kommen. Alle riefen durcheinander: „Papa, Papa hat Arbeit!" Da merkte es schon, dass sich seine Wünsche erfüllt hatten.
Nun waren sie weder reiche noch arme Leute, aber waren auf alle Fälle fröhlicher, als die Familie des reichen Mädchens je gewesen ist.
Und wenn sie nicht gestorben sind, dann leben sie noch heute fröhlich und munter.

(ausgedacht und aufgeschrieben von Imke, 11 Jahre)

(online veröffentlicht in „Der Märchenbasar", Rudolf Hickert, in: www.learn-line.nrw.de/angebote/maerchen/foyer/basar/armereich.htm vom 18.10.2009)

4. *Wie gefällt euch dieses Märchen? Was fandet ihr gut, was nicht so gut? Begründet eure Meinung.*

5. *Welche Probleme werden in dem Märchen angesprochen, die sich in Wirklichkeit nicht so einfach lösen lassen?*

Das findet ihr in Märchen:
- die Guten (der Held, die Heldin, arme Menschen, Personen, die gerettet werden müssen, sprechende Tiere, ...),
- die Bösen (Stiefschwestern, Hexen, Drachen, ...),
- viele Figuren im Märchen haben keine Namen (die jüngste Tochter, ...),
- Märchen sind zeitlos („Es war einmal ..."),
- ...

6. *Was findet ihr noch? Schreibt auf, was euch dazu einfällt.*

7. *Denke dir selbst eine Geschichte über „Arm und reich" aus, die in der Gegenwart spielt, und schreibe sie auf.*

2. Armut und Wohlstand in Deutschland

Ein wünschenswerter Tausch?

1. *Würdet ihr auch tauschen wollen? Begründet eure Antwort.*

2. *Was hättet ihr euch gewünscht?*

3. *Hätte der neue Mensch in seinem Leben auch ohne diesen Tausch reich werden können? Was wäre für ihn dann anders gewesen?*

Ein gutes Leben haben – Was heißt das?

4. *Bei der folgenden Aufgabe soll jeder von euch die Möglichkeit haben, zunächst für sich allein darüber nachzudenken, was bei ihm alles zu einem guten Leben gehört. Dazu sollt ihr jeweils in Vierergruppen zusammen ein Bild malen und anschließend auswerten. Die Anleitung dazu findet ihr in folgendem Kasten.*

So geht es – Gemeinsam ein Bild malen

- Setzt euch jeweils zu viert um einen Bogen Papier (etwa 65 cm auf 65 cm) und legt verschiedene farbige Stifte dazu.
- Macht euch zu einem bestimmten Thema (z. B. Was fällt mir alles ein zu „ein gutes Leben führen"?) zunächst einige Gedanken und beginnt dann zu zeichnen oder zu schreiben, was euch dazu einfällt. Dabei könnt ihr alle vorhandenen Farbstifte verwenden.
- Besonders wichtig ist, dass ihr dabei während des Zeichnens und Schreibens (etwa 10 Minuten) auf keinen Fall miteinander redet.
- Ihr sollt möglichst groß zeichnen und schreiben. Nehmt euch so viel Platz, wie ihr braucht. Am Ende soll das Bild den ganzen Bogen Papier füllen.
- Legt nach etwa 10 Minuten alle entstandenen Bilder auf dem Fußboden aus. Jede Gruppe hat so die Möglichkeit, ihr Bild für alle zu erklären und mit anderen zu vergleichen. Jeder kann dabei sagen, was er sich alles überlegt hat und warum ihm das wichtig war.

Aus einer Umfrage zu dem Thema „An was denken Sie bei dem Wort ‚Wohlstand'?"

Die häufigsten Antworten waren:
Glücklich sein, eine Familie haben, gute Freunde haben, das tun können, was ich will, viel Freizeit haben, für andere da sein, keinen Stress haben, viel Geld haben, ...

5. *Sprecht über dieses Umfrageergebnis und vergleicht es mit dem, was ihr bei der Übung „Gemeinsam ein Bild malen" über euch selbst und über andere erfahren habt.*

Leben in Armut

6. *„Arm ist für mich, wer ..." – Ergänzt den Satz und schreibt ihn in großer Schrift auf einen Zettel. Heftet die Zettel an die Wand und sprecht darüber.*

In Deutschland leben über 12 Millionen Menschen in Armut. Das heißt, sie haben nur Geld für das Allernotwendigste, aber kein Geld, um sich das leisten zu können, was eigentlich zu einem guten Leben gehört.

7. *Stell dir vor, du gehörst zu den Menschen, die in Armut leben müssen. Worauf müsstest du dann verzichten? Notiere die zehn wichtigsten Dinge und überlege, wie es dir dabei geht.*

Arm und reich: Kinder in Deutschland

Hannah (11 Jahre) lebt in einer reichen Familie: Ihre Eltern geben für sie insgesamt jeden Monat 4000 € aus:

- 1900 € für Hannahs Ausbildung und Erziehung in einer der über 2000 sehr teuren Privatschulen in Deutschland. Dort lernt sie in der 5. Klasse schon zwei Fremdsprachen,
- rund 1000 € für Anfahrten, Taschengeld, Tanzunterricht, Klavierunterricht, Reitstunden und Benimmkurse,
- 1100 € für Kleider, Urlaubsreisen und Sonstiges. Hannah hat schon viele Länder gesehen, zum Beispiel Amerika, Marokko, Dubai und Thailand.

Hannahs Mutter: „Hannah geht am liebsten einkaufen bei ‚Ed Hardy' und ‚Dolce & Gabbana'. Ich freue mich über den guten Geschmack, den sie jetzt schon hat."
Hannahs Vater: „Ich bin stolz darauf, dass ich ihr jeden Wunsch erfüllen kann."

Antonia (11) und Lukas (10) leben in einer armen Familie. Ihre Eltern können für jedes Kind höchstens 250 € im Monat ausgeben. Davon muss alles bezahlt werden, was das Kind braucht:

- etwa 3,70 € für das tägliche Essen und Trinken,
- Schulmaterial etwa pro Monat 2 €,
- Spielzeug pro Monat 1 €.

Antonia: „Ich würde so gerne mal etwas anderes trinken als nur Leitungswasser."
Lukas: „Ich möchte so gerne in einen Fußballverein eintreten."
Sie wissen überhaupt nicht, was „Ed Hardy" oder „Dolce & Gabbana" sein soll.
Die Mutter: „Oft schlafe ich nachts wenig oder nur ganz unruhig, weil ich nicht weiß, was ich meiner Familie morgen zum Essen geben kann."
Der Vater: „Manchmal schäme ich mich, weil ich meiner Familie kein besseres Leben ermöglichen kann."

8. *Stellt euch vor, ihr könntet mit Hannah oder Lukas und Antonia sprechen. Was würdet ihr sie fragen? Was würdet ihr ihnen gerne sagen?*

9. *Durch einen Zufall treffen sich Hannah, Lukas und Antonia. Könnten sie Freunde werden? Begründet eure Antworten.*

10. *Hannah hat nach der Begegnung mit Lukas und Antonia beschlossen, dass sie den beiden helfen möchte. Wie könnte ihr das gelingen? Schreibt verschiedene Möglichkeiten auf.*

3. Arm sein mitten im Wohlstand

Vanessa (10 Jahre) – stellvertretend für 3 Millionen Kinder

In Deutschland leben rund 11 Millionen Kinder unter 14 Jahren. Drei Millionen unter ihnen sind arm. Die deutsche Fernsehjournalistin und stellvertretende Vorsitzende von UNICEF Deutschland, Maria von Welser, beschreibt in ihrem Buch „Leben im Teufelskreis, Kinderarmut in Deutschland – und keiner sieht hin", wie sie ein Jahr lang drei Kinder aus armen Familien in Hamburg begleitet und ihre alltäglichen Sorgen, Hoffnungen und Enttäuschungen miterlebt hat. Vanessa ist eine von ihnen:

Sie hasst Ferien. Kickt wütend mit der rechten Fußspitze einen Stein auf die Straße. Vanessa trödelt seit 10 Uhr morgens durch den Stadtteil Bergfeld. Außerdem ist sie hungrig. Gegessen hat sie noch nichts. Wieder einmal ist das Frühstück ausgefallen. Weil Mama schon um halb acht Uhr weg musste zum Putzen. [...]
Dabei zeigt sich die Stadt gerade an diesem Vormittag von ihrer schönsten Seite: Über den blauen Himmel ziehen leichte, hauchzarte Wolken. Es weht ein frischer Wind durch die Straßen. Überall riecht es nach Sommer. Vanessa mag gar nicht daran denken, wo ihre Freundinnen zurzeit überall herumschwirren. [...] Ihre beste Freundin ist auf Ibiza. Nächstes Jahr, so hat ihr Catarina in die Hand versprochen, darf sie mit. Vanessas erste große Reise! Ob der Traum wahr wird?
Aber wie soll sie das Flugticket bezahlen? Wenn schon jeder Klassenausflug ein finanzielles Drama ist? [...] Aber noch macht das BOOT[1] nicht auf. Erst um 13 Uhr. Dann gibt es Essen. Umsonst. Kaufen könnte sie sich keine warme Mahlzeit. Gerade mal zwei Euro hat sie noch in ihrem kleinen roten Geldbeutel. „Zur Sicherheit", hat ihr die Mama gesagt. Nur: Welche Sicherheit? Was kann sie damit anfangen? [...]
Schon zehn! Vanessa fühlt sich ziemlich erwachsen. Auch weil sie vieles ganz allein schaffen muss. Viel zu Hause erlebt hat. Die Eltern geschieden, seit sechs Jahren schon. Vanessa war damals gerade vier und hat alles mitbekommen. Die Mutter, die ohne Unterstützung des Vaters von Hartz IV* leben muss und nebenbei ein wenig dazuverdient durch Putzen. Vanessa ist Mamas „Große" und damit auch immer verantwortlich für die kleine Melanie. Sie kann schon ein wenig kochen, putzen sowieso und die Wohnung halbwegs aufräumen. Das muss alles sein, damit sie Platz hat für die Schularbeiten. [...]
Vanessa brummt vor sich hin. „Ich hab Hunger." Sie trottet in die Küche. Gestern Abend hat sie den letzten Joghurt vertilgt, es herrscht gähnende Leere im Kühlschrank. Ein halber Liter fettarme Milch ist noch da, im Schrank steht ein Paket Schokopulver. Das ist schon mal ganz gut für den Anfang, denkt sich Vanessa, und füllt Milch und Pulver in ein Glas. Brot? Brötchen? Fehlanzeige ... Wie immer am Monatsende hat Mama höchstens noch ein paar Cent im Geldbeutel. [...]

Nach den Sommerferien kommt Vanessa in eine neue Schule, ein Ganztagesgymnasium:

Mittags begannen die ersten Probleme für Vanessa. Sie hatte zwar zehn Euro in ihrer Börse, das Taschengeld für diesen Monat – aber schon ein warmes Mittagessen kostet 2,30 Euro. Einen Euro bekommt sie von Mama für das Brötchen am Morgen. Das reicht alles hinten und vorne nicht. Wie soll sie das mit ihrem Taschengeld einen ganzen Monat bezahlen? Darüber würde sie mit Mama noch mal reden müssen, oder lieber nicht? Vielleicht weiß Frau Hill einen Rat? Ihre Klassenlehrerin, ja, die hatte doch heute schon in der ersten Stunde erwähnt, dass das Schulbüro für die Schüler da ist. „Ihr müsst euch an Frau Breme wenden, die hilft euch weiter, wenn ihr irgendetwas braucht. Die hat alle Formulare in ihrer Schublade und erklärt euch alles haarklein."
Als der Gong für die große Mittagsfreizeit ertönt, stürmen die Kinder aus dem Klassenzimmer. Mitten im Gewühle erwischt Vanessa ihre Nachbarin am Jackenärmel. „Du, ich muss noch mal schnell ins Schulbüro, was erledigen. Bitte halt mir in der Kantine einen Platz frei. Ich komm gleich nach." Ihre Banknachbarin heißt Olga. Die sieht nicht nur nett aus, die ist auch nett, findet Vanessa. „Ja, klar. Beeil dich, damit du noch was zu essen kriegst."
Unten im Schulbüro herrscht jetzt auch schon ziemliches Gedränge. Mindestens 15 Kinder stehen Schlange vor dem

Tresen. Dahinter sitzen zwei Frauen, die den Kindern Formulare geben und viele, viele Fragen beantworten: Gibt es Bücher umsonst? Wo kauft man am günstigsten die Schulhefte? Sie lächeln die Kinder an. So trauen sich alle, ihre Anliegen vorzubringen. Hinter dem Tresen stapeln sich Kartons mit neuen Schulheften, Stiften und Büchern. Endlich ist Vanessa dran. „Frau Hill hat gesagt, dass Frau Breme uns weiterhilft."

„Ja, das bin ich. Und du, was hast du auf dem Herzen?" Vanessa druckst ein bisschen herum. Frau Breme kennt das. Kinder schämen sich, wenn sie arm sind. „Also, sag mir, wie kann ich dir helfen?"

„Ich wollte fragen, ob es einen Zuschuss zum Mittagessen gibt. Ich habe nur zehn Euro Taschengeld im Monat." Vanessa spricht extra ganz leise. Sie will nicht, dass andere Kinder von ihren Geldsorgen etwas mitkriegen. Frau Breme aber hat sofort verstanden. Sie nickt dem Mädchen aufmunternd zu. Aus ihrer Schreibtischschublade holt sie zwei Formulare. Die steckt sie in einen Umschlag und drückt ihn Vanessa in die Hand.

„Das gibst du deiner Mutter. Sie soll gleich heute Abend alles ausfüllen. Du kriegst auf jeden Fall einen Zuschuss von der Behörde. Und wenn das nicht reicht, dann sehen wir weiter. Hier bei uns hat bisher noch jedes Kind eine warme Mittagsmahlzeit bekommen."

Vanessa bedankt sich mit einem strahlenden Lächeln und fühlt sich ganz leicht und beschwingt, als sie die Kantine betritt. Olga ist von ihrem Stuhl aufgesprungen und macht sich wild gestikulierend bemerkbar. Sie hat ihr tatsächlich einen Platz freigehalten. Das kann jetzt nicht mehr schiefgehen in dieser Schule, da ist sich Vanessa ganz sicher.

(Maria von Welser: Leben im Teufelskreis, Gütersloher Verlagshaus, Gütersloh 2009, S. 16 ff.)

[1] Das BOOT ist eine Hilfseinrichtung der örtlichen Kirche.

1. *Wie fühlt ihr euch nach dem Lesen von Vanessas Geschichte? Denkt zunächst für euch selbst nach und sprecht dann mit eurer Sitznachbarin oder eurem Sitznachbarn darüber, wenn ihr es wollt.*

2. *Vanessa hasst Ferien. Überlege, warum das so ist.*

3. *In Vanessas Tagebuch beginnt die neue Seite mit der Überschrift „Wie ich meinen ersten Tag im Gymnasium erlebt habe". Schreibt einen möglichen Tagebucheintrag auf. Denkt dabei vor allem an*
- *ihre ersten Probleme, wie ihre Klassenlehrerin und die Schulsekretärin ihr helfen konnten,*
- *ihre erste Sitznachbarin,*
- *ihr erstes Mittagessen in der Kantine,*
- *ihre Erwartung an die Zukunft.*

4. *Du sitzt in der Schule neben Vanessa. Wie könntest du ihr helfen, dass sie sich in der Klasse wohlfühlt?*

5. *Welche Hilfsmöglichkeiten gibt es an eurer Schule? Erkundigt euch darüber bei euren Lehrern oder bei der Schulleitung.*

Müssen in unserem Land Kinder so arm sein?

Wenn wir an alle Länder der Welt denken, ist Deutschland ein reiches Land. Trotzdem gibt es fast 3 Millionen Kinder, die in Armut leben.

Zum Auftakt der Aktion „Zukunft(s)gestalten – Allen Kindern eine Chance" enthüllt am 30.6.2009 die damalige Landesbischöfin Margot Käßmann ein Plakat in Hannover.

6. *„Gestalten" heißt ja auch, „etwas Neues schaffen". Was müsste sich in Deutschland verändern, dass Kinder erst gar nicht in Armut leben müssen? Schreibt eure Gedanken auf, bildet Kleingruppen und stellt eure Ideen den anderen vor.*

7. *Informiert euch im Internet über www.zukunftgestalten.de und berichtet euren Mitschülern darüber.*

4. Leben in großer Not

Beispiel: Kinder ohne Kindheit

Fast jedes siebte Kind zwischen fünf und 14 Jahren arbeitet – das sind nach Schätzungen von Unicef weltweit etwa 158 Millionen Kinder. Viele von ihnen arbeiten unter Bedingungen, die ihrer Gesundheit und Entwicklung schwer schaden. Die meisten Kinder schuften in der Landwirtschaft, als Straßenverkäufer, Dienstboten oder Zuarbeiter in einer kleinen Hinterhofwerkstatt. Mehr als acht Millionen Mädchen und Jungen weltweit werden unter extremen Bedingungen ausgebeutet. Mindestens eine Million Kinder werden allein in Asien jedes Jahr für die Prostitution missbraucht. Kinder, die missbraucht oder für einen Hungerlohn ausgebeutet werden, werden nicht nur ihrer Kindheit, sondern auch ihrer Chance, dem Kreislauf der Armut zu entrinnen, beraubt. Denn für einen Schulbesuch haben sie oft weder die Zeit noch die Möglichkeit.

(Inhaltliche Daten zu „Kinder ohne Kindheit" aus Globus-Grafik, glo, vom 05.03.2009)

1. *Auf dem Bild sieht man Kinder, die im Sommer 2009 in El Salvador (Zentralamerika) den ganzen Tag in einer Fabrik arbeiten, die Dachziegel und Backsteine herstellt. Beschreibt ihre Arbeit und schreibt auf, wie es den Kindern euren Vermutungen nach den ganzen Tag lang geht.*

2. *Findet weitere Länder heraus, in denen besonders viele Kinder arbeiten müssen.*

3. *Durch die Kinderarbeit haben die Kinder keine Chance, der Armut zu entrinnen. Erklärt diesen Satz.*

4. *Was meint ein älterer Mensch, wenn er aus seinem Leben erzählt und sagt: „Ich hatte eine schöne Kindheit"? Erklärt jetzt die Überschrift „Kinder ohne Kindheit".*

5. *Beim Weltkindertagsfest in Berlin betrachtet ein Junge eines der ausgestellten Plakate. Beschreibt, welche Gedanken ihm dabei durch den Kopf gehen könnten.*

6. *Sucht im Internet nach weiteren Plakaten und Informationen über Kinderrechte, zum Beispiel unter „Kinderrechte UNICEF", und berichtet darüber.*

Beispiel: Hunger in der Welt

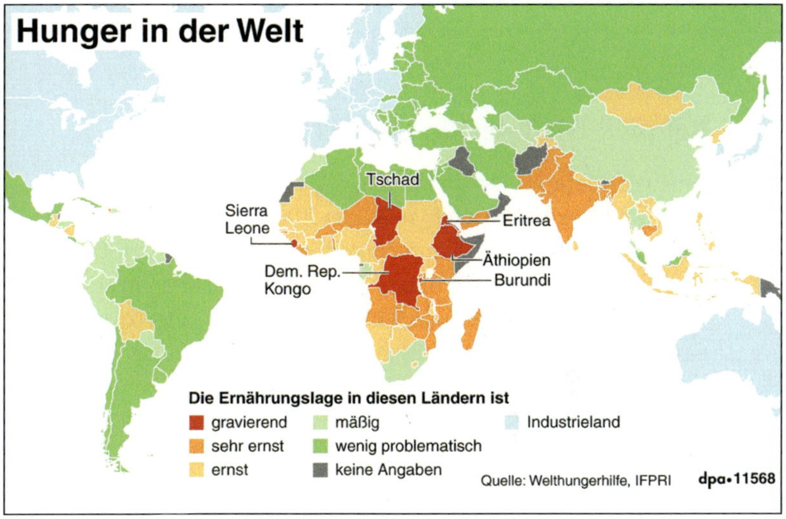

7. *Das Bild zeigt hungernde Kinder in Guatemala. Das Einzige, was sie an diesem Tag zum Essen haben, könnt ihr auf dem Bild entdecken. Wie geht es damit den Kindern? Sprecht darüber.*

In den ärmsten Ländern der Welt haben viele Menschen ständig zu wenig zum Essen. Das Wenige, das sie haben, ist dazu noch so einseitig, dass sie sich nicht mehr mit lebensnotwendigen Nährstoffen (z. B. Eiweiß) und Vitaminen versorgen können. Oft sterben sie nicht direkt an Hunger, sondern an ansteckenden Krankheiten, gegen die sich ihr geschwächter Körper nicht mehr wehren kann.
Jeder sechste Mensch auf der Welt hungert. Das sind rund 1 Milliarde Menschen. In den Hungergebieten sind besonders Kinder betroffen. Rund 200 Millionen Kinder unter fünf Jahren können nicht normal wachsen, weil sie unterernährt sind. Viele bleiben deshalb auch geistig zurück.

8. *Sucht in eurem Atlas die Länder, in denen nach der Grafik das Hungerproblem besonders schwerwiegend oder sehr ernst ist, und schreibt ihre Namen auf.*

9. *Sucht euch ein oder zwei dieser Länder aus – z. B. Sierra Leone – und sucht unter diesen Namen im Internet. Ihr findet dann schnell auch Ursachen für die große Hungersnot in diesen Ländern.*

10. *Wissenschaftler haben herausgefunden, dass es weltweit viel weniger Hunger gäbe und vor allem viel weniger Kinder an Unterernährung sterben müssten, wenn die Frauen in diesen Ländern gleichberechtigt wären. Woran könnte das liegen? Bildet Kleingruppen und diskutiert darüber.*

11. *Die größte Zahl der hungernden Menschen leidet an Hunger, der ständig vorhanden ist, weil die Menschen besonders arm sind. Die Medien berichten auch immer wieder von Hungersnöten, die plötzlich über die Menschen hereinbrechen, z. B. durch anhaltende Dürre. Sucht nach weiteren Ursachen solcher Hungersnöte und schreibt sie auf.*

5. Den Armen helfen

Beispiel: Die Tafeln in Deutschland

1994 gründete Annemarie Dose in Hamburg die erste „Tafel“. Heute gibt es in Deutschland über 800 Tafeln. Die Idee dazu ist ganz einfach: In Deutschland gibt es Lebensmittel im Überfluss und dennoch haben nicht alle Menschen ihr täglich Brot. Die Tafeln sammeln „überschüssige“, aber qualitativ einwandfreie Lebensmittel, zum Beispiel von Supermärkten oder Hotels, und geben diese an Bedürftige günstig weiter. Mittlerweile sind es 1 Million Menschen, die regelmäßig bei den Tafeln einkaufen. Das ist nur möglich, weil Tausende ehrenamtliche Helferinnen und Helfer, Spender und Sponsoren mithelfen. Den Tafeln ist deshalb jede Hilfe willkommen.

1. *Erkundigt euch, wo in eurer Umgebung eine „Tafel“ eingerichtet ist. Fragt dort an, ob eine Arbeitsgruppe aus eurer Klasse die „Tafel“ besuchen und Fragen stellen kann oder ob ein Vertreter der Tafel zu euch in den Unterricht kommen kann.*

Beispiel: Wasserleitung in Afrika

Im Great Rift Valley in Äthiopien besuchte ich ein Dorf, das mit der westlichen Welt noch wenig zu tun hat. Eine in England gegründete internationale Hilfsorganisation namens Water Aid, die von offiziellen Entwicklungshilfeorganisationen unterstützt wird, hat in diesem Dorf ein neues Projekt in Angriff genommen.[...]
Water Aid hat einen Weg gefunden, ein paar der bitterarmen Dörfer im Great Rift Valley mit einwandfreiem Wasser zu versorgen. Sie hat eine Wasserleitung gebaut, die sauberes Quellwasser aus den Bergen am Rande des Great Rift Valley in die Dörfer unten im Tal befördert. Das Projekt wurde ausnahmslos von Äthiopiern durchgeführt. Im Verwaltungsrat der Organisation sitzen Vertreter aus den Dörfern. An einem stark frequentierten Wasserhahn in einem Dorf tränken die Dorfbewohner ihr Vieh und holen sich Trinkwasser. Dafür zahlen sie eine minimale Gebühr an Water Aid, die für die Instandhaltung des Systems verwendet wird. Zuvor waren die Dörfler jeden zweiten Tag 3 Kilometer weit gelaufen, um sich Wasser aus einem verschmutzten Fluss zu holen. Die Dorfbewohner, vor allem aber die Kinder, wurden durch den Genuss des verseuchten Wassers krank oder starben sogar. Kinder konnten nicht zur Schule gehen und Bauern nicht aufs Feld, weil ihnen die Aufgabe des Wasserholens Zeit, Kraft und Energie raubte.
Nun war das Leben leichter. Etwas vom Geld der Reichen hatte die Allerärmsten erreicht.

(William Easterly: Wir retten die Welt zu Tode, Campus Verlag, Frankfurt 2006, S. 212)

2. *Wie geht es den Kindern beim Wasserholen? Beschreibt die bisherige Wasserversorgung und ihre Auswirkungen auf die Menschen.*

3. *Was war das Besondere bei der Planung und beim Bau dieser Wasserleitung und warum ist das für die Zukunft des Dorfes so wichtig?*

Beispiel: Lebensläufe – aktive Hilfe, die Spaß macht

Seit über zehn Jahren begeistert die Aktion Lebensläufe der Welthungerhilfe Schüler, Jugendliche und Erwachsene. Alle Teilnehmer suchen sich Sponsoren aus, die können zum Beispiel für jedes Kind jede zurückgelegte Runde mit einem Geldbetrag belohnen, der dann einzelnen ausgesuchten Hilfsprojekten zugutekommt. Das Bild zeigt Jungen und Mädchen aus Magdeburger Schulen und Kindertagesstätten, die mit ihrem Einsatz ein Dorf in Angola unterstützen.

4. *Freuen sich am Ende die Teilnehmer nur über ein reichliches Spendengeld oder können sie noch aus anderen Gründen stolz sein? Begründet eure Meinung dazu.*

5. *Sucht im Internet unter www.aktionlebenslaeufe.de nach weiteren Informationen zu aktuellen Hilfsprojekten der Welthungerhilfe. Über www.welthungerhilfe.de/anmeldung-lebenslauf.html könnt ihr euch alle Unterlagen zu den Lebensläufen schicken lassen.*

Beispiel: Kinder malen für die Kindernothilfe

Bastian, Celina und Milva malen während der Eröffnungsaktion der Kindernothilfe in der Zeche Zollverein in Essen im September 2009 einen Holzboden blau an. Mit bundesweiten Aktionen will sich die Kindernothilfe gegen die Kinderarbeit in Entwicklungsländern wenden. Der Erlös der bundesdeutschen „Kinderarbeit“ kommt den Kindern in Bolivien zugute.
Die Kindernothilfe ist heute eines der größten christlichen Kinderhilfswerke in Europa. Vor 50 Jahren in Duisburg gegründet, fördert es mittlerweile über 568 000 Mädchen und Jungen in 1 017 Projekten in 28 Ländern in Afrika, Asien, Lateinamerika und Osteuropa. Wer mithelfen möchte, kann zum Beispiel eine Kinderpatenschaft abschließen. Mit 1 € pro Tag hat der Pate die Möglichkeit, sehr persönlich zu helfen, weil sein Patenkind ein Gesicht und einen Namen hat.

6. *Sammelt Informationen über die „Kinderpatenschaft“ und fasst schriftlich zusammen, wie man Pate werden kann und wie eine Patenschaft funktioniert.*

7. *Berichtet von Aktionen „Kinder helfen Kindern“, die ihr kennt oder bei denen ihr schon mitgemacht habt.*

8. *Um den Armen zu helfen, gibt es die Möglichkeiten, Geld zu spenden oder etwas zu tun, z. B. bei Aktionen der Hilfsorganisationen mitzumachen.*
Was findet ihr besser? Bewertet beide Möglichkeiten.

Was du weißt und kannst

Über Armut und Reichtum nachdenken

Eine Geschichte des russischen Schriftstellers Leo N. Tolstoi (1828–1910):

Ein reicher Mann lag einst im Sterben. Sein ganzes Leben hatte sich nur um Geld gedreht, und als es nun mit ihm zu Ende ging, dachte er, dass es nicht schlecht wäre, auch im Jenseits immer ein paar Rubel[1] zur Hand zu haben. Darum bat er seine Söhne, ihm einen Beutel voll Rubel in den Sarg zu legen. Die Kinder erfüllten ihm diesen Wunsch. Im Jenseits angekommen, entdeckte er eine Anrichte mit Speisen und Getränken, wie im Erster-Klasse-Wartesaal eines großen Bahnhofes. Vergnügt betrachtete er seinen Beutel und trat an die Theke. Alles, was dort angeboten war, kostete eine Kopeke[2]: die appetitlichen Pastetchen ebenso wie die frischen Sardinen und der Rotwein. „Billig“, dachte er, „alles sehr billig hier“, und wollte sich einen guten Teller voll bestellen. Als der Mann an der Theke ihn fragte, ob er auch Geld habe, hielt er ein Fünf-Rubel-Stück hoch. Doch der Mann sagte trocken: „Bedaure! Wir nehmen nur Kopeken!“ Der Reiche, inzwischen – wie sich leicht nachvollziehen lässt – furchtbar hungrig und durstig, befahl daraufhin seinen Söhnen im Traum, den Beutel mit Rubeln im Grabe auszutauschen gegen einen Sack Kopeken. So geschah es. Und triumphierend trat er wieder an die Theke. Doch als er dem Mann hinter der Theke eine Handvoll Kopeken übergeben wollte, sagte der lächelnd, aber bestimmt: „Wie ich sehe, haben Sie dort unten wenig gelernt. Wir nehmen hier nicht Kopeken, die Sie verdient, nur die Sie verschenkt haben.“

(Leo N. Tolstoi: Der reiche Mann [Quelle nicht auffindbar])

[1/2] Rubel, Kopeken: russische Währung, 1 Rubel hat 100 Kopeken

1. *Wie fühlt sich der reiche Mann nach dieser Auskunft? Was will uns Tolstoi mit dieser Geschichte sagen und wie denkt ihr selbst darüber?*

2. *Reichtum und Armut spielen in vielen Märchen eine Rolle. Sucht euch ein Märchen aus, beschreibt die Lebensumstände und die Charaktereigenschaften der Figuren und vergleicht das „märchenhafte“ Ende dieser Geschichten mit Armut und Reichtum heute.*

3. *Beschreibt die beiden folgenden Karikaturen.*

4. *Was wollen die Zeichner jeweils ausdrücken? Schreibt zu jeder Karikatur eure Überlegungen auf.*

Armut und Wohlstand in Deutschland

„Arm ist für mich, wer nie fröhlich ist und keine Freunde hat. Reich ist für mich, wer eine schöne Wohnung hat, ordentlich und sauber gekleidet ist und zufrieden und fröhlich mit seiner Familie leben kann. Begründung: Wenn man Geld hat, aber keine Freunde, das bringt nicht viel, dann ist man trotzdem traurig. Wenn man aber viele Freunde hat, ist man trotzdem fröhlich, auch wenn man wenig Geld hat."

(Ayhan, 12 Jahre)

5. *Wie denkt ihr über diese Beschreibung von Armut und Reichtum? Nennt weitere wichtige Merkmale.*

6. *Schreibt auf einen Zettel groß und gut lesbar, was in verschiedenen Lebensbereichen ein Leben in Armut bedeutet. Denkt dabei auch besonders an die Kinderarmut in Deutschland. Befestigt dann eure Blätter rings um die Themenangabe an der Tafel, an einer Wand oder legt sie auf den Boden. Fasst die wichtigsten Punkte und Gedanken zusammen.*

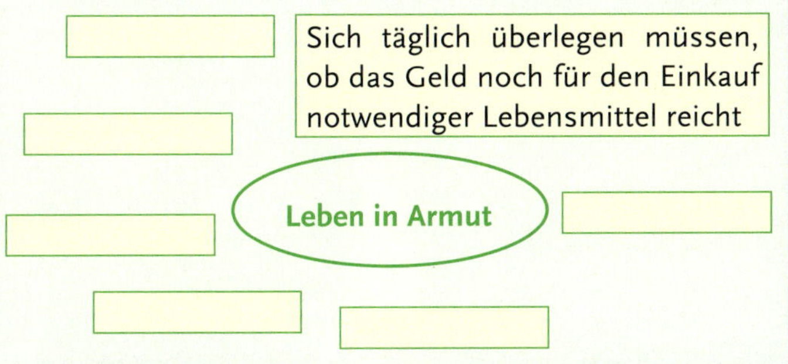

7. *Was können wir tun, dass solche Kinder erst gar nicht so arm sein müssen?*

Leben in größter Not

8. *In welchem Zusammenhang spricht man von „verlorener Kindheit"? Erklärt diesen Ausdruck und berichtet dabei von unterschiedlichen Beispielen.*

Als grundlegende Kinderrechte gelten:

Recht auf eine gewaltfreie Erziehung; Schutz vor Ausbeutung; Recht auf ...; Schutz vor ...

9. *Schreibt mindestens sechs solcher Kinderrechte auf und erklärt jeweils ihre Bedeutung für die Kinder, für ihre Familien und für die Gesetze des Landes, in dem sie leben.*

10. *Erstellt eine Mindmap zum Thema „Hunger in der Welt".*

11. *„Besser als Lebensmittel oder Geld zu verteilen ist es, dafür zu sorgen, dass alle Kinder auf der Welt in eine Schule gehen können." Schreibt eure Meinung dazu auf.*

Jeder hat die Möglichkeit zu helfen

„Ich finde die Menschen gut, die für arme Menschen spenden. Ich möchte persönlich, dass die reichen Menschen den armen Menschen ein gutes Leben ermöglichen. Allen Menschen auf der Welt soll es gut gehen. Vor allem soll es keine Kriege mehr geben."

(Marcel, 12 Jahre)

12. *Schreibt an Marcel einen kurzen Antwortbrief.*

13. *„Die beste Hilfe ist oft eine gute Idee." Erklärt die Idee der „Tafel" und berichtet darüber, wie diese Idee in Deutschland täglich hilft.*

14. *Es gibt viele Hilfsorganisationen, die in Deutschland und auch weltweit helfen können. Sucht euch einige aus, teilt sie auf Kleingruppen auf und gestaltet jeweils ein größeres Ausstellungsplakat.*

15. *„Kinder helfen Kindern" – Beschreibt dazu einige Beispiele. Über ganz aktuelle Projekte könnt ihr euch auch immer wieder über das Internet informieren, zum Beispiel auf www.kindernothilfe.de und dort weiter mit der Seite „Action!Kidz".*

Leben von und mit der Natur

Von Störchen und Menschen

„Der Mensch ist die eingebildetste Kreatur“, sagte der Storch. „Hört, wie der Klapperschnabel ihnen geht, und dabei können sie doch nicht ordentlich klappern. […] Fliegen können die Menschen auch nicht! Sie schießen dahin durch eine Erfindung, die sie ‚Eisenbahn‘ nennen, aber sie brechen sich auch oft den Hals dabei. Es läuft mir kalt über den Schnabel, wenn ich daran denke! Die Welt kann ohne Menschen bestehen. Wir können sie entbehren! Wenn wir nur Frösche und Regenwürmer behalten!“

(Hans Christian Andersen: Die Kröte; in: Andersens Märchen, Droemersche Verlagsanstalt, München 2003, S. 354)

1. *Warum denkt der Storch, dass die Welt ohne Menschen bestehen kann? Was würdet ihr ihm antworten?*

2. *Was sagen die Bilder über das Verhältnis von Mensch und Natur aus?*

3. *Der Baum, das Mädchen oder eines der Tiere erzählen, was ihnen in ihrem Leben einerseits Freude, andererseits Sorgen macht. Entscheidet euch für ein Beispiel und schreibt in Gruppen einen solchen Text.*

1. Natur – Was ist das?

Ein Waldspaziergang

Setz dich bequem und gerade auf deinen Stuhl. Deine Füße haben guten Kontakt zum Boden, deine Hände liegen leicht und entspannt auf den Oberschenkeln. Schließ die Augen und achte auf deinen Atem. Lass ihn ganz ruhig fließen, langsam ein- und ausströmen. Dein Körper wird ganz leicht dabei. Ganz von alleine erhebt er sich von deinem Stuhl und wendet sich nach draußen, ins Freie. Du gehst immer weiter, Schritt für Schritt, lässt die Autos und Häuser und Menschen hinter dir, immer stiller wird es um dich, immer ruhiger in dir. Der Boden unter deinen Füßen wird weicher, sanfter Waldboden, mit Laub bedeckt. Rechts und links von dir Bäume, die immer höher wachsen, fast bis zum Himmel. Die Luft ist kühl und duftet würzig nach Erde und Moos. Du gehst immer weiter. Am Wegrand raschelt es im Laub, eine Waldmaus streckt neugierig ihr Köpfchen heraus. Es duftet nach Pilzen, die zwischen den Bäumen wachsen. Einer sticht heraus: leuchtendes Rot mit weißen Punkten, ein Fliegenpilz. Dasselbe Rot leuchtet von einigen Sträuchern: kleine glänzende Beeren. Vorsicht! Giftig!

Ein rotbrauner Schatten weit hinten im Gebüsch. Schnell verschwindet er in einem Erdloch, streckt noch einmal kurz den Kopf heraus, mit schwarzen, lebhaften Augen: ein Fuchs.

Du hörst von fern Vogellaute, Gezwitscher, aber auch Rufe wie von Menschenstimmen. Ein Specht – du erkennst ihn ganz deutlich: Tok – tok – tok.

Da – der knorrige Baum, der aussieht, als würde er dich misstrauisch beobachten. Wie alt mag der sein? Was der wohl zu erzählen wüsste!

Nach und nach wird es nun heller um dich, du trittst heraus aus dem Wald, schon siehst du Häuser, die näher und näher kommen.

Und nun bist du zurück. Du spürst deinen Stuhl unter dir. Du öffnest die Augen, siehst um dich: der vertraute Klassenraum, vertraute Gerüche, Geräusche, vertraute Gesichter. Viel zu erzählen.

1. *Beschreibt, wie ihr euch während dieser Meditation gefühlt habt. Was habt ihr als angenehm, was als ein bisschen bedrohlich empfunden?*

Im Märchenwald

Henri Rousseau: Exotische Landschaft (1908)

2. *Bevölkert nun den Wald mit seinen Bewohnern: der alte Baum, die Maus, der Fuchs, der Specht, vielleicht ein Zwerg und eine Hexe, Elfen, Trolle, ...*
Schreibt in Kleingruppen eine Geschichte mit dem Titel „Im Märchenwald".

Erkläre es mir – Natur

Natur (von lat. natura: Geburt) ist der Teil der Welt, der nicht von Menschen gemacht ist – im Gegensatz zur Kultur, Kunst, Technik. Für religiöse Menschen ist die Natur von Gott geschaffen.
Die Naturwissenschaft erforscht die Naturgesetze und versucht, immer tiefer in die Geheimnisse der Natur einzudringen. Mithilfe der Technik wird Natur für uns nutzbar gemacht. Der Naturschutz will verhindern, dass die Natur dabei beschädigt oder gar zerstört wird. Wir sprechen auch von der Natur einer Sache, wenn wir ihre wesentlichen Merkmale meinen.

3. *Was meinen wir, wenn wir etwas „natürlich“ nennen? Philosophiert darüber.*

4. *Findet Beispiele für*
- *„natürliche“ Lebensmittel,*
- *„natürliche“ Farben,*
- *„natürliches“ Verhalten.*

5. *Wenn wir die Natur als Schöpfung Gottes betrachten, ändert sich dann unser Umgang mit ihr? Diskutiert darüber.*

Die Nachtigall

In dem gleichnamigen Märchen von Hans Christian Andersen lauscht der Kaiser von China täglich dem Gesang einer Nachtigall, der ihm nicht nur sehr gefällt, sondern ihn buchstäblich glücklich macht. Eines Tages erhält der Kaiser ein kostbares Geschenk: eine künstliche Nachtigall aus purem Gold, mit Edelsteinen verziert. Diesen Vogel kann man aufziehen, sodass er eines der Lieder der echten Nachtigall singt und dazu mit dem Schwanz wedelt. Der ganze Hofstaat ist hingerissen:

„Nun müssen sie zusammen singen! Was wird das für ein Genuss werden!“

Sie mussten zusammen singen, aber es wollte nicht recht gehen, denn die wirkliche Nachtigall sang auf ihre Weise, und der Kunstvogel ging auf Walzen. „Der hat keine Schuld“, sagte der Spielmeister, „der ist besonders taktfest und ganz nach meiner Schule!“ Nun sollte der Kunstvogel allein singen. Er machte ebenso viel Glück wie der wirkliche, und dann war er viel niedlicher anzusehen; er glänzte wie Armbänder und Brustnadeln.

Dreiunddreißig Mal sang er ein und dasselbe Stück und war doch nicht müde; die Leute hätten ihn gern wieder von vorn gehört, aber der Kaiser meinte, dass nun auch die lebendige Nachtigall etwas singen solle. Aber wo war die? Niemand hatte bemerkt, dass sie aus dem offenen Fenster fort zu ihren grünen Wäldern geflogen war. „Aber was ist denn das?“, fragte der Kaiser; und alle Hofleute schalten und meinten, dass die Nachtigall doch ein höchst undankbares Tier sei.

„Den besten Vogel haben wir doch!“, sagten sie, und so musste der Kunstvogel wieder singen, und das war das vierunddreißigste Mal, dass sie dasselbe Stück zu hören bekamen, aber sie konnten es noch nicht ganz auswendig, denn es war sehr schwer. Der Spielmeister lobte den Vogel außerordentlich, ja, er versicherte, dass er besser als die wirkliche Nachtigall sei, nicht nur was die Kleider und die vielen herrlichen Diamanten betreffe, sondern auch innerlich.

„Denn sehen Sie, meine Herrschaften, der Kaiser vor allen! Bei der wirklichen Nachtigall kann man nie berechnen, was da kommen wird, aber bei dem Kunstvogel ist alles bestimmt; man kann es erklären [...].“ Und der Spielmeister erhielt die Erlaubnis, am nächsten Sonntag den Vogel dem Volke vorzuzeigen. Es sollte ihn auch singen hören, befahl der Kaiser, und es hörte ihn, und es wurde so vergnügt, als ob es sich im Tee berauscht hätte, denn das ist ganz chinesisch; und da sagten alle: „Oh!“, und hielten den Zeigefinger in die Höhe und nickten dazu. Aber die armen Fischer, welche die wirkliche Nachtigall gehört hatten, sagten: „Es klingt hübsch, die Melodien gleichen sich auch, aber es fehlt etwas, wir wissen nicht, was!“

(Hans Christian Andersen: Die Nachtigall; in: Andersens Märchen, Droemersche Verlagsanstalt, München 2003, S. 77 f.)

6. *Könnt ihr den Fischern das erklären?*

Später in der Geschichte wird der Kaiser sehr krank und liegt im Sterben. Der Gesang der künstlichen Nachtigall kann ihm nicht helfen, aber der Gesang der lebendigen Nachtigall macht ihn wieder gesund.

7. *Findet ihr auch dafür eine Erklärung?*

8. *Schreibt einen Dialog zwischen der lebendigen und der künstlichen Nachtigall.*

2. Mit Naturschutz Ernst machen

Ökoburg

Stellt euch eine Stadt vor, nennen wir sie Ökoburg, in der die Menschen mit dem Umweltschutz Ernst machen. Was der Umwelt dient, wird gefördert, was ihr schadet, ist verboten oder wird zumindest nicht gern gesehen.
Was wäre wohl anders als bei uns?

1. *Stellt zu zweit etwa zehn Regeln auf, die in dieser Stadt gelten. Vergleicht eure Regeln miteinander.*

Micha ist elf. Er verbringt eine Ferienwoche bei seinem Freund Nemo und dessen Familie in Ökoburg. Nemo und seine Mutter holen ihn mit einem Stadtmobil vom Bahnhof ab. Wie die meisten Bewohner von Ökoburg haben sie kein eigenes Auto, sondern nutzen das städtische CarSharing-Angebot.

MICHA: Ist das nicht unpraktisch? Was macht ihr, wenn ihr schnell mal ein Auto braucht?

NEMO: Dann holen wir uns schnell eines. Nur zwei Straßen weiter ist ein Stellplatz. Den Autoschlüssel holt man aus einem Tresor, den man mit einer Chipkarte öffnet. Und wenn wir etwas Größeres zu transportieren haben, holen wir uns einfach einen Transporter.

2. *Informiert euch über CarSharing-Angebote in eurem Wohnort.*

Nemos Familie wohnt in einem Holzhaus mitten in der Stadt. Auch die Nachbarhäuser sind aus Holz, aber alle sind unterschiedlich: in Farben, Fensterläden, Balkonen. Aber alle haben Solarzellen auf dem Dach.

NEMO: Wir heizen das ganze Haus damit, sogar das Wasser.

MICHA: Und wenn die Sonne nicht scheint, bleibt die Dusche kalt?

NEMO: Keine Sorge. Die Wärme wird gespeichert. Und wenn der Speicher leer ist, springt die zentrale Stromversorgung an. Dafür haben wir ja die Windkraftwerke vor der Stadt.

MICHA: Aber reicht das denn, um euch alle mit Energie zu versorgen?

3. *Informiert euch auf der rechten Seite in der Info-Box und im Internet über erneuerbare Energien und führt den Dialog weiter.*

Nemos Vater und seine ältere Schwester haben schon das Essen vorbereitet. Es gibt Gemüseauflauf, und Micha stellt erleichtert fest, dass seine Befürchtungen im Hinblick auf gesundes Essen unbegründet waren. Der Pudding zum Nachtisch ist zwar nicht so gelb wie zu Hause, schmeckt aber genauso gut.
Nach dem Essen gehen Micha und Nemo zum Spielen nach draußen. Nemo zeigt ihm stolz sein Baumhaus, das er mit Freunden gebaut hat. Micha ist beeindruckt.

MICHA: Woher wisst ihr denn, wie man so etwas macht?

NEMO: Wir lernen das in der Schule.

MICHA: Ist ja krass. Und wir müssen Mathe pauken.

NEMO: Du ahnst nicht, wie viel Mathe du dafür brauchst. Allein die Statik zu berechnen ...

MICHA: Hätte nie gedacht, dass man mit Mathe überhaupt etwas anfangen kann.

NEMO: Außerdem schreiben wir dann eine Bauanleitung dazu. Bevor du noch fragst, ob wir lesen und schreiben lernen.

4. *Bildet Gruppen zu einzelnen Schulfächern.*
- *Überlegt euch, wie diese Fächer dazu beitragen können, mehr über unsere Umwelt zu erfahren und auf sie zu achten.*
- *Überlegt euch auch, wie ihr eure Ideen in den Unterricht einbringen könnt.*

Erkläre es mir – Energieverbrauch und Klima

Ein Großteil der Energie, die wir heute verwenden, stammt aus nicht erneuerbaren Quellen. Kohle, Erdöl und Erdgas, die sogenannten „fossilen Brennstoffe", sind auf der Erde nur in begrenztem Vorrat vorhanden. Außerdem heizen wir durch ihre Verbrennung das Klima auf, mit schlimmen Folgen für viele Menschen auf der Erde. In der Sahelzone werden Dürreperioden immer länger, auf den kargen Böden wächst nichts mehr. Lateinamerika und Südostasien werden immer häufiger von Flutkatastrophen heimgesucht.
Auch die Kernenergie ist auf nicht erneuerbare Rohstoffe wie Uran und Plutonium angewiesen. Ein großes, bisher ungelöstes Problem: Wohin mit den radioaktiven Abfällen, die über Tausende von Jahren höchst gefährlich sind? Erneuerbare Energiequellen sind Sonne, Wind, Wasser und Biomasse. Unter Biomasse versteht man nachwachsende Rohstoffe wie Holzabfälle und Biogas.

5. *Was sind „fossile Brennstoffe" und welche Folgen hat ihre Nutzung?*

6. *Warum ist Atommüll so gefährlich? Fragt eine/n Physik- oder Chemielehrer/in eurer Schule danach.*

Sonnenenergie

Die Sonne ist die größte und ergiebigste Energiequelle, die der Menschheit zur Verfügung steht. Über die gigantische Entfernung von 150 Millionen Kilometern liefert sie ohne Unterlass enorme Energiemengen.
Die Sonnenenergie kann vielseitig genutzt werden. Bei der direkten Nutzung braucht man eine technische Vorrichtung – z. B. Solarzellen zur Produktion von Strom, Sonnenkollektoren zur Gewinnung von Wärme für Solartrockner, -kocher oder -öfen. Indirekt wird die Sonnenenergie vor allem im Hausbau genutzt (z. B. große südorientierte Fenster).
Die Möglichkeiten, die Sonnenenergie zu nutzen, werden dadurch immer besser und billiger, dass immer mehr Länder den Vorrang erneuerbarer Energien erkennen und fördern. Ein Nachteil besteht allerdings darin, dass die Sonneneinstrahlung vom Wetter, der Tages- und Jahreszeit abhängig ist und somit keine zuverlässige Energieversorgung liefern kann. Sonnenenergie muss daher gespeichert werden. Hier gibt es verschiedene Möglichkeiten wie z. B. die Speicherung durch Speicherseen und Druckluft und die Steuerung durch ein überregionales Stromnetz, das aus verschiedenen erneuerbaren Energien gespeist wird.

(www.greenpeace.ch/.../jugend/jugend/solarprojekt/erneuerbare-energie-kennen lernen, 29.12.09)

7. *Beschreibt, wie Sonnenenergie genutzt werden kann. Was kann man tun, wenn die Sonne nicht scheint?*

8. *Informiert euch auch über weitere erneuerbare Energien.*

Das Klima-Musical

Eisbär Lothar und Dr. Ping, Professor der Südpol-Uni, haben ein gemeinsames Problem: Die Erde hat Fieber und ihr Zuhause schmilzt. Also ziehen sie los, um die Menschen für den Schutz des Klimas zu gewinnen. Um sich auf der Reise kurz abzukühlen, steigt Eisbär in den Kühlschrank von Paul und Paula und wird entdeckt. Die beiden Kinder erfahren von den Problemen an Nord- und Südpol und beschließen, zu helfen.
Aber so einfach ist das nicht, denn die drei Stromfresser Ampere, Volt und Watt haben den gemeinsamen Auftrag, dafür zu sorgen, dass immer mehr Energie verbraucht wird. Fernseher, Licht und Kaffeemaschine sollen ständig in Betrieb sein. Dass das Klima darunter leidet, ist ihnen egal. Eisbär, Dr. Ping und die Kinder kommen den dreien auf die Schliche, stellen ihnen eine Falle und können sie am Ende abschalten. Aber reicht das, um unsere Erde und insbesondere das Zuhause von Eisbär und Dr. Ping zu retten?

(http://www.bund.net/bundnet/themen_und_projekte/klima_energie/aktiv_fuer_unser_klima/klimamusical)

9. *Schreibt in Kleingruppen eine ähnliche Geschichte. Veröffentlicht die besten Geschichten in eurer Schülerzeitung oder im Jahrbuch eurer Schule.*

10. *Gestaltet in Zusammenarbeit mit dem Erdkundeunterricht eine Stellwand zum Thema „Erneuerbare Energien". Vielleicht könnt ihr sogar einen Aktionstag für das Klima organisieren.*

3. Verzicht oder Gewinn?

Null Bockwurst

Nach einigen Tagen in Ökoburg hat sich Micha recht gut an das Leben hier gewöhnt. Vieles gefällt ihm hier: die Fahrräder, die man ohne Leihgebühr benutzen kann, die vielen Bäume und Grünflächen mitten in der Stadt und vor allem, dass so viele Jugendliche unterwegs sind. Ständig trifft man auf Gleichaltrige, mit denen man Fußball oder Volleyball spielen, in dem kleinen Fluss baden oder einfach nur reden kann.

Natürlich vermisst er seinen Fernseher und seinen Computer, aber dafür hat er viele neue Leute und neue Spiele kennengelernt.

An einige Dinge kann er sich allerdings nur schwer gewöhnen:

MICHA: Weißt du, wohin ich als Erstes gehe, wenn ich wieder zu Hause bin? In einen richtigen Burger- oder Dönerladen. Ein Jammer, dass es so was bei euch nicht gibt.

NEMO: Wir essen eben nicht so viel Fleisch.

MICHA: Ja, schon klar, die armen Tiere!

NEMO: Das auch. Aber das ist noch nicht alles ...

1. *Kennt ihr weitere Gründe dafür, weniger Fleisch zu essen?*

Fleisch für wenige statt Brot für viele?

Um die Schlachttiere zu ernähren, reichen die vorhandenen Weideflächen längst nicht mehr aus – immerhin werden bereits

- 36 Prozent der Getreideernte,
- 70 Prozent der Sojaernte und die
- Hälfte der Fischfänge als Tierfutter verwendet.

Um das Fleisch für **einen Hamburger** zu produzieren, muss die gleiche Menge an Getreide verfüttert werden, die für **drei Laib Brot** ausreichen würde.

Abgeholzte Regenwaldflächen werden für wenige Jahre als Viehweiden genutzt, dann ist der Boden ausgelaugt. Zur Erzeugung einer Fleisch-Kalorie sind sieben Getreide-Kalorien nötig. Würde man nur 10 Prozent weniger Getreide an Vieh verfüttern, könnte man davon 225 Millionen Menschen ernähren. Außerdem stoßen Rinder durch ihre Verdauung Methan aus. Dieses Gas gehört zu den sogenannten Treibhausgasen, die für den Klimawandel auf der Erde mitverantwortlich sind.

(nach: www.vierpfoten.at/website/output.php?id=11868&idcontent=1514&language1)

2. *Informiert euch weiter über den Klimawandel und seine Ursachen.*

3. *Erfindet den „Öko-Burger". Bringt die Zutaten mit in die Schule und veranstaltet ein gemeinsames Frühstück oder eine Pausenaktion.*

Umweltfreundliche Einkaufsliste

- Obst und Gemüse am besten aus der Region: Das spart lange Transportwege und ist außerdem billiger.
- Möglichst wenig verarbeitete Lebensmittel, weil zur Verarbeitung Energie nötig ist.
- Eier und Geflügel aus Freilandhaltung, weil alle Tiere mit Respekt behandelt werden sollten.
- Apfelsaft aus heimischen Streuobstwiesen, weil ...
- Milch mit dem Bio-Zeichen, weil ...

4. *Ergänzt bei den beiden letzten Punkten die Begründung.*

5. *Erweitert die Liste und gebt euch gegenseitig Tipps für einen umweltfreundlichen Einkauf.*

Coole Klamotten

MICHA: Dafür, dass bei euch die Klamotten so teuer sind, könnten sie deutlich cooler sein!

NEMO: Was meinst du denn mit „cool"?

MICHA: Na, modisch, tolle Farben, große Auswahl.

NEMO: Ich will mich vor allem wohlfühlen darin. Kleider müssen bequem sein, alles mitmachen, nicht gleich kaputtgehen.

MICHA: Wenn alles ewig hält, gibt es ja nie etwas Neues.

NEMO: Ärgerst du dich denn gar nicht, wenn du etwas von deinen Lieblingssachen wegwerfen musst?

6. *Schreibt den Dialog in Partnerarbeit weiter.*

Kleider machen Leute

Und Leute machen Kleider – oft in trostlosen Verhältnissen. Immer mehr Hosen, T-Shirts oder Schuhe kommen heute aus Billiglohn-Ländern, nur noch zehn Prozent werden im Inland gefertigt. Je niedriger der Preis, desto wahrscheinlicher ist: Bei der Herstellung des Kleidungsstückes wurden ökologische und vor allem soziale Standards missachtet – wie Mindestlöhne, der Schutz vor Chemikalien oder der Verzicht auf Kinderarbeit. (Der Umkehrschluss gilt übrigens nicht: Bei teurer Kleidung zahlen wir in der Regel für Mode und Marke.) Vor allem in China, wo heute ein Drittel der weltweiten Textilien fabriziert wird, sind unmenschliche Arbeitsbedingungen und immense Umweltzerstörung eher die Regel als die Ausnahme. Die Kluft könnte kaum größer sein: Auf der einen Seite präsentieren uns die großen Markenkonzerne ihre neuesten Kollektionen, effektvoll um schöne Körper drapiert. Auf der anderen Seite kämpfen unzählige Näher und Färberinnen mit einem oft riesigen Arbeitspensum um ihren Lebensunterhalt und bezahlen dies nicht selten mit ihrer Gesundheit. Aber auch die eigene Gesundheit kann leiden, wenn Farbstoffe Verwendung finden, die Allergien auslösen. [...]
Damit noch mehr Textilunternehmen ihre Verantwortung wahrnehmen und zu umweltfreundlichen und sozial fairen Bedingungen produzieren, sind wir alle gefragt. Indem wir freundlich-beharrlich bei unserem Lieblingshändler nach schöner und zugleich gut produzierter Kleidung fragen.

(www.bund.net)

7. *Stellt die Gründe zusammen, warum ein Großteil unserer Kleidung billig ist.*

8. *Fragt in eurem Lieblingsgeschäft nach ökologisch produzierter Kleidung.*

Anders genießen

Dass die Umweltethik Genügsamkeit und einfaches Leben hervorhebt, bedeutet nicht, dass sie genussfeindlich wäre, sondern dass die Genüsse, die sie wertschätzt, nicht von einer aufwendigen Lebensweise kommen.
Stattdessen kommen sie von liebevollen persönlichen [...] Beziehungen, von der Nähe zu Kindern und Freunden, von Gesprächen, Sport und Freizeitaktivitäten, die mit unserer Umwelt harmonieren, anstatt sie in Mitleidenschaft zu ziehen. Sie kommen von Nahrung, die nicht die Welt kostet und die nicht Lebewesen ausbeutet, die Schmerz empfinden können. Und schließlich kommen sie von kreativer Aktivität und Arbeit aller Art sowie Wertschätzung der unberührten Plätze der Welt, in der wir leben.

(nach: Peter Singer, Praktische Ethik, Reclam, Stuttgart 1994, S. 365)

9. *Stellt die Möglichkeiten zusammen, wie wir nach Peter Singer in Harmonie mit unserer Umwelt das Leben genießen können.*

10. *Organisiert einen Sport- oder Spielenachmittag möglichst im Freien, mit Öko-Burgern und sonstigen ökologischen Genüssen.*

4. Was kommt nach uns?

Wofür eigentlich sparen?

Am letzten Abend seiner Ferienwoche in Ökoburg sitzt Micha noch einmal mit Nemo und seiner Familie zusammen: die letzte Gelegenheit, noch einige Fragen anzusprechen.

MICHA: Wozu tut ihr das eigentlich alles? Ich meine, ihr verzichtet ja auf viele Dinge, die das Leben schöner machen. Und da die Mehrzahl der Erdbewohner dazu nicht bereit ist, werdet ihr am Ende wenig bewirken.

1. *Überlegt euch weitere Fragen, die Micha stellen könnte. Was könnten Nemo und seine Familie darauf antworten? Schreibt in Gruppenarbeit einen Dialog.*

2. *Betrachte das Bild und schreibe auf, was dir dazu einfällt. Sammelt dann eure Stichworte an der Tafel.*

Die Menschen nach uns

Der Philosoph Hans Jonas (1903–1993) hat es sich zur Aufgabe gemacht, eine neue Ethik für unsere Zeit zu entwerfen. Er hält eine neue Ethik deshalb für notwendig, weil wir heute mit der modernen Technik unsere Welt auf eine Weise verändern können, wie das früher undenkbar war. Es ist sehr schwierig einzuschätzen, welche langfristigen Folgen unser Handeln auf die Natur hat. Wenn wir beispielsweise mit Gentechnik* in das Erbgut von Pflanzen, Tieren und Menschen eingreifen, wissen wir nicht, wie sich das auf lange Sicht im Kreislauf des Lebens auswirken wird. Mit den vielleicht schädlichen Folgen unseres Eingreifens müssen sich dann unsere Kinder und Enkel und spätere Generationen herumschlagen.

Dürfen wir das tun? Hans Jonas sagt: Nein. Er fordert, dass wir schon heute bei allem, was wir tun, an die Folgen für kommende Erdbewohner denken und deswegen technische Neuerungen unterlassen, die uns nützen, zukünftigen Menschen aber vielleicht schaden. Wir müssen so leben, dass die Menschen nach uns ebenfalls ein gutes Leben haben können. Hans Jonas fasst diese Gedanken in einer neuen Regel für unsere Ethik zusammen: Handle so, dass die Wirkungen deiner Handlung keine Gefahr sind für ein gutes Leben zukünftiger Menschen auf dieser Erde.

3. *Sprecht über die technischen Geräte, die ihr benutzt. Inwiefern könnten sie sich für künftige Erdbewohner schädlich auswirken? Untersucht nach diesem Gesichtspunkt auch die Energiearten der vorigen Doppelseite.*

Der Philosoph Hans Jonas hatte großen Einfluss auf die ökologische Bewegung, die in den 80er-Jahren des letzten Jahrhunderts entstand. Ein bekannter Satz dieser Bewegung ist auf dem Plakat rechts zu lesen.

4. *Entwerft in Gruppen ähnliche Plakate im Sinne von Hans Jonas. Verwendet dazu auch eure in Aufgabe 2 gesammelten Stichworte.*

5. *Organisiert eine Ausstellung zu diesem Thema, vielleicht zusammen mit dem Erdkunde-, Biologie- oder Religionsunterricht.*

Erkläre es mir – Nachhaltigkeit

Dieser Begriff kommt immer häufiger in den Reden von Politikern und selbst in den Programmen großer Konzerne vor. Meist ist dabei von „nachhaltiger Entwicklung" die Rede. Dies meint eine Entwicklung, die den Bedürfnissen der heutigen Generation entspricht, ohne die Möglichkeit

künftiger Generationen zu beeinträchtigen, ihre eigenen Bedürfnisse zu befriedigen. *Ökologisch nachhaltig* handeln wir, wenn wir schonend und sparsam mit den natürlichen Ressourcen, den Rohstoffen und anderen begrenzten Gütern der Erde, umgehen und nur so viel verbrauchen, wie der Natur ohne Schaden entnommen werden kann. Außerdem müssen wir die Schadstoffe, die wir durch unsere Lebensweise produzieren, so gering wie möglich halten.

6. *Erkläre „Nachhaltigkeit" mit eigenen Worten.*

7. *Überlegt gemeinsam, wie wir jeden Tag nachhaltig handeln können.*

„Plant for the Planet"

„Plant for the Planet" ist eine weltweite Kinderinitiative, die von dem 11-jährigen Felix Finkbeiner aus Starnberg gestartet wurde. Die Kinder erklären jeden Baum zu einem Symbol für Klimagerechtigkeit und schaffen ein weltweites Netzwerk für Kinderbeteiligung. Es begann mit einem Referat zum Thema Klima, das Felix in der Schule gehalten hat. Hier ist ein Auszug aus einem Interview mit Felix:

Du forderst Klimagerechtigkeit von den Erwachsenen dieser Welt. Was genau meinst du damit?
Wenn ein Amerikaner vierzigmal und ein Europäer zwanzigmal so viel CO_2 im Jahr rauspustet, wie es ein Afrikaner tut, dann soll er wenigstens dafür bezahlen. Wenn nämlich jeder Mensch die gleichen CO_2-Rechte hat, kann der Afrikaner, der nur eine halbe Tonne rauspustet, beispielsweise 1,5 Tonnen an diejenigen verkaufen, die unbedingt ein großes Auto fahren wollen. Die wiederum müssen dann aber für diesen Luxus tief in die Tasche greifen. Die Afrikaner bekommen Geld dafür, dass sie die Umwelt nicht so stark belasten wie wir, und können davon Schulen und Krankenhäuser bauen. Dann müssen auch nicht mehr wie heute 30 000 Menschen, hauptsächlich Kinder, jeden Tag in einer reichen Welt verhungern.
Und da dachtest du dir, dass es an der Zeit ist, dich mit anderen Kindern einzumischen?
Ja, ich war mir sicher, dass Erwachsene und Kinder eher Kindern zuhören würden als Erwachsenen, die viel reden, aber wenig bewegen. Mein Referat nannte ich „Das Ende der Eisbären" und ich war erstaunt, welch großes Interesse ich damit in meiner Klasse weckte. Am Schluss des Vortrags animierte ich alle mit dem Satz: „Lasst uns in jedem Land der Erde eine Million Bäume pflanzen!" Bäume bedeuten Zukunft und Leben. Jeder Baum nimmt im Lauf seines Lebens drei Tonnen Kohlendioxid auf und verbessert damit unser Klima.

(http://austausch.plant-for-the-planet.org/pr/klimabotschafter_felix_200911pdf.pdf)

8. *Informiert euch weiter über dieses Projekt unter www.plant-for-the-planet.org.*

9. *Überlegt euch weitere Fragen an Felix. Welche Antworten würdet ihr selber darauf geben?*

Der Schulcheck

Welchen Kaffee trinken deine Lehrer? Aus was für einem Papier bestehen eure Arbeitsblätter und Schulhefte und was könnt ihr an eurem Kiosk kaufen? Woher kommt der Orangensaft? Entdecke deine Schule auf eine ganz andere Weise!

10. *Startet im Anschluss an eure Plakat-Aktion von Aufgabe 4 ein Projekt zum Thema „Nachhaltige Schule".*

So geht es – Ein Projekt durchführen

- Einigt euch auf verschiedene Aktionen, die ihr an eurer Schule durchführen wollt, z. B. Verkauf von Heften aus Umweltschutzpapier, Mülltrennung, klimafreundliche Schul-T-Shirts, Verkauf von fair gehandelten Produkten, ...
- Macht eine Liste der verschiedenen Aufgaben, die übernommen werden müssen, und erstellt einen Zeitplan für die Vorbereitung und Durchführung.
- Bildet Arbeitsgruppen für die einzelnen Aufgaben.
- Trefft euch regelmäßig, um anfallende Fragen und Probleme zu klären.

Viel Spaß dabei!

5. Unsere Erde retten

„Der satanarchäolügenialkohöllische Wunschpunsch“

1. *Das ist der Titel eines Jugendromans von Michael Ende. In diesem Bandwurmwort verstecken sich mehrere andere Wörter. Wer findet die meisten?*

Dieser Wunschpunsch ist keineswegs ein gewöhnliches Getränk:

Das ist einer der urältesten und mächtigsten bösen Zauber des Universums. Er funktioniert nur in der Silvesternacht, weil da das Wünschen eben eine ganz besondere Wirkung hat. [...] Für jedes Glas dieses Zaubertranks, das man auf einen Zug leert, hat man einen Wunsch frei, der hundertprozentig in Erfüllung geht, wenn man ihn laut ausspricht.

(Michael Ende: Der satanarchäolügenialkohöllische Wunschpunsch, Süddeutsche Zeitung Junge Bibliothek, München 2005, S. 75 ff.)

Dieser Trank ist für den Zauberer Beelzebub Irrwitzer und die Hexe Tyrannia Wamperl die letzte Rettung. Sie haben nämlich beide einen Vertrag mit Satan abgeschlossen, den ein Abgesandter des Satans folgendermaßen beschreibt:

„Dieser Vertrag ist Ihnen doch zweifellos bekannt, verehrter Herr Zauberrat. Sie selbst in persona haben ihn seinerzeit mit meinem Chef geschlossen und eigenhändig unterzeichnet. Er besagt, dass Ihnen vonseiten Ihres Gönners außerordentliche Machtbefugnisse in diesem Jahrhundert eingeräumt werden – wirklich ganz außerordentliche Machtbefugnisse über die gesamte Natur und auch über Ihre Mitmenschen. Er besagt aber andererseits, dass Sie sich verpflichten, bis zum Jahresende, direkt oder indirekt, zehn Tierarten auszurotten, gleich ob Schmetterlinge, Fische oder Säugetiere, ferner fünf Flüsse zu vergiften oder fünfmal ein und denselben Fluss, des Weiteren mindestens zehntausend Bäume zum Absterben zu bringen und so weiter und so fort bis zu den letzten Punkten: jährlich mindestens eine neue Seuche in die Welt zu setzen, an der Menschen oder Tiere oder auch beide zugleich krepieren. Und letztens: das Klima Ihres Landes so zu manipulieren, dass die Jahreszeiten

durcheinandergeraten und entweder Dürreperioden oder Überschwemmungen entstehen.“

(ebd., S. 14 f.)

2. *Welche Macht erhält der Zauberer in diesem Vertrag und was muss er damit tun?*

3. *Findet für die genannten Umweltzerstörungen Beispiele.*

Da dieser Vertrag die gesamte Natur und natürlich auch die Tiere bedroht, hat der Hohe Rat der Tiere den Kater Maurizio bei dem Zauberer eingeschleust, um dessen Machenschaften zu beobachten und darüber zu berichten. Der Kater aber hat im Lauf der Zeit seinen Auftrag vergessen und muss nun von dem Raben Jakob Krakel, der dieselbe Aufgabe bei der Hexe Tyrannia Wamperl versieht, aufgeklärt werden:

„Also, jetzt hör gut zu, Käterchen. Meine Madam is' nämlich nicht nur die Tante von deinem Maestro[1], sondern sie bezahlt ihn auch. Er liefert ihr, was sie will, und sie macht dicke Geschäfte mit dem ganzen Giftzeugs, das er auskocht. Sie is' eine Geldhexe, verstehst du?“
„Nein“, sagte Maurizio, „was ist eine Geldhexe?“
„Ganz genau weiß ich's auch nicht“, gab Jakob zu. „Sie

kann mit Geld zaubern. Sie macht irgendwie, dass es sich von selber vermehrt. Jeder von den beiden is' für sich allein schon schlimm genug, aber wenn Geldhexen und Laborzauberer sich zusammentun – gute Nacht! – dann wird's ehrlich finster auf der Welt."

(ebd., S. 54)

[1] italienisch für „Meister"

4. *Beschreibt und erklärt die Rolle der Geldhexe in diesem Vertrag.*

Nun haben aber sowohl die Hexe als auch der Zauberer ihre vertraglichen Pflichten an Übeltaten nur zur Hälfte erfüllt. Deshalb sollen sie in der Silvesternacht „gepfändet werden": das bedeutet zur Hölle fahren. Da kommt ihnen der Wunschpunsch gerade recht. Denn der hat noch eine zusätzliche Eigenschaft, mit der sie die Tiere hinters Licht führen können:

„Er kehrt nämlich alles, was man wünscht, ins Gegenteil um. Man wünscht Gesundheit, und heraus kommt eine Seuche; man redet von allgemeinem Wohlstand und erzeugt in Wirklichkeit Elend; man spricht von Frieden und das Ergebnis ist Krieg. Hast du jetzt verstanden, Bübchen, was das für eine feine Sache ist?" […]
„Beim strahlenden Strontium[1]!", rief er. „Und die Spione werden sogar noch Zeugen dafür sein, dass wir nur unser Bestes getan haben – nichts als lauter Wohltaten für die arme, leidende Welt!"

(ebd., S. 80)

[1] Strontium: chemisches Element, das bei künstlicher Herstellung Strahlen aussendet

Die beiden Tiere aber belauschen den teuflischen Plan und starten eine tollkühne Aktion zur Rettung der Welt. Sie besorgen ein Mittel, das die Umkehrwirkung des Zaubertranks aufhebt, sodass all die „guten Wünsche", mit denen Hexe und Zauberer die Welt zerstören wollen, ganz wortwörtlich erfüllt werden:

„Punsch aller Pünsche, erfüll meine Wünsche:
Zehntausend sterbende Bäume im Wald
soll'n wieder treiben
und die noch gesund sind, jung oder alt,
sollen's auch bleiben."

Und nun hatte auch die Hexe ihren Spruch fertig:
„Punsch aller Pünsche, erfüll meine Wünsche:
Die Aktien der Firma Kahlschlag & Co.
machen nie mehr Gewinn.
Sie taugen nur noch als Papier für das Klo,
da gehören sie hin."

(ebd., S. 182 f.)

5. *Hier sind zwei weitere Strophen. Ordne sie jeweils Hexe oder Zauberer zu.*

„Punsch aller Pünsche, erfüll meine Wünsche:
Wer mit Robbenfellen und Elfenbein
und dem Fleisch von den letzten Walen
Geschäfte macht, gehe jämmerlich ein,
denn niemand mehr soll dafür zahlen."
„Punsch aller Pünsche, erfüll meine Wünsche:
Die gefährlichen Quellen der Energie
werden abgeschafft. – Hups! –
Der Wind und die Sonne, wir nützen sie,
sie liefern uns Kraft."

(ebd.)

6. *Welches sind die „gefährlichen Quellen der Energie"? Inwiefern sind sie gefährlich?*

7. *Wo gibt es die Zerstörungen, die hier beschrieben werden, in Wirklichkeit? Findet für jede der Strophen Beispiele.*

8. *Wie ihr seht, müssen die Wünsche in Reimen ausgesprochen werden, um wirksam zu sein. Verfasst in Gruppen weitere Strophen des Wunschgedichts.*

9. *Leider haben wir keine Magie zur Verfügung, um unsere Erde zu retten. Aber wir haben trotzdem viele Möglichkeiten. Fasst die für euch wichtigsten in zwei Spalten zusammen:*

Was ich bereits tue	*Was ich in Zukunft verstärkt tun will*
…	…

10. *Verfasst einen Artikel mit Öko-Tipps für eure Schülerzeitung.*

Was du weißt und kannst

Heile Welt im Supermarktregal?

Ob Obst, Gemüse, Milch oder Wurst – Lebensmittel vermarkten sich besser, wenn auf der Verpackung die Welt in Ordnung ist. Bilder von schönen Landschaften, idyllischen Bauernhöfen, Früchten und glücklichen Tieren erfreuen das Auge und laden zum Kaufen ein. Oft trügt aber der Schein der schönen Werbebilder. Denn bei der Produktion von Lebensmitteln stehen oft nicht Gesundheit und Geschmack an erster Stelle, sondern Masse und niedriger Preis.

(nach: www.bund.net/bundnet/themen_und_projekte/landwirtschaft/gesunde_ernaehrung/30.12.09)

1. *Gestalte eine Seite in deinem Heft mit der Überschrift: „Keine Mogelpackung: gesunde Ernährung“. Gib darin Tipps für leckere und gesunde Ernährung. Illustriere deine Seite mit selbst gemalten oder eingeklebten Bildern aus Zeitschriften.*

McMöhre – ein Projekt mit Biss

McMöhre steht für ein nachhaltiges Pausenvesper: frisch, lecker und vor allem regional und bio. Im Mittelpunkt stehen dabei aber vor allem auch die Schülerinnen und Schüler. Denn sie organisieren in sogenannten Schülerfirmen den Pausenladen in eigener Regie und bieten somit einerseits ihren Mitschülern eine attraktive Bio-Pausenverpflegung und erfahren andererseits eine Menge über ökologische, ökonomische und soziale Zusammenhänge – im besten Sinne also eine nachhaltige Bildung.

(http://www.bundjugend-bw.de:1449/bujuneu2/index.php?option=com_content&task=view&id=103&Itemid=188)

2. *Wäre das nicht auch etwas für eure Schule? Erkundigt euch im Internet unter dem Stichwort „McMöhre“ über dieses Projekt (www.mcmoehre-bawue.de).*

Mode fürs Klima

3. *Tauscht aus, was ihr bei euren Nachfragen nach klimafreundlicher Kleidung in Erfahrung gebracht habt, und gebt euch gegenseitig Tipps.*
Macht nach Möglichkeit eine Modenschau mit klimafreundlicher Kleidung oder selbst entworfenen T-Shirts.

Energie

4. *Schreibt einen kleinen Ratgeber über Formen der Energienutzung.*
Welche Vor- und Nachteile haben sie?
Welche ethischen Gesichtspunkte sind zu berücksichtigen?
Stellt euch gegenseitig eure Ratgeber vor und macht eine kleine Ausstellung.

5. *Erkläre das Bild.*

Nachhaltigkeit

6. *Schreibt in Gruppen einen Brief an eine Politikerin oder einen Politiker eurer Wahl, in dem ihr eure Wünsche für eine nachhaltigere Politik mitteilt und begründet.*
Veröffentlicht den Brief nach Möglichkeit in einer Tageszeitung oder in eurer Schülerzeitung.

Hans Jonas

7. *Schreibt in Partnerarbeit ein Interview mit Hans Jonas, das mit folgender Frage beginnen könnte: „Herr Jonas, warum brauchen wir heutzutage neue Regeln für unser Handeln?“*

8. *Entwerft ein Flugblatt zu dieser Luftballon-Aktion, in dem ihr die Gefahren der Kernenergie erklärt und mit Hans Jonas unsere Verantwortung für zukünftige Bewohner der Erde begründet.*

Nachhaltiger Konsum und Gerechtigkeit

Ein Projekt der BUNDjugend informiert über die Auswirkungen unseres täglichen Konsums auf Umwelt und Mitwelt mithilfe einer virtuellen Stadtführung. Ihr könnt sie unter folgender Adresse online mitmachen: www.konsum-global.de.

Konsum bezeichnet unseren Verbrauch von Dingen wie Nahrung und Kleidung. [...]
Du surfst im Internet, guckst MTV, hörst Hip-Hop, machst Capoeira, isst Sushi oder Hamburger, trägst eine Jeans und trinkst Cola?
Dann bist du mitten im Thema:
Wir folgen den Spuren ganz alltäglicher Waren, die auf ihrem Weg in das Geschäft um die Ecke oft die ganze Welt bereisen. Und wir wollen zeigen, wie wir durch unser Verhalten Einfluss auf weltweit tätige Unternehmen ausüben können.
Drei Planeten bräuchten wir, wenn alle Menschen so leben würden, wie wir es in Deutschland tun. Wir haben aber nur einen Planeten. Das heißt, wir verbrauchen Ressourcen schneller, als sie nachwachsen. Das ist Raubbau an Natur und Mensch.
Übrigens: 20 Prozent der Weltbevölkerung verbrauchen ca. 80 Prozent der natürlichen Ressourcen. Das sind vor allem wir in der „westlichen Welt", darum sollten auch wir als Erste unseren Lebensstil überdenken.

(www.konsum-global.de, 30.12.09)

9. *Was ist ungerecht daran, nicht nachhaltig zu leben?*

10. *Lege eine Liste von etwa zehn Dingen an, die du täglich brauchst. Woher kommen die Dinge? Wie werden sie hergestellt/verarbeitet? Könntest du sie durch nachhaltigere Produkte ersetzen? Vergleicht eure Listen in der Gruppe und gebt euch gegenseitig Tipps.*

Umweltdetektive

Bei einem Streifzug durch den Stadtteil Buntekuh in Lübeck deckten die Umweltdetektive so einige Umweltsünden auf: „Nicht alle Kindergärten benutzen Umweltpapier und trennen den Müll. Außerdem ist die Wasserqualität unseres Baches in Buntekuh sehr schlecht."
Nach ihrem Umweltcheck wollten die Umweltdetektive auf ihre Entdeckungen aufmerksam machen. Sie schrieben einen Brief an die Stadt Lübeck und berieten sich mit den städtischen Mitarbeitern über mögliche Lösungen zur Verbesserung der Sauberkeit innerhalb ihres Stadtteils. Eine große Müllsammelaktion am 28. März hat dabei sehr geholfen. „Wir Umweltdetektive wollten den Bachlauf entmüllen, damit sich dort wieder mehr Tiere wohlfühlen. Dazu haben wir alle aufgerufen, uns tatkräftig zu unterstützen."
Auch die Kindergärten im Stadtteil Buntekuh haben jetzt auf Ökopapier umgestellt. Wie gut, dass es die Umweltdetektive gibt!

(http://www.zukunftsscouts.de/index.php?option=com_content&task=blogcatogery&id=53&Itemid=78)

11. *Werdet selbst Umweltdetektive in eurer Familie, eurer Schule, eurem Wohnort. Einigt euch auf einige Verbesserungen, die ihr umsetzen könnt, bildet Gruppen und startet eine Aktion.*

Tiere als Mit-Lebewesen?

1. *Beschreibt die einzelnen Abbildungen.*

2. *Notiere auf einem Zettel, welches Bild dir am besten gefällt, und begründe deine Entscheidung.*
- *Heftet die Zettel an eine Wand.*
- *Ordnet sie.*
- *Stellt eine Rangordnung auf.*

3. *Woran liegt es, dass einige Bilder oft und andere kaum oder gar nicht ausgewählt wurden?*

4. *Menschen teilen Tiere oft ein in nützlich/schädlich, schön/eklig, lieb/böse usw. Beschreibt an Beispielen, ob ihr das auch so macht und wie ihr zu euren Empfindungen und Werturteilen kommt.*

5. *Was haben Tiere mit Menschen zu tun? Jedes Bild gibt dazu eine andere Antwort. Schreibt zu jedem Bild die Antworten auf.*

6. *In welchen der dargestellten Beispiele seid ihr mit dem Verhalten der Menschen einverstanden, wo nicht? Sprecht darüber, begründet eure Meinungen und beschreibt weitere dazu passende Beispiele.*

7. *Stellt gemeinsam Regeln für das Verhalten der Menschen gegenüber Tieren auf. Diskutiert vor allem über die Vorschläge, mit denen nicht alle einig sind.*

1. Was Tiere von Menschen unterscheidet

Kann das nur der Mensch?

- → ... sorgt dafür, dass andere nicht in Gefahr kommen.
- → ... hat ein schlechtes Gewissen.
- → ... stöhnt vor Schmerzen.
- → ... liest gerne Märchen.
- → ... stellt Werkzeuge her.
- → ... mag es, wenn er gestreichelt wird.
- → ... ist stundenlang beleidigt.
- → ... liest gerne Märchen.
- → ... hat gelogen.
- → ... sind als Freunde unzertrennlich.
- → ... lebt sein Leben.
- → ... plant sein Leben.
- → ... kann sprechen und singen.
- → ... kann Wörter zu Sätzen formen.
- → ... hat das Problem gelöst.

1. *Überlegt zu den einzelnen Aussagen, ob das nur der Mensch kann oder ob Tiere gleichartige oder ähnliche Fähigkeiten haben. Diskutiert darüber in Kleingruppen und begründet eure Antworten.*

2. *Beantwortet die Frage, die im Schaubild gestellt wird. Als Hilfe kann euch das Internet dienen. Sucht unter dem Begriff „Kluger Hans".*

Kinder und ihr Hund

Toni und seine Schwester Sofie sind von ihrem Hund begeistert. Nach dem Besuch der Hundetrainingsstunden hat er gelernt, zu gehorchen und sich zu benehmen. Übermütig kann er draußen herumtollen, und sie müssen heute noch lachen, wenn sie daran denken, wie ängstlich und zögernd er seine Pfoten erstmals auf frischen Schnee gesetzt hatte. Wie wohl er sich fühlt, spüren sie am meisten, wenn sie nach der Schule zu ihm kommen. Er springt sie an, schmiegt sich an sie und gibt seltsame Laute von sich. Er ist immer dabei, wenn nach dem Abendessen viel erzählt wird, und ihnen kommt es so vor, als könne er aufmerksam zuhören. Wenn man ihm aber aus Versehen wehgetan hat, kann er stundenlang beleidigt sein, und man kann ihm aber auch sein schlechtes Gewissen ansehen, wenn er ausgeschimpft werden muss, weil er Pflanzen aus einem Blumentopf ausgegraben hat.

3. *Sofie und Toni unterhalten sich, welche Eigenschaften, Fähigkeiten und Verhaltensweisen sie und ihr Hund gemeinsam haben. Was haben sie alles herausgefunden und was könntet ihr noch ergänzen?*

4. *Ein anderes Mal streiten sie sich darüber, ob ihr Hund denken kann. Stellt gegenüber, was dafür und was dagegen spricht.*

Menschenaffen und Delfine galten schon länger als kluge Tiere, doch auch bei vielen anderen Tieren – sogar bei Tintenfischen – hat man erstaunliche Fähigkeiten entdeckt.

5. *Sucht im Internet unter dem Suchbegriff „Intelligenz bei Tieren“ nach solchen Beispielen, notiert euch einige und berichtet der Klasse darüber.*

Warum sind Tiere keine Menschen?

Im Buch „Was konnte Kant, was ich nicht kann?“ von Manfred Geier ist der achtjährige Toni die Hauptfigur. Er ist wissbegierig und fragt, fragt, fragt.
Einmal stellte Toni die Frage: „Warum sind Tiere keine Menschen?“ In Märchen und Fantasiegeschichten sind sie wie wir Menschen – aber in Wirklichkeit? Das ist bis heute eine schwierige Frage, obwohl schon die alten griechischen Philosophen darüber nachgedacht haben. Manfred Geier erzählt ihm zunächst ein Abenteuer aus dem Leben der weißen Schäferhündin Emma:
Rike ruft aufgeregt ihre Freundin Paula an und berichtet, dass Emma vor dem Supermarkt angebunden war und ein unbekannter Mann sie losgebunden und mitgenommen hat. Ihre beiden Kinder Sofie und Toni seien völlig verwirrt. Alles Suchen in der Umgebung war vergebens. Die Polizei war informiert und hatte ein Foto von Emma. Nach zwei Tagen berichtete eine große Tageszeitung über Emmas Verschwinden und alle hofften, dass der Dieb jetzt Angst bekommt, weil jeder jetzt die weiße Schäferhündin kennt. Einen Tag später bringt ein Mann Emma zur Polizeiwache und erklärt, er hätte Emma herumirrend gefunden. Emma war in einem schlechten Zustand, sie wollte nichts fressen und hockte völlig verängstigt in einer Ecke unter dem Tisch. Erst als Rike, Sofie und Toni den Raum betraten, vollführte Emma die reinsten Freudentänze. Abends besuchten dann Manfred Geier und seine Freundin Paula die glückliche Familie. Alle redeten und rätselten über Emmas Abenteuer: „Schade, dass Hunde nicht sprechen können“, bemerkte Paula. „Sie können schon sprechen“, stellte Sofie fest, „aber nur in ihrer Sprache. Sie zeigen uns deutlich, was sie fühlen oder wollen, und wenn du einen Hund gut kennst, verstehst du auch, was er sagt.“ Dass Emma mit ihrem Mienenspiel und Verhalten etwas ausdrückte, wollte niemand bezweifeln. Vor allem Toni, der sein ganzes Leben mit seiner weißen Hündin verbracht hatte, verstand sich mit ihr ohne Worte. Sie waren ein eingespieltes Paar. „Tiere können aber nicht wirklich denken und sprechen“, sagte Toni zu seiner Schwester, „weil nur Menschen Sprache und Gedanken haben.“

(nach: Manfred Geier: Was konnte Kant, was ich nicht kann?, Rowohlt Verlag, Hamburg 2006, S. 80 ff.)

6. *Erzählt von Erfahrungen, die ihr selbst schon mit der „Hundesprache“, „Katzensprache“ ... gemacht habt.*

7. *Können Tiere ihre Gefühle ausdrücken? Tauscht dazu eure Beobachtungen aus und diskutiert darüber.*

8. *Nennt fünf Tiere, die eurer Meinung nach besonders gut mitteilen können, wie es ihnen gerade geht und was sie möchten. Stellt eine Rangordnung auf und erklärt sie.*

9. *Lassen sich diese Fähigkeiten der Tiere mit dem Sprechen der Menschen vergleichen? Zählt Übereinstimmungen und wichtige Unterschiede auf.*

10. *Fasst eure Gedanken und Überlegungen zum Unterschied zwischen Mensch und Hund in einer Tabelle stichwortartig zusammen. Vergleicht eure Ergebnisse mit anderen und ergänzt eure Tabelle.*

Gemeinsamkeiten von Mensch und Hund	*Dies hat nur der Mensch*
...	...

2. Sind alle Tiere gleich viel wert?

Tiere, die ich mag – Tiere, die ich nicht mag

1. *Besorgt euch einige Fotos von Tieren, die euch besonders gefallen, und von Tieren, die ihr nicht mögt, und bringt die Bilder in den Unterricht mit.*

2. *Besprecht sie, ergänzt durch eigene Beispiele und sammelt stichwortartig die Begründungen für eure Wertungen.*

Schülerinnen und Schüler einer 5. Klasse haben sich darüber Gedanken gemacht:

„Ich mag Tiere sehr und die Babys sind immer so süß. Ich möchte mich später auch für Tiere einsetzen. Natürlich mag ich nicht alle Tiere. Ich hasse zum Beispiel Schlangen, Spinnen oder Krokodile. Man sollte ihnen aber trotzdem nichts Schlimmes zufügen.“ (Olivia, 11 Jahre)

„Meine Lieblingstiere sind Pferde, weil man auf ihnen reiten oder einfach Spaß haben kann. Ich mag Schlangen und den Wolf sehr – die Schlangen, weil sie schön sind, und den Wolf, weil er groß und stark ist. Schwarze Schnecken finde ich eklig, weil sie so schleimig sind, und Spinnen, weil sie so lange Beine haben.“ (Julia, 11 Jahre)

„Tiere sind spannend, z. B. Reptilien oder Tiere unter Wasser. Ich finde sie toll. Meine Lieblingstiere sind Haie und Krokodile. Vor allem interessiert mich, wie sie ihre Beute jagen.“ (Emmanuel, 11 Jahre)

„Ich mag Tiere sehr, da sie immer für einen da sind, auch wenn man traurig ist. Meine Lieblingstiere sind Hunde und Ratten, weil ich selber welche habe. Ich finde eigentlich keine Tiere eklig, da alle Lebewesen sind.“ (Moritz, 10 Jahre)

3. *Wie begründen die Schülerinnen und Schüler, warum sie manche Tiere mögen und andere nicht? Bildet Kleingruppen und sprecht darüber, ob euch die genannten Gründe überzeugen.*

4. *Stellt fest, welche Erfahrungen und Ansichten ihr selbst zu diesem Thema habt. Führt dazu ein Rundgespräch nach der Methode „Sprechstein“ durch und überlegt anschließend, wo ihr einer Meinung wart oder wo ihr unterschiedliche Ansichten hattet.*

5. *Gibt es gute Gründe, dass man eigentlich alle Tiere respektieren und achten soll? Schreibt eure Gedanken zunächst auf einen Zettel und diskutiert dann darüber.*

So geht es – Einen Sprechstein einsetzen

- Stellt eine Frage oder formuliert ein Problem und bringt einen Stein mit.
- Bildet einen Sitzkreis und gebt den Stein oder einen anderen Gegenstand ringsum weiter.
- Nur wer den Stein hat, darf reden: etwas erzählen oder berichten, etwas erklären, seine Meinung zu einzelnen Beiträgen seiner Vorgänger sagen usw.
- Der Stein kann auch ohne zu sprechen weitergegeben werden.
- Gebt jetzt den Stein, wenn ihr nicht weitersprechen wollt, an jemand weiter, der dann sprechen soll.

Ehrfurcht vor allem Leben?

Jeder dumme Junge kann einen Käfer zertreten. Aber alle Professoren der Welt können keinen herstellen.

(Arthur Schopenhauer, deutscher Philosoph, 1788–1860)

Albert Schweitzer (1875–1955) war Theologe, Philosoph und Urwaldarzt in Lambaréné (Afrika). Er kämpfte für den Erhalt der Natur und der Verständigung zwischen den Völkern. 1952 erhielt er den Friedensnobelpreis*. Er war der festen Überzeugung, dass wir alle vor allem eines wollen:

„Ich bin Leben, das leben will, inmitten von Leben, das leben will." Daraus folgt für ihn: „Gut ist, Leben zu erhalten und Leben zu fördern; böse ist, Leben zu vernichten und Leben zu hemmen."

6. *Um welches „Leben" handelt es sich jeweils? Erklärt es auch mit Beispielen.*

7. *Alle Lebensformen sind für ihn „Leben". Daraus folgt für ihn, dass ... Führt diesen Satz weiter und lest eure Ergänzungen vor.*

8. *Worüber sind sich die Philosophen Arthur Schopenhauer und Albert Schweitzer einig?*

An Beispielen erklärt Albert Schweitzer, wie man als Mensch richtig handelt, wenn man sich verpflichtet fühlt, jedem Leben zu helfen und keinem Leben Schaden zuzufügen:

Er fragt nicht, inwiefern dieses oder jenes Leben als wertvoll Anteilnahme verdient, und auch nicht, ob und wie weit es noch empfindungsfähig ist. Das Leben als solches ist ihm heilig. Er reißt kein Blatt vom Baume ab, bricht keine Blume und hat acht, dass er kein Insekt zertritt. Wenn er im Sommer nachts bei einer Öllampe arbeitet, hält er lieber das Fenster geschlossen und atmet dumpfe Luft, als dass er Insekt um Insekt mit versengten Flügeln auf seinen Tisch fallen sieht. Geht er nach dem Regen auf der Straße und erblickt den Regenwurm, der sich darauf verirrt hat, so bedenkt er, dass er in der Sonne vertrocknen muss, wenn er nicht rechtzeitig auf die Erde kommt, in der er sich verkriechen kann, und befördert ihn hinunter ins Gras. Kommt er an einem Insekt vorbei, das in einen Tümpel gefallen ist, so nimmt er sich die Zeit, ihm ein Blatt oder einen Hahn zur Rettung hinzuhalten. Er fürchtet sich nicht, deshalb belächelt zu werden.

(nach: Albert Schweitzer: Kultur und Ethik, Beck-Verlag, München 1972, S. 330 ff., 335)

Albert Schweitzer

9. *Was meint ihr zu dem im letzten Satz erwähnten Handeln? Kann man dafür von anderen mit Recht ausgelacht werden?*

10. *Sammelt im Internet weitere Informationen über Albert Schweitzer und schreibt die Geschichte seines Lebens als kleinen Aufsatz.*

11. *Albert Schweitzer verlangt von den Menschen „Ehrfurcht vor allem Leben". Lest dazu noch einmal die Textbeispiele und erklärt daran, was er unter „Ehrfurcht" versteht.*

3. Müssen wir Menschen dafür sorgen, dass es den Tieren gut geht?

Was tut ihr, damit es euren Haustieren gut geht?

Viele Kinder haben die Möglichkeit, zu Hause Tiere zu halten und für sie zu sorgen. Mit der folgenden Methode könnt ihr in Kleingruppen Fragen stellen zu allem, was ihr von ihnen wissen möchtet:

So geht es – Fragen an Experten stellen

- Stellt fest, wer in eurer Klasse zu einem bestimmten Thema Experte ist, also sich gut auskennt oder etwas gut kann.
- Der Experte hängt sich ein Schild mit seinem Spezialgebiet um. Z. B.: Ich sorge für einen Wellensittich; Ich bin verantwortlich für ...; Ich kann gut ...
- Bildet um die einzelnen Experten kleinere Gruppen und sucht einen Platz, wo ihr ohne andere zu stören eure Fragen stellen könnt: Ich möchte von dir wissen, ...
- Überlegt bei Fragen, die euer Experte nicht beantworten kann, ob sie für euch so wichtig und interessant sind, dass ihr anschließend noch weiter nachforschen wollt (Lehrer, Bücher, Internet usw.).

1. *Wenn ihr von euren „Experten" alles erfahren habt, was ihr wissen wolltet, könnt ihr als Information für die ganze Klasse für das jeweilige Haustier Wichtiges zusammenfassen:*
„Damit es meinem ... gut geht, muss ich ..."

2. *Berichtet auch von euren Erfahrungen mit Problemen bei der Haustierhaltung, zum Beispiel bei der Urlaubsplanung, und wie ihr sie löst.*

Wenn das Haustier zum Problem wird

Das Bild zeigt sechs Wochen alte Kätzchen in einem Tierheim. Die Mutter hatte sie dort zur Welt gebracht, weil sie von ihren Besitzern in der Sommerferienzeit ausgesetzt wurde. Viele Tierheime sind im Sommer völlig überfüllt, weil die Katzen, Hunde oder Meerschweinchen die Urlaubspläne ihrer Besitzer stören und sie einfach ausgesetzt werden. Wenn sie Glück haben, wird jemand auf die ausgesetzten Tiere aufmerksam und bringt sie ins Tierheim.

3. *Berichtet von ähnlichen Beispielen und sagt eure Meinung dazu.*

4. *Überlegt gemeinsam, was man sich schon vorher überlegen muss, bevor man ein Haustier aufnimmt, um solche und ähnliche Probleme zu vermeiden.*

Zum Beispiel: Schwäne in Hungersnot – Tierhelfer im Einsatz

Ein Schwan wird [...] nach vierwöchigem Aufpäppeln in Preetz wieder in die Freiheit entlassen. Engagierte Tierschützer in Schleswig-Holstein sind sich einig, dass man nicht zusehen darf, wie die eleganten Schwäne qualvoll sterben. Denn dort, wo sie auf den Feldern unter Schnee und Eispanzer nichts mehr zum Fressen finden, ereignen sich leise Tiertragödien. Ein völlig entkräfteter Schwan stirbt über Tage. Das abgemagerte Tier kann nur noch über den Schnee robben und sich nicht mehr erheben, weil es sein Körpergewicht nicht mehr tragen kann.
Der stellvertretende NABU(Naturschutzbund)-Landesvorsitzende Fritz Heydemann aus Plön sieht die Winterfütterung der Zugvögel kritisch und spricht von einer natürlichen Auslese. In der kalten Jahreszeit durchgefütterte Tiere würden sich gewöhnen und bleiben, anstatt fortzuziehen. In milden Wintern ist das durchaus ein Vorteil für sie. Denn dadurch können sie im Frühjahr bereits die besten Nistplätze besetzen, während ihre Artgenossen noch auf der Rückreise sind. In Ausnahmewintern wie in diesem Jahr wird ihnen diese Taktik aber dann oft zum Verhängnis.

(KN-online vom 16.02.2010 dpa/lno; in: www.kn-online.de vom 13.05.2010)

5. *Es gibt viele Tiere, die in einem strengen Winter in Not kommen. Habt ihr auch schon versucht, ihnen zu helfen? Bildet einen Stuhlkreis, berichtet darüber und erzählt auch, welche Erfahrungen ihr dabei gemacht habt.*

6. *Fasst zusammen, warum der Naturschutzbund in manchen Fällen die Winterfütterung von Tieren in Not kritisch beurteilt. Wie denkt ihr darüber? Begründet eure Meinung.*

Das Leiden vermindern als oberstes Gebot?

Manche Tiere wie Schafe, Rinder, Kälber, Schweine werden manchmal bis zu 3000 km transportiert, nur um anschließend geschlachtet zu werden. Immer wieder werden strengere Vorschriften gefordert, aber es ist sehr schwierig, zu Regelungen zu kommen, die in ganz Europa anerkannt werden.
Im § 1 des Tierschutzgesetzes steht: „Niemand darf einem Tier ohne Grund Schmerzen, Leiden oder Schäden zufügen."
Auch viele Philosophen haben sich mit den Leiden der Tiere beschäftigt. Der Philosoph Peter Singer fordert zum Beispiel, dass jedes Wesen, das leiden kann, egal ob Mensch oder Tier, vor diesem Leiden bewahrt werden muss. Niemand kann sich nach seiner Meinung rechtfertigen mit dem Satz „Das sind ja nur Tiere!". Wie Menschen können auch Tiere leiden. Man darf keinem Lebewesen Leiden zufügen.

7. *Das Leiden vermindern und möglichst vermeiden. Gilt diese Pflicht gegenüber Menschen und Tieren in gleichem Maße? Diskutiert darüber.*

4. Ein Tier – Nur ein Tier?

Töten, um zu überleben

Der Bison oder Büffel bedeutete Leben für Tausende Indianer Nordamerikas. Er versorgte sie mit den zum Überleben wichtigsten Dingen: Nahrung, Unterkunft und Kleidung. Vor der Büffeljagd ehrten zum Beispiel die Apachen die Büffel durch Gebete, durch Tänze, durch den Rauch der heiligen Pfeife und durch Lieder. Damit baten sie die Büffel um Verzeihung, dass sie sie jetzt töten müssen, um selbst zu überleben. Nach der Jagd wurden alle Teile des toten Büffels mit großer Sorgfalt und Ehrfurcht behandelt, um die Seele des Büffels nicht zu beleidigen.

Als 1869 die ersten durchgehenden Eisenbahnstrecken in Nordamerika fertiggestellt waren, zog es viele Jagd- und Abenteuerlustige in die Weidegebiete der Büffel. Mit der Eisenbahn konnten sie bequem hinfahren und konnten so viele Bisons abschießen, wie sie wollten – nur zu ihrem Spaß.

1. *Ein Apache steht einem Bisonjäger gegenüber und stellt ihn zur Rede. Dieser versucht, sich zu verteidigen. Spielt diese Szene als Rollenspiel. Fasst anschließend zusammen, was beide unterscheidet.*

Der Mensch herrscht über die Tiere

Über den Menschen und die Tiere steht in der Bibel:

„Lasst uns den Menschen machen nach unserem Bilde, uns ähnlich. Sie sollen herrschen über die Fische des Meeres und über die Vögel des Himmels, über das Vieh und über alles Wild des Feldes und über alles Gewürm, das auf dem Erdboden kriecht.“
(Gen. 1, 26)

Seit rund 50 Jahren wird uns Menschen immer mehr bewusst, dass durch Umweltverschmutzung und Umweltzerstörung auch die Lebensgrundlagen der Tiere und Menschen zerstört werden und immer mehr Tier- und Pflanzenarten aussterben. Viele fragten sich, wie es so weit kommen konnte, und machten zum Teil auch diesen Text in der Bibel dafür verantwortlich, weil die Menschen daraus abgeleitet haben, dass sie als „Herren“ der Schöpfung die Erde, die Tiere und die Pflanzen beherrschen und ausbeuten können. Eine solche Einstellung nennt man „anthropozentrisch*“.

Beispiele:

→ Jagd auf Tiere als Hobby, um die Jagdleidenschaft zu befriedigen. In vielen Ländern Europas gibt es Tierschutzgruppen, die für ein Verbot der Hobbyjagd kämpfen.

„Die Jagd ist eines der sichersten Mittel, das Gefühl der Menschen für ihre Mitgeschöpfe abzutöten.“
(Voltaire, französischer Schriftsteller, 1694 – 1778)

→ Töten von Tieren für modischen Schmuck oder elegante Kleidung (z. B. Taschen oder Schuhe aus Schlangenleder)

→ ...

Erkläre es mir – anthropozentrisch

„Anthropos“ kommt aus der griechischen Sprache und bedeutet „Mensch“, „Zentrum“ ist ein Mittelpunkt. Der Mensch steht im Mittelpunkt und alles andere um ihn herum ist für ihn da.
Für die Tiere bedeutet diese Einstellung, dass sie den Menschen ausgeliefert sind. Sie werden nicht nur deshalb gejagt und getötet, weil der Mensch sie als Nahrung zum Überleben braucht, sondern weil der Mensch sie für andere Zwecke benutzt.

2. *Erklärt den Begriff „anthropozentrisch“ an weiteren Beispielen.*

3. *Ergänzt die Auswirkungen der anthropozentrischen Einstellung auf die Tiere durch weitere Beispiele.*

4. *Überlegt, wie sich diese Einstellung auf die Tiere auswirkt, und sagt eure Meinung dazu.*

5. *Seid ihr mit Voltaires Einschätzung der Jagd einverstanden? Diskutiert darüber.*

Das Tier als Mitgeschöpf

Das Wort „Geschöpf“ kommt aus den Religionen. Im christlichen Glauben ist Gott der Schöpfer, der die Welt und alles Leben erschaffen hat. Heute sagen die christlichen Kirchen, dass es falsch war, diese Bibelstelle „anthropozentrisch“ auszulegen, also so, dass der Mensch sich die Erde untertan machen soll und er damit machen kann, was er will. Nach heutigem christlichem Verständnis sind die Tiere die „Mitgeschöpfe“ des Menschen. Sie haben unabhängig vom Menschen ihren eigenen Wert und der Mensch hat den Auftrag, seinen Mitgeschöpfen mit Respekt zu begegnen, sie zu bewahren und zu erhalten. Er ist für ihr Wohlergehen mitverantwortlich.

6. *„Das Tier ist ein Mitgeschöpf und der Mensch ist für sein Wohlergehen mitverantwortlich.“ Beschreibt an Beispielen, wie die Menschen mit Tieren umgehen müssen, wenn sie danach handeln.*

Mensch und Tier – wie man Wichtiges herausfindet

Eine gute Möglichkeit, den Lernstoff zusammenzufassen und zu wiederholen, ist das Vorbereiten eines Spickzettels. Dabei merkt ihr auch sehr schnell, dass es sich lohnt, wenn ihr eure Hefte oder andere Unterrichtsmaterialien sorgfältig geführt und aufbewahrt habt. Das braucht ihr jetzt für einen guten Spickzettel.
Worauf es ankommt: Gut überlegen, was wichtig ist, und nur das stichwortartig oder in anderer Kurzform festhalten, was ihr davon auch verstanden habt. So gut vorbereitet braucht ihr den Spickzettel in einer Klassenarbeit bestimmt nicht mehr.

7. *Bereite einen Spickzettel zum Thema „Tier und Mensch“ vor. Die folgenden Hinweise können dir dabei helfen.*

So geht es – Einen Spickzettel vorbereiten

- Lies noch einmal entsprechende Lehrbuchseiten und alles, was du zu einem Thema geschrieben und gesammelt hast.
- Schreibe dann zu jedem Thema Wichtiges stichwortartig auf einen Zettel.
- Überlege und kontrolliere jetzt, ob du Unwichtiges wieder streichen kannst.
- Spiele jetzt Lehrer und formuliere zu jedem Thema mögliche Wiederholungsfragen.
- Schreibe jetzt deinen Spickzettel so auf, dass du möglichst wenig Platz brauchst.
- Bringt euren Spickzettel in den Unterricht mit und bittet eure/n Lehrer/in, in einer Wiederholungsstunde euren Spickzettel zu besprechen.

5. Ist es falsch, sich von Fleisch zu ernähren?

Ein philosophisches Gespräch

Zwei Freundinnen, Aisha und Carol, sitzen in einem Restaurant. Carol hat einen Hamburger bestellt. Als er serviert wird und Carol anfängt zu essen, blickt Aisha vorwurfsvoll auf den Teller. Carol spürt es und beginnt ein Gespräch:

CAROL: Hmmm! Mein Burger schmeckt köstlich!

AISHA: Wie kannst du so etwas sagen! Das Fleisch stammt von einem Lebewesen. Und es wurde nur geschlachtet, damit du sein Muskelfleisch und andere Teile schön zerhackt und gegrillt genießen kannst. Was für eine Schande!

CAROL: Entschuldige, aber ich mag Fleisch. Warum sollte ich dann keines essen?

AISHA: Weil es unrecht ist, Carol. Man darf kein Lebewesen töten, weil man Lust auf sein Fleisch hat. Du hättest einen Gemüseburger bestellen sollen wie ich. Der schmeckt genauso gut.

CAROL: Nein, tut er nicht! Gemüseburger sind matschig und schmecken fade. Mir ist etwas Handfestes lieber.

Carol hat die vorwurfsvollen Blicke satt und beginnt, sich zu verteidigen:

CAROL: Hör mal, Aisha, die meisten Leute denken wie ich, nicht wie du. Sie finden nichts Schlechtes daran, Fleisch zu essen. Sie haben auch kein schlechtes Gewissen dabei. Wenn es moralische Einwände gegen das Fleischessen gäbe, dann müsste ja alle Welt mit einem schlechtes Gewissen herumrennen, oder? Folglich kann es auch nichts Unrechtes sein.

AISHA: Ich weiß, dass die meisten Menschen in unserem Land keine Skrupel haben, Tiere zu schlachten und ihr Fleisch zu essen. Aber dass sie in der Mehrheit sind, bedeutet noch lange nicht, dass sie deshalb auch im Recht sind. Es ist noch gar nicht lange her, dass die Mehrheit in vielen Ländern der Ansicht war, Sklaverei wäre moralisch in Ordnung. Man hielt gewisse Rassen für minderwertig und glaubte sich deshalb im Recht, Angehörige dieser Rassen als Sklaven auszubeuten. [...]

Carol sitzt schweigend da und kaut. Sie hat überhaupt nicht das Gefühl, etwas Unrechtes zu tun. Sie gibt noch nicht auf:

CAROL: Okay, Aisha, es geht dir darum, dass das Fleisch von einem Lebewesen stammt, richtig?

AISHA: Ja. Ich bin der Ansicht, dass wir kein Recht haben, ein Lebewesen, das an seinem Leben hängt, absichtlich zu töten, nur um es zu verspeisen.

CAROL: Aber die meisten Tiere werden doch extra gezüchtet, um später geschlachtet zu werden. Sie sind überhaupt nur am Leben, weil wir sie eigens gezüchtet haben. [...] Alles in allem genommen, ist es positiv und nicht negativ, Tiere zum Schlachten zu züchten.

AISHA: Nein, das stimmt nicht. Nehmen wir einmal an, es gäbe Marsbewohner, Farmer, die Menschen züchteten [...]

CAROL: Igitt! Wie entsetzlich! Also wirklich ... [...]

AISHA: Du hast doch behauptet, es sei okay, Tiere zu essen, weil sie eigens dafür gezüchtet wurden.

Carol sucht nach neuen Argumenten:

CAROL: Okay, ich gebe zu, dass die Tatsache an sich, dass wir die Tiere nur zum Schlachten züchten, das Fleisch-

essen nicht automatisch rechtfertigt. Aber Tiere sind anders als wir. [...] Sie wissen nicht, was richtig und was falsch ist. Das gibt uns das Recht, sie zu töten und aufzuessen.

Aisha: Aha, du findest es also gerechtfertigt, alles zu essen, was weniger intelligent ist als wir? Wir dürfen also Lebewesen verspeisen, nur weil diese uns gefühlsmäßig unterlegen sind?

Carol: Richtig. [...] Hör mal, Aisha. Es ist eine Tatsache, dass wir Menschen über den Tieren stehen. Unsere Bedürfnisse und Wünsche haben Vorrang So ist es eben. Menschen sind wichtiger als Tiere.

Aisha: Wieso denn das, Carol? Du hast mir keinen einzigen guten Grund genannt, warum sie nicht dieselbe moralische Rücksicht verdienen wie wir Menschen. Und wenn du nicht erklären kannst, warum sie nicht dieselbe Behandlung verdient haben, ist deine Behauptung nur ein Vorurteil. [...]

Carol windet sich innerlich. Der Gedanke, Vorurteile zu haben, behagt ihr ganz und gar nicht.

Carol: Tiere fressen einander doch auch auf, oder? Katzen fressen Mäuse und Vögel. Tiger fressen Gazellen, Füchse Hühner. Wenn die Tiere einander auffressen, warum sollten wir sie dann nicht auch aufessen?

Aisha: Tiere folgen ihrem Instinkt. Sie wissen nicht, was richtig und was falsch ist. Sie kennen keine moralischen Begriffe. Deshalb kann man sie für ihr Tun nicht verantwortlich machen [...]. Sobald wir das einmal eingesehen haben, können wir damit aufhören. Und wenn wir es nicht tun, sind wir schlechte Menschen.

Carol ärgert sich inzwischen, dass sich bei ihr so langsam Schuldgefühle einstellen, und sie reagiert fast etwas trotzig. Mit ihrem letzten Argument will sie Aisha allen Wind aus den Segeln nehmen. Beide haben sich ein Eis bestellt:

Carol: Sag mal, Aisha, eins würde ich gerne wissen: Warum bist du eigentlich aus moralischen Gründen nicht auch gegen das Eisessen? Eis wird bekanntlich aus Milch gemacht, und Milch stammt von Kühen. Auch Käse wird aus Milch gemacht, und auf deinem Gemüseburger war Käse!

Aisha: Aber Käse und Eis kann man herstellen, ohne dass die Tiere dafür sterben müssen.

Carol: Aber werden die armen Kühe nicht unter denselben entsetzlichen Bedingungen gehalten?

Aisha: Oh – ich fürchte, du hast recht.

Carol: Gut. Und selbst wenn man sie artgerecht hält, müssen die Kühe dann nicht erst ein Kalb bekommen, ehe sie Milch geben können?

Aisha: Ja, ich glaube, das stimmt.

Carol: Schön, und was passiert danach mit all den Kälbern? Die Hälfte davon ist männlich und taugt nicht zur Milchkuh.

Aisha: Hm, ja.

Carol: Also werden sie geschlachtet, stimmt's? Geht ja wohl kaum anders. Sonst würden wir bald von Bullenherden zertrampelt werden.

Aisha: Hm, da hast du recht.

Carol: Aha! Da hältst du mir eine Strafpredigt, weil ich es wage, einen Burger zu essen. Aber nur weil ich einen Burger gegessen habe, bist du zu diesem Eis und dem Käse auf deinem Gemüseburger gekommen. Du bist ganz schön scheinheilig! Ich wette, du trägst auch Lederschuhe, richtig?

Aisha: Ja ...

Carol: Und was glaubst du wohl, woher das Leder für deine Handschuhe stammt? Von einem getöteten Tier. Ich hoffe, du siehst nun ein, dass du genauso verantwortlich bist wie ich für den Tod all dieser Tiere, auch wenn du kein Fleisch isst!

(nach: Stephen Law: Philosophie – Abenteuer Denken, Arena Verlag, Würzburg 2007, S. 101 ff.)

1. *Lest dieses Gespräch mit verteilten Rollen und überlegt, wer euch eher überzeugt hat. Begründet eure Entscheidung.*

2. *Fasst Carols Argumente stichwortartig zusammen. Benutzt dazu das Argumentationsschema und sagt eure eigene Meinung dazu.*

Argumente von Carol	*Gegenargumente von Aisha*
– hat Lust auf Fleisch	*– Lust zu haben auf Fleisch ist kein Grund zum Töten*
– ...	– ...

6. Wie Tiere den Menschen helfen

Beispiel: Hunde mit Jobs

Für viele Menschen sind ihre Hunde Spielkameraden, Mitbewohner, sogar Freunde. Für Karl Matthias Schäfer, der blind ist, bedeutet der Labradorrüde Cross jedoch noch mehr: Das Tier sieht für ihn. Bis ein Hund eine solche Aufgabe übernehmen kann, muss Zeit und Arbeit investiert werden. Das beginnt bereits bei der Zucht von Blindenhunden – schon die Elterntiere sollten ein ruhiges Wesen und eine hohe Lernbereitschaft besitzen. Hat auch der Welpe diese Eigenschaften, so kommt er zunächst für ein Jahr in eine Patenfamilie, wo er sich an die ständige Nähe von Menschen, Lärm und den städtischen Alltag gewöhnen soll. Erst danach beginnt die Ausbildung an einer Führhundschule. Schäfer konnte seinen neuen Hund Cross schon während dieser Zeit immer wieder besuchen, doch zum eingespielten Team wurden sie erst einige Monate später. [...]

Auch die Ausbildung eines Sprengstoffspürhundes ist keine Kleinigkeit. Bei der Polizei in Nordrhein-Westfalen muss ein solcher Hund über zwei Monate lang täglich trainieren. [...] Von den rund 400 Spürhunden der Polizei in Nordrhein-Westfalen sind 30 auf Sprengstoffe spezialisiert. Da sie außerdem auch Waffen und Munition finden können, haben sie viele Aufgaben: Sie suchen an Tatorten nach benutzten Waffen und abgeschossener Munition oder auch schon mal zur Vorsicht nach Bomben, wenn ein Gebäude besonders gefährdet ist. Gibt es allerdings eine konkrete Bombendrohung, bei der auch Ort und Zeitpunkt der Explosion bekannt sind, versucht die Polizei, ihre Tiere zu schonen. Wenn es zu riskant wird, werden Hund und Führer durch Roboter ersetzt. [...]

Es gibt noch viel mehr wichtige Aufgaben, die Hunde erfüllen: Sie retten Menschen aus Lawinen und vor dem Ertrinken, hüten Schafe, unterstützen Gehbehinderte und riskieren ihr Leben bei der Suche nach Landminen. Als Epilepsie-Hunde können sie Patienten sogar vor Anfällen warnen. Noch ist kaum erforscht, auf welche feinen Signale

die Tiere dabei reagieren, doch sie spüren tatsächlich einen nahenden Anfall voraus. Wenn sie ihre epilepsiekranken Besitzer warnen, können diese rechtzeitig eine sichere Position einnehmen, in der sie sich nicht selbst verletzen. Eines haben alle diese Hunde gemeinsam: Sie müssen Stress, Lärm und Hektik in viel stärkerem Maße aushalten können als einfache Familienhunde. Zwar erfüllen die meisten ihre Aufgaben auf spielerische Weise, doch dass es Arbeit bedeutet, ständig für die Menschen da zu sein, zeigt sich im Schlaf: Diese Hunde zucken häufig und träumen offensichtlich intensiv. Daran ist zu sehen, dass sie Stress und Anforderungen im Gehirn verarbeiten – wahrscheinlich ganz ähnlich, wie Menschen das auch tun.

(Matthias Jansen: Hunde als Helfer – im Dienste des Menschen; in: Quarks & Co, Sendung vom 6.6.2006)

1. *Schreibt auf, welche Informationen für euch neu und interessant waren. Vergleicht eure Ergebnisse.*

2. *Versucht, Experten in euren Unterricht einzuladen, die euch erklären können, wie Hunde für ihren „Job“ ausgebildet werden.*

3. *Berichtet von anderen Tieren, die dem Menschen helfen.*

Wie Tiere Menschen helfen, denen es nicht gut geht

„Mein Lieblingstier ist mein Kater, weil er mich meistens tröstet, wenn ich traurig bin oder Sorgen habe!“ (Anna, 11 Jahre)

„Wir haben zu Hause einen Bauernhof. Meine Schafe, Ziegen, Hunde, Hühner, Hasen, Katzen liebe ich sehr. Immer, wenn ich Sorgen habe oder Stress, wenn ich schlechte Noten geschrieben habe und es meinen Eltern nicht sagen möchte, gehe ich zu meinen Tieren und erzähle es ihnen. Dann geht es mir gleich wieder besser.“ (Larissa, 11 Jahre)

4. *Habt ihr auch schon ähnliche Erfahrungen gemacht? Erzählt davon und stellt Vermutungen auf, woran es liegt, dass Haustiere einem auf diese Weise helfen können.*

Beispiel: Mit Therapiehunden im Altenpflegeheim

Vor etwa 20 Jahren gab es die ersten Tierbesuchsdienste in Krankenhäusern und Pflegeeinrichtungen. Am Anfang gab es große Bedenken. Was soll ein Wellensittich, ein Hund oder eine Katze im Krankenhaus? Inzwischen sind in vielen Pflegeeinrichtungen Tiere als „Therapeuten“ ganz selbstverständlich. Therapeuten sind Menschen, die ein Heilverfahren ausüben oder einen Heilberuf haben, z. B. ein Arzt. Tiere als „Therapeuten“ können zum Beispiel Kindern, behinderten, seelisch kranken, alten oder schwer kranken Menschen helfen. Durch die „tiergestützte Therapie“, wie es in der Fachsprache heißt, kann man erreichen, dass es den Patienten körperlich und seelisch besser geht.

Beispiel: „Esel-Therapie“ für Kinder

5. *Ein Schäferhundmischling besucht Bewohnerinnen eines Pflegeheims, die kaum noch Kontakt zu ihren Mitmenschen haben. Beschreibt, was der Hund als „Therapeut“ erreicht hat, und versucht zu erklären, wie das möglich war.*

6. *Die kleine Liv leidet an Angststörungen, Sprach- und Kontaktschwierigkeiten. Könnt ihr euch vorstellen, wie der Esel, der sie regelmäßig besucht, ihr helfen kann?*

7. *Die bisherigen Erfahrungen mit „Tier-Therapeuten“ zeigen, dass sie besonders alten Menschen und Kindern helfen können. Schreibt für euch selbst mögliche Gründe auf. Vergleicht und besprecht eure Ergebnisse in Kleingruppen.*

8. *Ganz verschiedene Tiere können als Therapeuten tätig sein. Es gibt auch Pferde und Delfine als Therapeuten. Sucht unter diesen Suchbegriffen im Internet. Schreibt dann aus der Sicht eines kranken Menschen einen Tagebucheintrag: „Heute …“*

Was du weißt und kannst

Was Tiere von den Menschen unterscheidet

1. *a) Fertigt eine Tabelle nach dem vorgegebenen Muster an und füllt sie stichwortartig aus:*

Gemeinsamkeiten von Mensch und Tier	*Dies hat nur der Mensch*
– ...	– ...

b) Vergleicht eure Stichworte mit der folgenden Zusammenfassung.

Neue Forschungen entdecken immer wieder ganz erstaunliche Eigenschaften und Fähigkeiten bei Tieren. Trotzdem bleiben die entscheidenden Unterschiede zwischen Mensch und Tier bestehen. Zum Beispiel:

→ Tiere verständigen sich mit einer Signalsprache. Damit können sie mitteilen, dass sie Angst haben, sich wohl fühlen, gestreichelt werden wollen oder Hunger haben. Sie können aber keine Vorgänge erklären oder Begriffe verstehen, nicht die Wahrheit sagen oder lügen, nicht etwas vorhersagen oder etwas vermuten, nicht über etwas nachdenken oder diskutieren.

→ Nur der Mensch kann etwas Neues erschaffen oder Erfindungen machen, die er an seine Nachwelt weitergibt.

→ Nur Menschen können sich über Personen, Gegenstände oder Ereignisse Gedanken machen und sie bewerten.

→ Nur Menschen haben ein Verantwortungs- und Schuldbewusstsein.

c) Unterstreicht in eurer Tabelle, welche Stichworte ihr einzelnen Aspekten dieser Zusammenfassung zuordnen könnt.

d) Sucht zu den übrigen Aspekten Beispiele und schreibt sie auf.

Ehrfurcht vor allem Leben

2. *a) Fasst allgemein Gründe zusammen, warum Menschen den Tieren unterschiedliche Sympathien entgegenbringen.*

b) Der sehr erfolgreiche Tierfilmer Dr. Fritz Jantschke hat bis jetzt rund 60 Länder besucht und dort jeweils Tierdokumentationen gedreht, die oft auch im Fernsehen ausgestrahlt werden.
Obwohl für ihn Tiger und Gorillas die „Mega-Tiere" waren, kommt er zu der Überzeugung, „böse Tiere gibt es nicht!", und er erzählt, dass die Amerikaner die für Menschen sehr gefährliche Klapperschlange auch Gentleman-Schlange nennen, weil sie vor ihrem Angriff durch Klappern erst einmal warnt.
Gibt es auch für euch keine „bösen Tiere"? Begründet eure Antwort.

c) Beschreibt in Stichworten, wer Albert Schweitzer war. Erklärt seine Forderung nach Ehrfurcht vor allem Leben und zeigt an Beispielen, wie sich das auf unser Verhalten gegenüber Tieren auswirkt. Sagt dazu eure Meinung und begründet sie.

Warum das Leiden der Tiere uns Menschen kümmern muss

3. *a) Formuliert allgemeine Richtlinien, die jeder beachten muss, der ein Haustier halten möchte.*

b) Erklärt, warum Haustiere manchmal zum Problem werden können und welche Rolle persönliche Wünsche und Bedürfnisse dabei spielen. Begründet eure persönliche Einstellung dazu.

c) Formuliert einen wichtigen Satz aus dem Tierschutzgesetz und erklärt ihn.

Menschen helfen Tieren

4. *a) Informiert euch im Internet über eine Tierschutzorganisation und verfasst zu ihren Zielen und Aufgaben ein Referat.*

b) Berichtet vom Einsatz der Tierhelfer.

c) Stellt unterschiedliche Möglichkeiten zusammen, um Tieren in einem strengen Winter zu helfen.
d) Einige Naturschützer stehen der Winterfütterung in manchen Fällen kritisch gegenüber. Wie begründen sie diese Einstellung?

Tiere als Mit-Lebewesen

Johann Wolfgang Goethe

Die Spinne

Als ich einmal eine Spinne erschlagen,
Dacht' ich, ob ich das wohl gesollt?
Hat Gott ihr doch wie mir gewollt
Einen Anteil an diesen Tagen!

(Johann Wolfgang Goethe: West-östlicher Divan, Deutscher Taschenbuch Verlag, München 2006)

Die Goldene Regel in Bezug auf Tiere:
„Was du nicht willst, was man dir tu', das füg' auch keinem Tier zu!"

5. *a) Warum ist das „Ich" in Goethes Gedicht mit seinem Verhalten unzufrieden?*
b) Formuliere die Goldene Regel um: „Behandle Tiere so, ..."
c) Schreibt Beispielsätze zur Goldenen Regel für Tiere auf:
Ich will nicht, dass ..., deshalb ...
d) Lest euch gegenseitig eure Sätze vor und tauscht euch darüber aus.
e) „Es sind ja nur Tiere!" – Wie wirkt sich diese Einstellung auf die Tiere aus und wie bewertest du sie?
f) Beschreibt an einigen Beispielen, wie sich das Verhalten der Menschen gegenüber den Tieren verändern muss, wenn man die Tiere als „Mitgeschöpfe" oder „Mit-Lebewesen" versteht.

Fleisch essen – zur Diskussion gestellt

6. *a) Informiert euch über Vegetarier und Veganer.*
b) Ergänzt die Sätze:
- *Ich bin Vegetarier, weil ... Deshalb esse ich kein ...*
- *Ich bin Veganer, weil ... Deshalb esse ich kein ...*

c) Wie denkt ihr darüber?

An Beispielen zeigen, warum Tiere Schutz brauchen und wie Tiere Menschen helfen können

7. *a) Tiere brauchen Schutz, weil ...*
weil ...
weil ...
Ergänze die Sätze.
b) Das Bild zeigt ein Beispiel für „tiergestützte Therapie". Beschreibt das Bild und erklärt, was die Therapie erreichen will.
c) Berichtet von weiteren Beispielen und begründet, warum alten Menschen, kranken und behinderten Kindern dadurch besonders gut geholfen werden kann.

Medien – Fenster zur Welt?

1. *Beschreibt die Bilder und sprecht darüber.*

2. *Sind Medien* Fenster zur Welt? Welche Antwort geben die Bilder? Wie würdet ihr die Frage beantworten?*

3. *Setzt euch in Kleingruppen zusammen. Überlegt euch, welche Medien ihr täglich nutzt und wie viel Zeit ihr jeweils damit verbringt. Auf welche dieser Medien könntet ihr am ehesten verzichten, auf welche am wenigsten?*

4. *Kannst du dich auch noch selbst unterhalten? Stell dir einen Tag ohne technische Medien (Handy, Fernsehen, Computer, ...) vor. Wie würdest du ihn verbringen? Entwirf einen Tagesplan ohne technische Medien und stelle ihn den anderen vor.*

1. Wozu sind Medien da?

Nemo und Micha kennt ihr ja bereits aus dem Kapitel „Leben von und mit der Natur“ (S. 134 ff.). In Ökoburg, wo Nemo mit seiner Familie lebt, gibt es kaum technische Medien. Nun ist Nemo für eine Ferienwoche bei Micha zu Besuch. Nachdem er allein in der Stadt unterwegs war, erzählt er Micha Folgendes:
„Die Leute hier reden den ganzen Tag mit sich selbst. Sie halten dabei ein seltsames kleines Kästchen ans Ohr. Manchmal drücken sie darauf herum und schauen hinein.“

1. *Du bist an Michas Stelle. Erkläre Nemo, was die Jungen auf dem Bild tun und was man sonst noch alles mit einem Handy tun kann.*

2. *Nemo stellt folgende weitere Fragen. Beantwortet sie in Partnerarbeit:*
- *„Wenn ich mit jemandem sprechen will, warum gehe ich nicht einfach zu ihm?“*
- *„Kann ich jemanden überhaupt richtig verstehen, wenn ich ihn nicht sehe?“*
- *„Was tue ich, wenn mich jemand anruft, mit dem ich nicht reden, den ich aber auch nicht verletzen will?“*

Überlegt euch noch weitere Fragen und beantwortet sie.

Noch Platz für Gefühle?

3. *Wie fühlt sich die Person auf den Bildern? Benenne die Gefühle, die auf den einzelnen Bildern ausgedrückt werden.*

4. *Findet gemeinsam so viele Gefühle, wie Schüler/innen in eurer Gruppe sind, und schreibt die Gefühle jeweils auf ein Kärtchen. Sammelt dann die Kärtchen ein und teilt sie verdeckt wieder aus, sodass jede/r eines bekommt. Stellt dann das Gefühl auf eurem Kärtchen pantomimisch dar. Die anderen erraten das dargestellte Gefühl.*

Schönes und Schlimmes

In einem Brief an seine Familie berichtet Nemo Folgendes:

„Die Kinder und Jugendlichen hier sitzen stundenlang vor dem Fernseher. Sie reden dabei kein Wort miteinander, sondern sehen und hören den Leuten im Fernsehen zu, die viele schöne Dinge tun: im Wald herumtoben, in Flüssen und im Meer baden, Fußball und andere tolle Spiele spielen. Und die Kinder tun nichts von alledem, sie sitzen nur davor, als hätte man sie festgebunden.

Manchmal sehen sie sich auch ganz schreckliche Dinge an: Menschen werden geschlagen und gequält, manchmal sogar getötet, aber keiner scheint sich darüber aufzuregen, alle tun, als sei das ganz normal."

5. *Führt in Partnerarbeit ein Gespräch über das Fernsehen, in dem eine/r die Rolle Nemos und eine/r die Michas hat.*

Bildschirmjunkies

- 21 Prozent der Drittklässler und ein Drittel der Fünftklässler spielen mehr als ein Stunde täglich am Computer. 6 Prozent der Drittklässler verbringen mehr als drei Stunden mit Computerspielen, bei den Fünftklässlern sind es 5 Prozent.
- Kinder mit eigenem Fernsehgerät im Zimmer schauen 124 Minuten täglich. Steht das Gerät im Wohnzimmer, sinkt der Wert auf 70 Minuten. Auch die Qualität der Filme ändert sich. Bei eigenem Fernseher nutzen 32 Prozent der Zehnjährigen Filme ohne Altersfreigabe. Steht der Fernseher bei den Eltern, sehen 15 Prozent brutale Filme.

(Alle Daten stammen von Christian Pfeiffer, Kriminologisches Forschungsinstitut Hannover; aus: Die Tageszeitung, 29.10.2009, Bildung, S. 18)

6. *Stellt in Gruppen mindestens fünf Regeln zum vernünftigen Konsum von Computerspielen und Fernsehen auf.*

Selbst erleben

Später redet Nemo mit Micha übers Fernsehen.

NEMO: Die Leute hier hocken stundenlang vor der Kiste und schauen zu, wie andere Fußball spielen. Oder sie hören zu, wie andere singen. Warum spielen und singen sie nicht selber?

MICHA: Die im Fernsehen können das halt viel besser.

NEMO: Ist das wichtig?

7. *Diskutiert über Nemos Frage.*

MICHA: Fußball macht ja auch nur richtig Spaß, wenn das Wetter schön ist. Was machst du denn, wenn es den ganzen Tag regnet?

NEMO: Das ist manchmal schwierig. Aber wenn ich mich mit Freunden treffe, fällt irgendwem immer etwas ein.

MICHA: Und wenn keiner Zeit hat?

NEMO: Musik hören, lesen ...

MICHA: Lesen ist langweilig.

NEMO: Findest du? Dann hast du noch nicht die richtigen Bücher entdeckt. Kennst du zum Beispiel ...?

8. *Welche Bücher würdest du Micha empfehlen? Gebt euch gegenseitig Lesetipps.*

Sich in andere einfühlen

Während wir lesen, können wir unsere eigene Welt verlassen und hinüberwechseln in die Welt eines anderen Menschen, in ein anderes Zeitalter oder eine fremde Kultur. „Hinüberwechseln" heißt, für eine kurze Zeit die völlig andere Perspektive einer anderen Person einzunehmen. Wenn wir hinüberwechseln in die Gedanken eines Ritters, in die Gefühle eines Sklaven, in das Benehmen einer Heldin, in das schlechte Gewissen oder die Unverfrorenheit eines Bösewichts – dann kehren wir niemals unverändert zurück. Manchmal sind wir angeregt, manchmal betrübt, immer aber: bereichert.

(Maryanne Wolf, in: Susanne Gaschke: Klick, Herder, Freiburg im Breisgau 2009, S. 67)

9. *Warum kann ich durch Lesen lernen, mich in andere hineinzufühlen?*

10. *Beschreibe eine für dich besonders beeindruckende Figur aus einem Buch. Male auch ein Bild dazu. Stellt euch gegenseitig eure Figuren und ihre Geschichte vor.*

2. Willkommen im Chat

1. *Setzt euch in Kleingruppen zusammen und tauscht euch beispielsweise über folgende Fragen aus:*
- *Wie viel Zeit verbringst du am PC?*
- *Wie viel davon in Chatrooms?*
- *Bist du Mitglied in einer Online-Community? Welcher?*
- *Hast du darin deine eigene Profilseite? Beschreibe sie.*
- *Wie lernst du Leute online kennen?*

2. *Was sagt das Bild über Online-Communities aus?*

Erkläre es mir – Web 2.0

Das Internet ist durch technische Entwicklungen inzwischen von der reinen Informationsquelle zu einem „Mitmach-Web" geworden. Ihr könnt problemlos Inhalte einstellen und mit anderen austauschen: ob kurze Nachrichten oder längere Texte, Fotos, Videos, Musik, selbst produzierte Podcasts. Und wer will, kann in Echtzeit und weltweit mit anderen plaudern: „chatten". Besonders die Online-Communities (Soziale Netzwerke) wie schülerVZ und studiVZ werden von Jugendlichen sehr häufig genutzt. Diese Plattformen bieten kostenlos an, eine eigene Seite mit Benutzerprofil und Foto, Video oder Tagebuch einzurichten.

(nach: www.medieninfo.bayern.de, 01.01.2010)

„Das Internet weiß alles und vergisst nie!"

Bei aller Begeisterung für die vielfältigen Möglichkeiten, sich im Netz darzustellen, dürft ihr nicht vergessen, dass diese Öffentlichkeit auch Gefahren und Risiken birgt. Wer bedenkt beim Surfen, dass jede Aktivität unlöschbare Spuren hinterlässt? Einmal veröffentlichte Daten, Texte oder Bilder können kaum noch aus dem weltweiten Netz entfernt werden. So manches Partyfoto, vielleicht aus Imponiergehabe unbedacht ins Netz gebracht, kann bei der Bewerbung in der Hand von Personalabteilungen den Berufsstart blockieren.

Weltweit können eure Beiträge gelesen und eure Filme und Fotos angesehen werden. Das anonyme Einschleichen fremder Personen in Chaträume kann zu Beleidigungen und Beschimpfungen oder sogar zu sexuellen Belästigungen führen. Datendiebstahl und -weitergabe führen zu unrechtmäßigem Einstellen von privaten Fotos oder Videos ins Web 2.0. Selbst wenn ihr Beiträge wieder aus dem Internet löscht, sind sie weiterhin auffindbar.

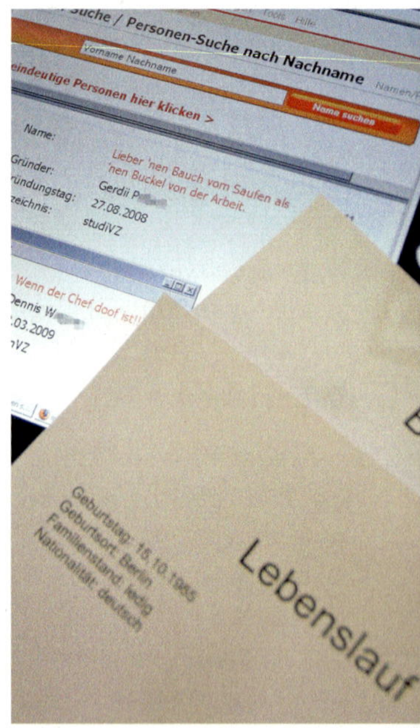

(Barbara Mörig, ebd.)

3. *Welche Risiken der Online-Netzwerke werden hier angesprochen?*

4. *Beschreibe das Problem, das auf dem Bild dargestellt wird.*

5. *Welche weiteren Folgen kann das unbedachte Einstellen privater Daten haben?*

Sicherheitsregeln fürs Chatten

- Check den Chat!
  Du solltest selbst überprüfen: Wie gehen hier die Chatter miteinander um – wird geschimpft und beleidigt oder sind alle nett zueinander?
- Denk dir einen guten Spitznamen aus!
  Der Benutzername („Nickname“) sollte reine Fantasie sein: z. B. ein Name aus deinem Lieblingsbuch oder -film. Der richtige Name sollte geheim bleiben.

(ebd.)

6. *Erweitert in Gruppen die Liste.*

Die ganze Welt liest mit

Was tun Minderjährige, wenn sie einander schreiben, Profile erstellen, Fotos hochladen (Hunderttausende am Tag), lustige Gruppen gründen und Online-„Freunde“ sammeln [...]? Wenn man Lehrer verunglimpft, kann die ganze Welt mitlesen. Party-Kotzbilder findet auch der Personalchef, der sich die Praktikumsbewerbung anschaut. Und für die dicke Jana, die sowieso nie irgendwo mitmachen darf, endet die Tortur des Ausgegrenzt-Seins eben nicht an der eigenen Wohnungstür, sondern verlängert sich in die Unendlichkeit.

(Susanne Gaschke: Klick, Herder Verlag, Freiburg im Breisgau 2009, S. 127 f.)

7. *Warum sind die „Freunde“ hier mit Anführungszeichen geschrieben?*

8. *Jana vertraut ihren Kummer ihrem Tagebuch an. Schreibe einen Eintrag.*

9. *Welche weiteren ethischen Probleme können in den Online-Communities entstehen?*

Nemo im Chatroom

Micha ist Mitglied in schülerVZ und hat Nemo gerade seine eigene Seite und die einiger weiterer Mitglieder gezeigt. Danach schaut sich Micha Computerzeitschriften an und hört dabei Musik mit Kopfhörer.

Nemo stößt Micha an. Micha nimmt die Kopfhörer ab.

Micha: Ja?

Nemo: Nimmst du mal die Kopfhörer ab?

Micha: Hab ich ja wohl schon. Aber nur dir zuliebe. Höre nämlich gerade richtig starke Musik. Also, schieß los. Was ist denn so wichtig?

Nemo: Nichts Besonderes. Aber es stört mich, wenn du die Kopfhörer aufhast, während ich da bin. Ich finde das irgendwie – unhöflich.

Micha: Unhöflich! Du hast manchmal Ausdrücke! Ich meine das ja nicht böse. Ich will nur manchmal für mich sein.

Nemo: Klar, das will ich auch. Dann gehe ich zum Fluss oder in den Wald. Da kann ich besonders gut nachdenken.

Micha: Na ja, nachdenken – das ist es nicht wirklich. Außerdem ist der Wald so weit weg.

Nemo: Schlimm?

Micha: Nö, das nicht. Aber anstrengend. Du bist sowieso manchmal anstrengend. Relax doch mal. Wie wär's mit 'ner Runde Chatten?

Nemo: Aber das ist doch gerade anstrengend. Man muss so schnell sein. Bevor ich noch überlegt habe, was ich sagen will, werfen sie mich schon raus, weil ich zu lange nichts gesagt habe.

Micha: Ja, schnell musst du schon sein. Ich bin manchmal in zwei verschiedenen Chats gleichzeitig, ich kann dir sagen, da musst du ganz schön flotte Reaktionen haben.

Nemo: Ich würde viel lieber deine Freunde persönlich kennenlernen. Nicht nur von Fotos.

Micha: Die meisten von denen sind nicht wirklich meine Freunde.

Nemo: Und trotzdem schicken sie dir solche Fotos?

10. *Habt ihr auch schon Fotos in Online-Communities eingestellt? Worauf habt ihr dabei geachtet?*

11. *Welche weiteren Punkte werden in dem Dialog angesprochen?*

12. *Wo könnt ihr Nemo, wo Micha besser verstehen?*

13. *Führt den Dialog weiter.*

3. Nur ein Spiel?

1. *Setzt euch in Kleingruppen zusammen und stellt euch gegenseitig Computerspiele vor, die ihr kennt. Was findet ihr daran gut, was weniger? Wie lange spielt ihr im Durchschnitt? Warum spielt ihr überhaupt?*

2. *Denkt über die Wörter „Zeitvertreib“ und „Langeweile“ nach. Lest auch im Kapitel „Zeit, Freizeit, freie Zeit“ auf S. 36f. nach, wann Zeit schnell und wann sie langsam vergeht.*

Lebenszeit verspielen

Claudio von Wiese, 26, trägt einen Pferdeschwanz, sein Körperbau ist athletisch, er lächelt freundlich […].
Ein paar Jahre zurück könnte man ihn sich ohne Probleme als den von der halben Schule angehimmelten Sporthelden vorstellen, den Star der Theatergruppe oder den selbst bei den Lehrern geschätzten Schülersprecher. Doch das alles ist von Wiese nie gewesen. Er verbrachte die besten Jahre seiner Schulzeit in seinem Zimmer, ganz allein.

Als Kind, mit zehn Jahren, spielte von Wiese noch am liebsten draußen mit seinen Freunden. Sie waren kleine Lausbuben, eine richtige Clique. Irgendwann bekam einer der Freunde einen Gameboy. Von Wiese spielte auch damit. Es machte großen Spaß. Als er 14 war, schafften seine Eltern ihren ersten Computer an. Jetzt spielte er auch daheim ab und an. Mit 15 hatte von Wiese einen eigenen PC in seinem Kinderzimmer, eine richtige Spielmaschine, auf dem neuesten Stand der Technik. Von da an spielte er jeden Tag fast zwei Stunden. Das war noch die harmlose Zeit. Mit 16 entdeckte von Wiese das Online-Strategiespiel „Starcraft“. Er war begeistert vom Wettkampf, von der Interaktion mit den Mitspielern, von der Möglichkeit, jeden Tag besser und stärker zu werden. Von Wiese spielte bis in die Nacht hinein, auch an normalen Schultagen. Den Unterricht verbrachte er meist schlafend, mit dem Kopf auf der Schulbank. Mit 18 sah sein Alltag so aus: Schule, Mittagessen, „Starcraft“ spielen, Abendessen, „Starcraft“ spielen bis um zwei Uhr nachts. Einsam fühlte er sich in all der Zeit nie. Er hatte Freunde im „Starcraft“-Kosmos, sie chatteten, verabredeten sich zum Online-Spiel und erlebten zusammen die größten virtuellen Abenteuer. Gesehen haben sie sich im wahren Leben nie.

(Bernhard Hübner: Ganze Tage am Bildschirm; in: Die Tageszeitung, 28.10.2009, Bildung, S. 18)

3. *Beschreibt Claudio von Wieses Leben vor und nach der Entdeckung von „Starcraft“.*

4. *Was fasziniert ihn an dem Spiel? Bezieht auch das Bild mit ein.*

5. *Wie hätte er auch im „wahren Leben“ Abenteuer erleben können?*

Mit 19 versuchte er aufzuhören. Es war ein langer Kampf. „Wenn man auf einmal zehn Stunden am Tag nichts mehr zu tun hat, wird einem plötzlich sehr langweilig“, sagt von Wiese. Zum Abitur schaffte er den Absprung. Er habe nachher in allen Lebensbereichen sehr viel aufholen müssen, meint er. „Die Zeit davor ist wie ein großes Loch.“

(ebd.)

6. *Erklärt den letzten Satz.*

7. *Nennt Möglichkeiten, die in diesem „Loch“ Platz gehabt hätten und die er nun „aufholen“ muss.*

Wie fühlt sich das an?

Ich kann durch eine reich ausgestattete 3-D-Welt stürmen, als einer der letzten Krieger auf der Erde, der tapfer die in den Trümmern herumlungernden Außerirdischen zerschießt, ohne auch nur den Funken einer Ahnung zu erlangen, wie sich das anfühlt: allein zu sein, von allen verlassen; durch Leichenteile und rauchende Ruinen zu stapfen, immer in Gefahr. Nicht die leiseste Ahnung.

(Susanne Gaschke: Klick, Herder, Freiburg im Breisgau 2009, S. 67)

8. *Wie beschreibt die Autorin Computerspiele? Stimmt ihre Beschreibung?*

Auf Leute schießen?

Heute zeigt Micha Nemo ein ganz neues Computerspiel mit verblüffend realitätsnahen Effekten: Man ist Mitglied eines Mafia-Clans und muss sich sowohl gegen die Polizei als auch gegen feindliche Clans behaupten. Gerade werden sie von einem feindlichen Auto verfolgt:

MICHA: Achtung, jetzt schieße ich. Hurra, getroffen! Das gibt mindestens fünf Punkte!

NEMO: Aber da war doch jemand drin in dem Auto!

MICHA: Klar, aber der hat uns verfolgt. Wenn ich dem nicht zuvorgekommen wäre, hätte der geschossen.

NEMO: Macht dir das denn Spaß, auf Leute zu schießen?

MICHA: Ist doch nur ein Spiel. Außerdem muss man gar nicht immer schießen. Manchmal genügt Drohen.

NEMO: Und wenn das nicht genügt?

MICHA: Dann hat er es nicht anders gewollt. Hätte sich ja ergeben können oder wegrennen.

9. *Führt den Dialog zwischen Micha und Nemo weiter.*

Krieg spielen

Gerne greifen Spielehersteller auf reale Ereignisse, Kriege und Kampfhandlungen zurück, um daraus ein Computerspiel zu machen. Solche Spiele haben meist folgende Eigenschaften:

Nahe an der Wirklichkeit:
Für viele Spieler zeigt sich die Qualität eines Computerspiels besonders in der wirklichkeitsnahen Darstellung. Bild und Ton müssen möglichst echt wirken. Um beispielsweise die technischen Möglichkeiten von Waffen besonders

realistisch darzustellen, arbeiten Spielehersteller gerne mit dem Militär zusammen.

Hier die „Guten“, da die „Bösen“:
Damit die Spielhandlung und die Aufgaben deutlich werden, muss der Konflikt besonders einfach erscheinen. Es muss ganz klar sein, wer die „Guten“ und wer die „Bösen“ sind. Die „Bösen“ sind durch und durch „böse“ ohne Aussicht auf Veränderung. Gegen sie ist Gewalt das einzige Mittel. Es gibt keine Alternative zu Kampf und Krieg. Darum erzeugt Krieg beim Spieler auch kein ungutes Gefühl, denn er kämpft ja für die „gute Sache“ und hat keine andere Wahl.

Alles eine Frage der Technik:
Sieger ist, wer über die beste Technik verfügt und sie am cleversten nutzt. Nicht Einfühlungsvermögen und gute Argumente sind entscheidend, sondern Beherrschung der Technik und die richtige Taktik. Die bessere Strategie gewinnt, das Leiden des Krieges wird ausgeblendet, denn: Es ist ja nur ein Spiel.

(nach: Ralf E. Streibl: Spielfeld Militärmaschine; in: Wissenschaft und Frieden, 3/2009, S. 31 ff.)

10. *Setzt euch in Kleingruppen zusammen und sprecht über folgende Fragen:*
- *Warum legen die Spieler so großen Wert auf technische Genauigkeit?*
- *Welche Gefahren seht ihr dabei?*
- *Beschreibt die Welt, die in solchen Spielen dargestellt wird, und vergleicht sie mit der „wirklichen“ Welt. Was ist in Wirklichkeit anders?*

4. Was soll ich denn nun glauben?

Ich glaube …

… was die meisten sagen.
… was meine Freundin sagt.
… was mein Lehrer sagt.
… was in Wikipedia steht.
… was in den Nachrichten gesagt wird.

1. *Nehmt Stellung zu diesen Aussagen.*

2. *Bildet selber Sätze mit „Ich glaube …“.*

Meine Stadt

In meiner Stadt gibt es eine Fußgängerzone mit vielen Geschäften und Plätzen mit Cafés und einem Park. Wir haben drei Schulen, ein Jugendzentrum und ein Kino. Im Sommer gibt es ein großes Freibad und mehrere Baggerseen in der Nähe.

3. *Lies diese Beschreibung auf zweierlei Weise:*
- *Du findest die Stadt toll.*
- *Du findest sie furchtbar langweilig.*

4. *Beschreibe deinen eigenen Wohnort, sodass deutlich wird, was dir daran gefällt und was nicht.*

… als Schauplatz für einen Film

5. *Ihr möchtet in eurem Wohnort*
- *einen Heimatfilm,*
- *einen Horrorfilm drehen.*

Wandelt in Gruppen die Beschreibung so um, dass daraus der ideale Schauplatz für euren Film wird. Verwendet dazu beispielsweise folgende Elemente:

idyllische Landschaft, verwinkelte Gassen, dunkle Ecken, freundliche Menschen, finstere Gestalten, saubere Luft, der Oberförster, zwielichtige Lokale. Nehmt auch die Bilder hinzu.

6. *In beiden Filmen berichtet eine Zeitung über die täglichen Ereignisse. Die eine beschreibt alles als schön und harmonisch, die andere alles als gefährlich und bedrohlich.*
Du bist ein Reporter bei einer der Zeitungen und berichtest
- *über einen Brand: seine Ursachen, die Löscharbeiten, die Folgen, …*
- *über ein Fußballspiel mit der Mannschaft des Nachbarorts.*

Lustig oder lästig?

7. *Eure Klasse plant einen Aufenthalt in einem Landschulheim. Auf dem Programm stehen viele gemeinschaftliche Aktivitäten, täglich eine Stunde Unterricht, eine Nachtwanderung und ein Besuch im Klettergarten.*
Berichte deinen Eltern von dem Programm auf zweierlei Weise:
- *Du freust dich sehr darauf.*
- *Du hast überhaupt keine Lust mitzukommen.*

James Thurber

Die ziemlich intelligente Fliege

Eine große Spinne hatte in einem alten Haus ein schönes Netz gewoben, um Fliegen zu fangen. Jedes Mal, wenn eine Fliege sich auf dem Netz niederließ und darin hängen blieb, verzehrte die Spinne sie schleunigst, damit andere Fliegen, die vorbeikamen, denken sollten, das Netz sei ein sicherer und gemütlicher Platz. Eines Tages schwirrte eine ziemlich intelligente Fliege so lange um das Netz herum, ohne es zu berühren, dass die Spinne schließlich hervorkroch und sagte: „Komm, ruh dich bei mir ein bisschen aus." Aber die Fliege ließ sich nicht übertölpeln.
„Ich setze mich nur an Stellen, wo ich andere Fliegen sehe", antwortete sie, „und ich sehe bei dir keine anderen Fliegen."
Damit flog sie weiter, bis sie an eine Stelle kam, wo sehr viele Fliegen saßen. Sie wollte sich gerade zu ihnen gesellen, als eine Biene ihr zurief: „Halt, du Idiot, hier ist Fliegenleim. Alle diese Fliegen sitzen rettungslos fest."
„Red keinen Unsinn", sagte die Fliege. „Sie tanzen doch."
Damit ließ sie sich nieder und blieb auf dem Fliegenleim kleben wie all die anderen Fliegen.
Moral: Der Augenschein kann ebenso trügen wie die Sicherheit, in der man sich wiegt.

(James Thurber: 75 Fabeln für Zeitgenossen, Rowohlt, Reinbek 1989, S. 8)

8. *Warum ist die Fliege nur „ziemlich" intelligent?*

9. *Wie hätte die Fliege etwas dazulernen können? Schreibt einen Dialog zwischen der Fliege, der Spinne und der Biene.*

10. *Male eine dumme und eine intelligente Fliege.*

„Wage es, deinen eigenen Verstand zu gebrauchen."
(Immanuel Kant, dt. Philosoph, 1724 – 1804)

11. *Diesen Satz hat Immanuel Kant, ein bedeutender Philosoph des 18. Jahrhunderts, gesagt. Warum nennt er es ein Wagnis, selbst zu denken?*

Vormünder

Immanuel Kant spricht beispielsweise von Menschen, die „unmündig" sind und „Vormünder" brauchen.
Unmündig sind nach unserem heutigen Gesetz Menschen, die über ihr Leben nicht allein bestimmen können. Das sind vor allem Kinder. Ihre Vormünder sind ihre Eltern und Erziehungsberechtigten.
Unmündig können aber auch Menschen sein, die durch Alter oder Krankheit die Fähigkeit verloren haben, vernünftige Überlegungen anzustellen und Entscheidungen zu treffen. Diese bekommen vom Gesetz einen Vormund, der in ihrem Sinne und Interesse Entscheidungen trifft.
Kant sagt aber nun, dass die meisten Menschen Vormünder haben, die sie für sich entscheiden lassen. Beispielsweise lassen wir unseren Arzt darüber entscheiden, was wir essen, und unseren Finanzberater, was wir mit unserem Geld machen.
Kant will uns zum „kritischen" Denken aufrufen. „Kritisch" kommt aus dem Griechischen und kritisch denken bedeutet: unterscheiden können, was wahr und was falsch, was vernünftig und was unvernünftig ist.

12. *Untersucht noch einmal „kritisch" die Aussagen von Aufgabe 1 auf S. 168. Vielleicht findet ihr noch weitere „Ich glaube ..."-Sätze.*

13. *Wo ist es vernünftig, auf andere zu hören, wo muss ich selber denken? Findet in Gruppen Beispiele.*

Was du weißt und kannst

Fernsehen

1. *Welche Kritik am Fernsehen wird in diesem Bild deutlich?*

2. *Was können wir aber auch beim Fernsehen lernen?*

Online-Communities

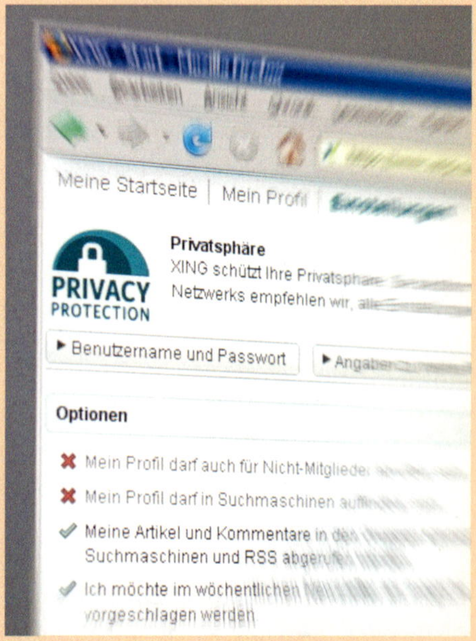

3. *Auf welche Gefahr der Online-Communities weist dieses Bild hin?*

4. *Erstelle eine Liste von Möglichkeiten, Sicherheitsrisiken und ethischen Problemen der Online-Communities.*

Computerspiele

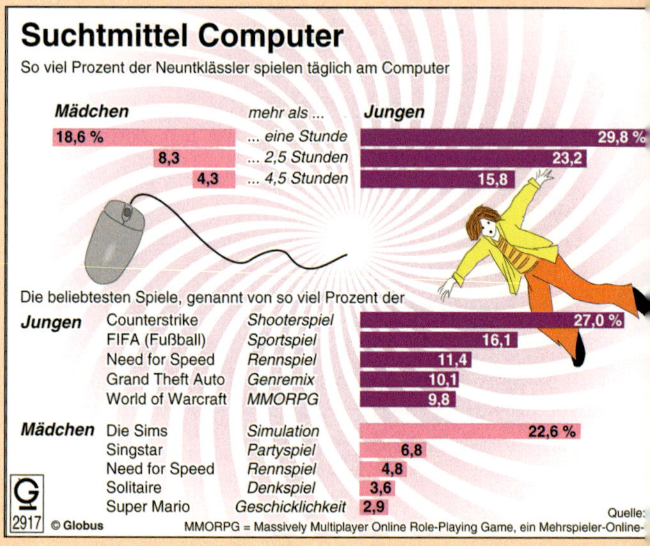

5. *Vergleicht euren eigenen Konsum von Computerspielen mit den Werten der Grafik und sprecht darüber.*

6. *Welche der genannten Computerspiele lassen sich durch welche anderen Spiele und Beschäftigungen ersetzen?*

Lohn für Gewalt?

Im Gegensatz zu Film und Fernsehen liefert die Videokonsole oder der Computer eine Belohnung für verübte Gewalt. Man erntet Punkte, sammelt neue eigene Leben, kommt eine Ebene weiter, erhält neue Waffen und Munition etc.

(Manfred Spitzer: Vorsicht Bildschirm, dtv, München 2009, S. 215)

7. *Setzt euch in Gruppen zusammen und macht eine Liste von Computerspielen, die ihr kennt. Stellt dabei fest, wofür bei den einzelnen Spielen Punkte oder sonstige Belohnungen vergeben oder entzogen werden.*

8. *Sammelt in Gruppen einige Ideen für ein Computerspiel, in dem hilfsbereites Verhalten und die Vermeidung von Gewalt belohnt werden.*

Medienkritik: Fehlanzeige?

Ein sehr engagierter Informatiklehrer an einer Gesamtschule in Kassel berichtete mir einmal frustriert von Beobachtungen, die denen seiner amerikanischen Kollegen ähneln: Die Schüler würden sich für medienkritische Fragen (Wie funktioniert es? Warum wird es so gemacht und nicht anders? Welche Wirkung löst eine bestimmte Präsentation bei mir aus?) kaum interessieren. Und beim unbeaufsichtigten Arbeiten drifteten sie immer zügig zu Unterhaltungsinhalten. Eigentlich ist das kein Wunder. Warum sollten ganz normale 15-Jährige plötzlich zu anderen Menschen werden, nur weil man sie vor einen Bildschirm setzt? [...] Normale junge Leute brauchen, wie die Erwachsenen auch, Antrieb, Motivation durch andere Menschen, gelegentlich auch Druck, um sich einer unangenehmen Aufgabe zu stellen, wenn sie sich weiterentwickeln wollen. Ihnen diese Antriebe zu geben, ist die Pflicht der Erwachsenen.

(Susanne Gaschke: Klick, Herder Verlag, Freiburg im Breisgau 2009, S. 102)

9. *Stelle die Argumente des Textes mit eigenen Worten dar.*

10. *Du hast sicher schon selbst Präsentationen gemacht. Worauf hast du dabei geachtet?*

11. *Wie sollten sich Erwachsene beim Medienkonsum ihrer Kinder deiner Meinung nach verhalten? Sprich mit deinen Eltern oder anderen Erwachsenen darüber.*

12. *Findet weitere medienkritische Fragen. Stellt ihr sie manchmal? Tauscht euch darüber aus.*

Medien sinnvoll nutzen

Eine gute Anleitung zur Nutzung neuer Medien ergibt sich aus der Frage: Stellen sie eine Ergänzung dessen dar, was ich tun will, oder sind sie ein Ersatz dafür? Kann ich beispielsweise mit echten Freunden Kontakt halten – oder verdecke ich durch den Austausch mit einem fiktiven Gegenüber meine Einsamkeit? Dann sollte ich es mit einem Sportverein versuchen.

(ebd., S. 193)

13. *Stellt euch gegenseitig diese Fragen zu eurem Medienkonsum.*

14. *Findet weitere Regeln zum sinnvollen Umgang mit neuen Medien.*

Schön? – Hässlich?

Marc Chagall, Blauer Zirkus (1950/52)

1. *Betrachte das Bild „Blauer Zirkus" von Marc Chagall. Findest du es schön? Begründe deine Meinung.*

2. *Stell dir vor, du fliegst mit den Figuren auf dem Bild in ein Märchenland, in dem alles wunderschön ist. Wie sieht dieses Land aus? Schreibe dir ein paar Stichworte auf und stelle dann dein Land den anderen vor.*

3. *Dein Land wird von einem bösen Zauberer verwünscht, sodass alles Schöne hässlich wird. Beschreibe, wie es nun darin aussieht.*

4. *Wie kann dein Land wieder schön werden? Überlege dir ein Ende für deine Geschichte.*

Schön heißt …

Statue des „David“ von Michelangelo (1475–1564)

5. *Beantwortet in Gruppen folgende Fragen:*
- *Findet ihr die abgebildeten Personen schön? Begründet eure Meinung.*
- *Welchen Titel würdet ihr dem Bild links geben?*
- *Ist jemand eher schön, wenn er/sie natürlich oder gestylt ist?*
- *Wirkt jemand schöner, wenn er/sie intelligent ist?*
- *Wirkt jemand schöner, wenn er/sie einen guten Charakter hat?*
- *Hat ein schöner Mann andere Eigenschaften als eine schöne Frau?*

6. *Erstellt eine Tabelle mit Eigenschaften von*
- *schönen Dingen,*
- *schönen Personen.*

7. *Sammelt Bilder von schönen Dingen und schönen Personen und bringt sie zur nächsten Unterrichtsstunde mit.*

1. Wer ist der/die Schönste …?

… im Märchenland

… ein König, der hatte eine Frau mit goldenen Haaren, und sie war so schön, dass sich ihresgleichen nicht mehr auf Erden fand.

1. *So beginnt das Märchen „Allerleirau“ der Gebrüder Grimm. Welche weiteren Märchen kennt ihr, in denen schöne Personen vorkommen? Welche weiteren Eigenschaften haben diese Personen?*

2. *Setzt euch in Kleingruppen zusammen und betrachtet eure mitgebrachten Bilder. Sucht diejenigen heraus, die alle oder die meisten schön finden. Begründet jeweils, warum ihr das Bild schön findet, und macht eine Liste von weiteren Eigenschaften, die schöne Dinge oder Personen haben.*

Der Schauspieler Brad Pitt

Schön zu sein ist peinlich

Der Jugendroman „Sexy“ von Joyce Carol Oates handelt von dem 16-jährigen Darren, der unter seinem guten Aussehen leidet.

Sein gutes Aussehen wurde Gesprächsthema. Auf der Straße drehten sich junge Frauen, selbst manche über zwanzig, nach ihm um. Sogar einige Lehrer sahen ihm nach und frotzelten: „Darren Flynn könnte glatt als Brad Pitts jüngerer Bruder durchgehen.“
Klar doch! Darren wurde rot, setzte eine finstere Miene auf und schob die Unterlippe vor, um möglichst hässlich auszusehen.
Seine ungewöhnlichen, silbergoldenen Haare versteckte er unter einer angeschmuddelten Basecap der Red Sox, die er stets verkehrt herum aufsetzte. Weitere Requisiten waren ein an den Ärmeln ausgefranstes, angeschmuddeltes, weinrotes Sweatshirt mit dem cremefarbenen Logo seiner Schule, der North Falls High. Und abgelatschte, alte Nikes mit Schneerändern, Größe 44.

(Joyce Carol Oates: Sexy, Deutscher Taschenbuch Verlag, München 2008, S. 7)

3. *Stellt Vermutungen an, warum Warren sein gutes Aussehen verstecken möchte.*

Eines Tages wird Darren von Jill zu ihrer Party eingeladen. Jill war eines der beliebtesten Mädchen an seiner Schule. Nun geht sie aufs College.

Darren hätte Jill vermutlich nicht wiedererkannt. Ihr Haar trägt sie jetzt ganz kurz und weißblond gebleicht, so wie Madonna vor Jahren. Doch ihre Augenbrauen sind ziemlich dunkel und ihre Lippen merkwürdig tiefviolett und verschmiert von Begrüßungsküssen […].
Trotz des kühlen Aprilabends trägt sie ein glitzerndes, durchsichtiges Tank Top und keinen BH darunter, dazu enge, mit Strass besetzte Designerjeans. Ihre Zehennägel sind blau lackiert, passend zu den Fingernägeln. An jedem Finger trägt sie einen überdimensionierten Ring. Darren klappt praktisch der Unterkiefer runter, als er sie ansieht, bis Ross ihn lachend in die Rippen boxt und sagt: „Komm, holen wir uns was zu trinken.“

(ebd., S. 211 f.)

4. *Was sagt diese Beschreibung von Jill über sie aus? Würdest du sie als „schön“ bezeichnen? Würdest du gern mit ihr befreundet sein? Begründe deine Antwort.*

Wem will ich gefallen?

Hannah: Nur wenige Frauen scheinen ohne Diätplan oder Ernährungstipps auszukommen. Im Fernsehen wird schon jungen Frauen durch Sendungen wie „Germany's Next Topmodel“ das Idealbild einer Frau in die Köpfe eingeimpft.

Rebekka: Ich denke, dass in den Medien nicht ein Bild von einem Menschen vermittelt werden sollte, sondern eine Lebenseinstellung. Mehr so nach dem Motto: „Fühl dich schön, so wie du bist.“ Übrigens war es schon immer so, dass die Medien sich, warum auch immer, ein Bild von einem Menschen aussuchen, dem nur ein sehr geringer Teil der Menschheit entspricht.

Martin: Wenn jemand sagt: „Ich gehe zum Friseur, um MIR zu gefallen“, muss man sich doch fragen, warum er sich dann gefällt. Und die Antwort ist doch: Weil man dann anderen gefällt. Wenn andere einen hübsch finden, fällt es einem selbstverständlich leichter, sich auch hübsch zu finden.

Sunita: Die meisten achten sehr darauf, was die anderen von einem denken. Ich auch – das gebe ich ganz ehrlich zu. [...]

Sonnenblume: Zu wünschen bleibt, dass ganz anderes in unserer Gesellschaft zählen würde: Bildung. Wie viele Jugendliche lesen denn noch die Tageszeitung? Die meisten lesen doch nur Modemagazine. Immer wenn ich eine politische Zeitung mit in die Schule nehme, fragen mich die Leute: Wieso liest du so was Langweiliges?

(http://frisch.die-neue-fr.de/?p=158, 7.9.09)

5. *Wer bestimmt nach der Meinung dieser Jugendlichen, was schön ist? Wem würdest du zustimmen, wem widersprechen? Schreibe deine eigene Meinung dazu auf.*

Die Prinzen

Alles nur geklaut

Ich schreibe einen Hit, die ganze Nation kennt ihn schon.
Alle singen mit, ganz laut im Chor, das geht ins Ohr.
Keiner kriegt davon genug, alle halten mich für klug,
hoffentlich merkt keiner den Betrug.
Das ist alles nur geklaut. Das ist alles gar nicht meine.
Das ist alles nur geklaut, doch das weiß ich nur ganz alleine.
Das ist alles nur geklaut und gestohlen und gezogen und geraubt.
Entschuldigung, das hab ich mir erlaubt.

Ich bin tierisch reich, ich fahre einen Benz,
der in der Sonne glänzt. Ich hab 'nen großen Teich
und davor ein Schloss und ein weißes Ross. Ich bin ein großer Held
und ich reise um die Welt, ich werde immer schöner durch mein Geld.

[...]

6. *Wodurch wird der Sprecher in dem Lied zum Helden?*

7. *Mache ein Lied, ein Bild oder eine Collage mit dem Titel „Alles meins“. Zeige oder beschreibe darin alles, was an dir schön ist.*

2. Was Menschen schön finden …

Rubens (nach Tizian): Toilette der Venus (15. Jhdt.)

1. *Stell dir vor, die nächste Miss Universum hätte eine solche Figur wie auf dem Bild oben. Welche Folgen hätte das wohl?*

2. *Das Bild ist mehrere Hundert Jahre alt. Anscheinend galten damals solche üppigen Formen als schön. Kannst du dir vorstellen, warum?*

Twiggy oder Rubensfrau

„Weißer als Elfenbein“: So stellte sich der griechische Dichter Homer im 8. Jahrhundert v. Chr. die perfekte Frauenhaut vor – bei Männern dagegen galt dunklere Haut als schön. Sie führten oft ein aktives, sportliches Leben im Freien. Auch im **Mittelalter** galt helle Haut als Schönheitsideal. Gebräunt waren Bauern und Handwerker, die im Freien arbeiten mussten. Auf Hygiene legte man keinen gesteigerten Wert. Sich zu pflegen galt als hochmütig. Gemälde und Skulpturen aus dieser Zeit zeigten Frauen ohne üppige Formen – mit eher männlich wirkenden Körpern.

In der **Renaissance*** (15./16. Jhdt.) wurde die Schönheit des menschlichen Körpers wiederentdeckt. Frauenkörper wurden nicht mehr männlich schmal, sondern üppig dargestellt. Zwar verwendeten Männer und Frauen viel Zeit für die Körperpflege, jedoch kamen Wasser und Seife weiterhin selten zum Einsatz. So gab es in Versailles, dem prächtigen Schloss des Sonnenkönigs Ludwig XIV, für Hunderte von Menschen nur zwei Badezimmer und keine einzige Toilette. Stattdessen wurden Unmengen von Puder und Parfum verwendet.

Twiggy (Foto von 1968)

Erst zu Beginn des **20. Jahrhunderts** wurde es chic, schlank zu sein. Als Zeichen der Emanzipation kleideten sich Frauen oft wie Männer und legten wenig Wert auf weibliche Rundungen. In den Notzeiten nach dem Zweiten Weltkrieg dagegen waren gut genährte Körper wieder begehrter.

Allgemein wurde das Schönheitsideal stark durch das Kino mitbestimmt. Schauspielerinnen wie Marilyn Monroe verkörperten jeweils den Frauentyp einer bestimmten Zeit – Millionen von Frauen wollten so aussehen wie sie. In den 60er-Jahren aber hätte Marilyn Monroe mit Kleidergröße 44 schon als zu mollig gegolten. Das dünne Model Twiggy bescherte mit ihren 42 Kilo bei 1,70 Metern Körpergröße zahlreichen Frauen eine neue Krankheit – die Magersucht.

Heute ist Schönheitspflege auch bei Männern wieder allgemein akzeptiert. Männer wie Frauen verbringen viel Zeit beim Kleiderkauf, im Sonnenstudio und im Fitness-Center.

(nach: www.scinexx.de, 02.09.09)

3. *Bearbeitet gemeinsam folgende Fragen:*
- *Warum galt früher helle und gilt heute gebräunte Haut als schön?*
- *Zu welchen Zeiten wurden üppige Figuren als schön bezeichnet?*
- *Wie hängt das mit den damaligen Lebensbedingungen zusammen?*

4. *Erstellt in Partnerarbeit eine Übersicht über Schönheitsideale nach folgendem Schema:*
Als schön galt/gilt ..., weil ...
Antike: ...
Heute: ...
Ich finde ... schön, weil ...

Hunger nach Schönheit

5. *Sprecht über das Bild von Klaus Biehler. Welchen Titel würdet ihr selbst dem Bild geben?*

6. *Verfasst in Partnerarbeit einen Dialog zwischen zwei der Frauen und tragt ihn vor.*

Klaus Biehler, „Küstenwache" (2010)

Muss Schönheit leiden?

„Wenn Schönheitsoperationen für junge Menschen so alltäglich werden wie der Gang zum Friseur, wenn in Fernsehshows oder Radiosendungen Brustvergrößerungen oder Stupsnasen verlost werden, dann ist es höchste Zeit zum Handeln" [...], erklärte heute Bundesgesundheitsministerin Ulla Schmidt. [...]
Schon jetzt werden 10 % aller ästhetisch-plastischen Operationen an unter 20-Jährigen vorgenommen. Selbst in der Altersgruppe der 9- bis 14-Jährigen sind Schönheitsoperationen ein Thema. Dieser Trend wird durch TV-Sendungen verstärkt, die dem Zuschauer einreden, jeder könne sich nach Wunsch Nase, Kinn, Brust oder Beine durch einen chirurgischen Eingriff verändern lassen. Umfragen haben ergeben, dass 24 % der 14- bis 19-Jährigen die neuen Fernsehformate gut finden.

(www.bundesaerztekammer.de/page. asp?his=0.1.173676.3816.7161, 07.09.09)

7. *Schönheitsoperationen bei Jugendlichen? Diskutiert darüber.*

Wem will ich gefallen?

Katrin hat sich in den großen Ferien von einem Schönheitschirurgen die Nase operieren lassen. Ihre besten Freundinnen Anne und Lisa sind darüber entsetzt.

ANNE: Warum hast du das bloß machen lassen?
KATRIN: Ist doch klar. Weil ich endlich hübsch sein wollte.
LISA: Aber du warst doch vorher schon hübsch.
KATRIN: Was? Mit der Nase? Die war doch viel zu groß, die reinste Knollennase.
ANNE: Ich fand sie süß. Richtig schade darum.
KATRIN: Alle haben mich ausgelacht wegen meiner Nase.
LISA: So ein Quatsch! Als ob wir dich auslachen würden!
KATRIN: Ihr vielleicht nicht, aber die anderen.
ANNE: Welche anderen? Wem willst du denn gefallen? Heidi Klum vielleicht?
KATRIN: Ach die! Die hat doch keine Ahnung.
ANNE: Sag ich doch.
LISA: Aber jetzt wirklich: Wem willst du denn gefallen?
KATRIN: Na ja, mir selbst vor allem. Aber den anderen schon auch.
LISA: Und wenn die anderen sagen: „Färb dir die Haare rosa!" oder „Zieh dir einen Ring durch die Nase!", dann machst du das?
KATRIN: Nein. Ich will nur ... Ich wünsche mir ...

8. *Überlegt, was Katrin sich wünscht. Schreibt den Dialog weiter.*

3. Sich hässlich fühlen

Ugly Girl

In dem Jugendroman „Big Mouth and Ugly Girl" bezeichnet die Heldin Ursula Riggs sich selbst als „Ugly Girl", weil sie so ganz anders ist, als man sich ein Mädchen vorstellt. Sie ist groß und kräftig, die beste Spielerin der Baseballmannschaft ihrer Schule. Eines Tages geben ihre Mannschaftskameradinnen nach einem verlorenen Spiel Ursula die Schuld.

An jenem Nachmittag im Januar versagte Ugly Girl auf der ganzen Linie.
Ob es mir wehgetan hat? *Mir doch nicht.* Ob es mir was ausgemacht hat? *Ach was.* Ob mich jemals einer von euch hat heulen sehen? *Bestimmt nicht, noch nie.*
Hätte ich warten müssen, bis man mich in eine Mannschaft wählt, ich wäre in meiner ganzen Schulzeit jedes Mal übrig geblieben. Ich hätte am Spielfeldrand gestanden mit den anderen Verlierern, den Dicken, den Brillenschlangen, denen, die ständig über ihre eigenen Füße stolperten, und den Asthmatikerinnen, die immer gleich außer Puste waren, sobald sie mal ein paar Schritte rennen mussten. Aber Ugly Girl war eine der besten Sportlerinnen der Rocky River High. Sogar die Jungen mussten das zugeben, auch wenn es ihnen schwerfiel. Also benannte mich Ms. Schultz, unsere Sportlehrerin (auch so etwas wie ein Ugly Girl, großknochig, unbeholfen im Umgang mit Menschen, mit grober, dunkler Haut und zerzaustem Haar), immer als Mannschaftsführerin. Sie rief „Ursula Riggs" durch die Halle, als hätte sie noch nie bemerkt, was für ein hässlicher Name das ist, und selbst wenn sie mich ermahnte – „Ursula, pass doch auf!" oder „Ursula, das war ein Foul" –, merkte doch jeder, dass ich insgeheim ihr Liebling war. *Hässliche Mädchen müssen zusammenhalten, nicht wahr?*

(Joyce Carol Oates: Unter Verdacht, Carl Hanser Verlag, München 2003, S. 12)

1. *Wie beschreibt die Erzählerin Ursula sich selbst?*

2. *Warum nennt sie sich „Ugly Girl"?*

3. *Kennt ihr auch diese Situation, wenn bei Mannschaftsspielen „gewählt" wird? – Tauscht euch darüber aus.*

Edgar Degas: Zwei Tänzerinnen auf der Bühne (1874)

Schon merkwürdig, wie Dinge, die mir in der Mittelschule unheimlich viel ausgemacht haben, die so schlimm für mich waren, dass ich mich in ein Versteck verzogen und geheult habe, mir von einem Tag auf den anderen nichts mehr ausmachten. Genau genommen seit dem Tag, als ich aufwachte und wusste, ich war nicht einfach *ein* hässliches Mädchen – ich war *das* hässliche Mädchen. Ugly Girl. Ich musste lachen, und es war nicht dieses mädchenhafte Lachen, das meine Mom so nett fand. Es war ein richtiges Lachen, das von ganz unten aus dem Bauch kommt. Nie mehr würde ich mich für meinen Körper schämen. Ich würde stolz auf ihn sein. [...]
Auf Babyfotos sind meine Haare richtig hellblond und ganz weich. Jetzt sind sie dunkler. Ich würde mir wahnsinnig gern irgendwann den ganzen Kopf kahl rasieren, wie ein Skinhead. Oder wenigstens alle Haare rattenkurz schneiden. Oder schwarz färben. Oder bleichen. Bloß dass mein Vater total dagegen wäre und meine Mutter sterben würde vor Scham. Sie haben total spießige Vorstellungen davon, wie ein Mädchen sein sollte. Nämlich so wie Lisa, meine kleine Schwester. Lisa ist eine angehende Ballerina und wegen ihrer Ballettstunden gerät Mom immer vollständig aus dem Häuschen.

(ebd., S. 13 f.)

4. *Warum möchte sich Ursula wohl den Kopf rasieren?*

5. *Sie spricht von „Vorstellungen, wie ein Mädchen zu sein hat". Was meint sie damit?*

6. *Vergleicht das Bild von den zwei Tänzerinnen mit dem Bild von „Ugly Girl".*

Ursula Riggs war ein Feigling, sie hatte Angst vor dem, was andere Leute dachten, Angst vor der Zukunft. Ugly Girl war kein Feigling und scherte sich einen Dreck um die Zukunft. *Ugly Girl, die Kriegerin.* Klar wusste ich, dass die Leute hinter meinem Rücken über mich redeten. Meine Eltern. Meine Klassenkameraden. Selbst sogenannte Freunde. Wenn ich mich in der Schule durch den Korridor schob, wenn ich die Cafeteria betrat – immer sah ich die Blicke, hörte ich das Geflüster, das unterdrückte Lachen. *Ursula die Hässliche.* Ich wusste es und es war mir egal. Hauptsache, es kommt mir keiner in die Quere, kapiert?

(ebd., S. 16 f.)

7. *Beschreibt das Verhalten der anderen Ursula gegenüber.*

8. *Kennt ihr andere Fälle, in denen Kinder und Jugendliche so behandelt werden? Überlegt euch, welche Auswirkungen solches Verhalten haben kann.*

Ursula ist stark und selbstbewusst, sodass sie sich von solchen Erlebnissen nicht unterkriegen lässt. Als sie einen Jungen kennenlernt, der ihre Stärken sieht und zu schätzen weiß, nimmt die Geschichte ein überraschendes Ende.

Dad kam also nach Hause, sah mich an, starrte mich an, zwinkerte und versuchte, erst mal einen Witz zu reißen, um seine Überraschung zu verbergen. Dann rückte er seine Brille zurecht, um mich gründlich zu betrachten, und schließlich nahm er mich in den Arm und sagte: „Mädchen, du bist schon ein Original. Aber ich muss zugeben, du siehst toll aus. Wenn auch ein bisschen einschüchternd. Wie eine Mischung aus Amazone und Rockstar." Das schmeichelte mir natürlich, trotzdem protestierte ich: „Ich will gar nicht wie irgendein Rockstar aussehen, Dad. Ich will einfach nur wie ich selbst aussehen." Dad lachte: „Genau das tust du ja, Ursula." Was hatte ich gemacht? Wenige Tage nach der Verhaftung von Reverend Brewer hatte ich, ohne jemandem etwas zu sagen, einen Termin bei einem Friseur in Rocky River ausgemacht und mir die Haare schneiden lassen – hinten ganz kurz, die Seiten etwas länger, wie zwei glatte, schwingende Flügel. Und dann ließ ich sie platinblond färben.

Der Grund war: Es ging mir so gut, dass ich das einfach feiern musste. Das schmuddelige Blond meiner Haare, das mein gutes Gefühl überhaupt nicht widerspiegelte, war ich einfach leid.

Ugly Girls neuer Look.

Ugly Girl ist immer für eine Überraschung gut.

(ebd., S. 274 f.)

9. *Warum geht Ursula zum Friseur? Will sie sich den anderen Mädchen anpassen? Wie fühlt sie sich in ihrem neuen „Look"? Was sagt ihr Vater dazu?*
Schreibt in Partnerarbeit ein Interview mit Ursula, in dem sie diese und weitere Fragen beantwortet.

10. *Zum Weiterlesen:*
Lies das Märchen „Das hässliche Entlein" von Hans Christian Andersen. Kannst du Ähnlichkeiten mit der Geschichte von Ugly Girl entdecken?

4. Kann man Schönheit anziehen?

1. *Führt ein Partnerinterview mit folgenden Fragen:*
- *Was ist dein Lieblings-Outfit? Beschreibe es.*
- *Warum fühlst du dich darin besonders wohl?*
- *Was verraten deine Kleider über dich?*

Mode – ein Kinderspiel?

Die 13-jährige Tavi Gevinson ist Bloggerin*: Sie hat eine eigene Internetseite, auf der sie regelmäßig nicht nur Videos und Bilder von sich in selbst erdachten und selbst gemachten Outfits ins Netz stellt, sondern auch die Kreationen berühmter Modeschöpfer kommentiert und begutachtet.
Das Verblüffende daran: Die junge Modedesignerin wird von ihren berühmten Kollegen beachtet, ihr Urteil wird ernst genommen, sie wird sogar auf Modeschauen und sonstige öffentliche Veranstaltungen eingeladen.
Nun könnte man sich fragen:
Kann jedes Kind Mode machen?
Wieso wird dann für Mode so viel Geld ausgegeben?
Ist die ganze Modeindustrie ein gewaltiger Schwindel?

2. *Diskutiert über diese Fragen.*

3. *„Die etwas andere Modenschau": Entwirf dir selbst ein eigenes Outfit und stelle es den anderen vor.*

Hans Christian Andersen

Des Kaisers neue Kleider

Vor vielen Jahren lebte ein Kaiser, der so ungeheuer viel auf neue Kleider hielt, dass er all sein Geld dafür ausgab, um recht geputzt zu sein. Er kümmerte sich nicht um seine Soldaten, kümmerte sich nicht um Theater und liebte es nicht, in den Wald zu fahren, außer um seine neuen Kleider zu zeigen. Er hatte einen Rock für jede Stunde des Tages, und ebenso wie man von einem König sagte, er ist im Rat, so sagte man hier immer: „Der Kaiser ist in der Garderobe!"
In der großen Stadt, in der er wohnte, ging es sehr munter her. An jedem Tag kamen viele Fremde an, und eines Tages kamen auch zwei Betrüger, die gaben sich für Weber aus und sagten, dass sie das schönste Zeug, was man sich denken könne, zu weben verstanden. Die Farben und das Muster seien nicht allein ungewöhnlich schön, sondern die Kleider, die von dem Zeuge genäht würden, sollten die wunderbare Eigenschaft besitzen, dass sie für jeden Menschen unsichtbar seien, der nicht für sein Amt tauge und der unverzeihlich dumm sei.

(Hans Christian Andersen: Des Kaisers neue Kleider, Knaur, Droemersche Verlagsanstalt, München 2003, S. 102)

4. *Zählt auf, was der Kaiser wegen seiner Versessenheit auf Kleider alles vernachlässigt.*

5. *Welchen Trick wenden die Betrüger an?*

6. *Findet Tricks, die heute von Leuten benutzt werden, um anderen das Geld aus der Tasche zu ziehen.*

In Andersens Geschichte erhalten die Betrüger gewaltige Summen vom Kaiser, die sie sich in die eigene Tasche stecken. Keiner aus dem Hofstaat, auch nicht der Kaiser selbst, wagt zuzugeben, dass er die angeblichen Kleider nicht sehen kann.

‚Was!', dachte der Kaiser; ‚ich sehe gar nichts! Das ist ja erschrecklich! Bin ich dumm? Tauge ich nicht dazu, Kaiser zu sein? Das wäre das Schrecklichste, was mir begegnen könnte.' „Oh, es ist sehr hübsch", sagte er; „es hat meinen

allerhöchsten Beifall!“, und er nickte zufrieden und betrachtete den leeren Webstuhl; er wollte nicht sagen, dass er nichts sehen könne. Das ganze Gefolge, was er mit sich hatte, sah und sah, aber es bekam nicht mehr heraus als alle die anderen, aber sie sagten gleich wie der Kaiser: „Oh, das ist hübsch!“, und sie rieten ihm, diese neuen prächtigen Kleider das erste Mal bei dem großen Feste, das bevorstand, zu tragen. „Es ist herrlich, niedlich, ausgezeichnet!“, ging es von Mund zu Mund, und man schien allerseits innig erfreut darüber.
Der Kaiser verlieh jedem der Betrüger ein Ritterkreuz, um es in das Knopfloch zu hängen, und den Titel Hofweber.
(ebd., S. 105)

7. *Warum machen alle den Schwindel mit?*

8. *Findet Gründe, warum Jugendliche den Wettbewerb um „coole Klamotten“ mitmachen?*

9. *Wer bestimmt eigentlich, was „coole Klamotten“ sind?*

Und schließlich kommt das Fest und der Kaiser präsentiert sich seinem Volk in den neuen Kleidern:

So ging der Kaiser unter dem prächtigen Thronhimmel, und alle Menschen auf der Straße und in den Fenstern sprachen: „Wie sind des Kaisers neue Kleider unvergleichlich! Welche Schleppe er am Kleide hat! Wie schön sie sitzt!“ Keiner wollte es sich merken lassen, dass er nichts sah; denn dann hätte er ja nicht zu seinem Amte getaugt oder wäre sehr dumm gewesen. Keine Kleider des Kaisers hatten solches Glück gemacht wie diese. „Aber er hat ja gar nichts an!“, sagte endlich ein kleines Kind. „Hört die Stimme der Unschuld“, sagte der Vater; und der eine zischelte dem anderen zu, was das Kind gesagt hatte.

„Aber er hat ja gar nichts an!“, rief zuletzt das ganze Volk. Das ergriff den Kaiser, denn das Volk schien ihm recht zu haben, aber er dachte bei sich: ‚Nun muss ich aushalten.‘ Und die Kammerherren gingen und trugen die Schleppe, die gar nicht da war.
(ebd., S. 106 f.)

10. *Wie fühlt sich wohl der Kaiser bei den Worten des Kindes? Beobachte auch die Reaktion der Menschen auf dem Bild.*

11. *Warum konnte nur ein kleines Kind den Betrug aufdecken?*

12. *Erfindet in Gruppen eine ähnliche Geschichte über Jugendliche und „coole Klamotten“ und stellt sie im Rollenspiel dar.*

13. *Schreibe deine eigene Geschichte zu Hause auf.*

Der Eitle

Der zweite Planet war von einem Eitlen bewohnt.
„Ah, ah, schau, schau, ein Bewunderer kommt zu Besuch!“, rief der Eitle von Weitem, sobald er des kleinen Prinzen ansichtig wurde.
Denn für die Eitlen sind die anderen Menschen Bewunderer. […]
„Bewunderst du mich wirklich sehr?“, fragte er den kleinen Prinzen.
„Was heißt bewundern?“
„Bewundern heißt erkennen, dass ich der schönste, der bestangezogene, der reichste und der intelligenteste Mensch des Planeten bin.“
„Aber du bist doch allein auf deinem Planeten!“
„Mach mir die Freude, bewundere mich trotzdem!“
„Ich bewundere dich“, sagte der kleine Prinz, indem er ein bisschen die Schultern hob, „aber wozu nimmst du das wichtig?“
(Antoine de Saint-Exupéry: Der kleine Prinz, Karl Rauch Verlag, Düsseldorf 1956, S. 34 f.)

14. *Warum hebt der kleine Prinz zum Schluss „ein bisschen die Schultern“?*

15. *Was ist an der Geschichte witzig?*

5. Man sieht nur mit dem Herzen gut ...

Cyrano von Bergerac

Szenenbild aus der Verfilmung „Cyrano von Bergerac“ (1990)

Der Titelheld dieses 1897 entstandenen (im Jahr 1990 mit Gérard Depardieu verfilmten) Theaterstücks von Edmond Rostand ist ein Ritter, der nicht nur für seinen Mut, sondern auch für seinen Geist und Witz überall bekannt ist. Auch wegen seiner Hilfsbereitschaft lieben ihn viele. Sein einziger Makel ist eine auffallend große Nase, unter der er umso mehr leidet, als er die schöne Roxane liebt.
Roxane aber hat sich in Christian verliebt, den sie nur vom Sehen kennt und der außer seinem guten Aussehen auch nicht viel zu bieten hat. Beispielsweise fehlt ihm jedes dichterische Talent. Wie also der Angebeteten poetische Liebesbriefe schreiben? In seiner Not wendet er sich ausgerechnet an Cyrano. Dieser tut ihm Roxane zuliebe den Gefallen und schreibt wunderschöne und geistreiche Liebesbriefe, die Christian unter seinem eigenen Namen an Roxane schickt.
Eines Tages aber gesteht sie Christian, dass sie ihn längst nicht mehr wegen seines schönen Äußeren liebt, sondern wegen seiner „schönen Seele“, die in den Briefen zum Ausdruck kommt ...

1. *Wen liebt Roxane wirklich? Begründet eure Aussage.*

2. *Wie könnte die Geschichte weitergehen? Schreibt euer eigenes Ende.*

Die wesentlichen Fragen

Die großen Leute haben eine Vorliebe für Zahlen. Wenn ihr ihnen von einem neuen Freund erzählt, befragen sie euch nie über das Wesentliche. Sie fragen euch nie: Wie ist der Klang seiner Stimme? Welche Spiele liebt er am meisten? Sammelt er Schmetterlinge? Sie fragen euch: Wie alt ist er? Wie viel Brüder hat er? Wie viel wiegt er? Wie viel verdient sein Vater? Dann erst glauben sie, ihn zu kennen. Wenn ihr zu den großen Leuten sagt: Ich habe ein sehr schönes Haus mit roten Ziegeln gesehen, mit Geranien vor den Fenstern und Tauben auf dem Dach ... dann sind sie nicht imstande, sich dieses Haus vorzustellen. Man muss ihnen sagen: Ich habe ein Haus gesehen, das hunderttausend Franken wert ist. Dann schreien sie gleich: Ach, wie schön!

(Antoine de Saint-Exupéry: Der kleine Prinz, Karl Rauch Verlag, Düsseldorf 1953, S. 12 f.)

3. *Warum sind nach der Meinung des Autors die Fragen der „großen Leute“ die falschen Fragen?*

4. *Welche Fragen stellst du, wenn du jemanden kennenlernen willst?*

5. *Schreibe diese Fragen auf ein Blatt. Stelle deine Fragen dann nach der Kugellager-Methode einigen aus der Gruppe.*
Wechsel: Nun wirst du befragt.

„Man sieht nur mit dem Herzen gut. Das Wesentliche ist für die Augen unsichtbar.“

(ebd., S. 52)

6. *Wie kann man mit dem Herzen sehen?*

7. *Übertragt das Zitat auf die Geschichte von Cyrano de Bergerac.*

So geht es – Das Kugellager

Bildet zwei gleich große Stuhlkreise: einen Außen- und einen Innenkreis. Jeweils eine/r vom Außen- und eine/r vom Innenkreis sitzen sich gegenüber. Vereinbart nun ein Thema und eine Zeit (z. B. 5 Minuten). Die beiden einander Gegenübersitzenden reden über dieses Thema, bis die Zeit abgelaufen ist. Danach rücken alle im Außenkreis einen Stuhl weiter, sodass neue Partner/innen entstehen. Diese reden nun über dasselbe Thema. Ein Wechsel kann mehrfach stattfinden.

Sokrates und das Schöne

Sokrates war ein berühmter Philosoph. Er lebte fast 500 Jahre vor Christus in Athen. Einer seiner Schüler war Platon – ein ebenso bedeutender Philosoph. Platon verehrte seinen Lehrer sehr und schrieb die meisten seiner eigenen Werke als Dialoge, in denen Sokrates mit seinen Schülern spricht und gemeinsam mit ihnen über vieles nachdenkt, beispielsweise: Was ist Mut? Was ist gerecht? Was ist schön? Sokrates selbst hat nichts aufgeschrieben.

Büste des Sokrates

In Platons Dialog „Das Gastmahl" sind das Schöne und die Liebe Thema. Viele kluge Leute, die zu einem Gastmahl versammelt sind, halten Lobreden auf Eros, den Gott der Liebe, den die meisten als wunderschönen Jüngling beschreiben. Auf dem Bild von Anselm Feuerbach rechts oben wird dieses Gastmahl dargestellt.

8. *Könnt ihr Sokrates darauf finden?*

Anselm Feuerbach: Das Gastmahl des Plato (1869)

Am Ende von Platons Dialog tritt Alkibiades auf, ein sehr schöner und reicher junger Mann, und hält eine Lobrede – auf Sokrates.

9. *Wer auf dem Bild ist wohl Alkibiades? Warum wendet sich Sokrates von ihm ab?*

Die Rede des Alkibiades

„Ihr müsst wissen, dass es Sokrates in Wahrheit gar nicht darauf ankommt, ob einer schön ist – nein, er verachtet das so gründlich, wie keiner glauben möchte –, und ebenso wenig, ob einer reich ist oder sonst eine Auszeichnung besitzt, die von den Leuten wer weiß wie hoch gepriesen wird. Alle diese Dinge hält er für wertlos. Darum verstellt er sich oft, wenn er mit Leuten redet. Aber hat jemand von euch ihn schon einmal erlebt, wenn er es wirklich ernst meinte?

Mich hat er schon einen Blick in sein Inneres werfen lassen, und da habe ich Bilder gesehen, die erschienen mir so göttlich und so golden, so unvergleichlich schön und wunderbar, dass ich dachte, ich müsste einfach alles tun, was Sokrates von mir verlangte."

(nach: Platon: Das Gastmahl, Felix Meiner Verlag, Hamburg 1981, S. 109 f.)

10. *Welche Meinung hat Sokrates vom Schönen? Was sagt ihr dazu?*

11. *Was meint Alkibiades, wenn er von der Schönheit des Sokrates spricht?*

Was du weißt und kannst

Märchen

Es waren einmal ein König und eine Königin und eine wunderschöne Prinzessin. Als die Prinzessin groß geworden war, suchten der König und die Königin einen Mann für sie.
Der Erste war ein stolzer Ritter auf einem feurigen Pferd. Aber die Prinzessin sagte: „Nein, den mag ich nicht."
Als Zweiter kam ein fahrender Sänger, der sang ihr ein leidenschaftliches Liebeslied. Aber die Prinzessin sagte: „Nein, den mag ich nicht."
Schließlich kam ein lustiger Spaßmacher, der brachte die Prinzessin zum Lachen. Und die Prinzessin sagte: „Ja, den mag ich." Und sie heirateten und waren sehr glücklich. Und wenn sie nicht gestorben sind, so sind sie auch heute noch sehr glücklich.

1. *Stellt das Märchen zu zweit in folgender Weise dar: Eine/r liest, der/die andere stellt das Geschehen pantomimisch dar.*

Schönheitsideale

2. *In welche Zeit würdest du folgende Aussagen einordnen?*
- *Mann, bist du schön braun!*
- *Sie ist von vornehmer Blässe.*
- *Die soll schön sein? – Das ist doch ein Hungerhaken!*

Beauty, Styling, Outfit – Eine Studie

Eins ist sicher: Nichts ist für Jugendliche so wichtig wie ihr Äußeres. Die Jugend ist vielleicht die spannendste und gleichzeitig schwierigste Zeit im Leben. [...] In dieser Phase spielen Produkte und Marken aus dem Kosmetik- und Modebereich eine immense Rolle. Beauty, Styling und das richtige Outfit helfen Jugendlichen, in dieser stürmischen Phase des Wandels ihre Rolle im Leben zu finden und ihren eigenen Typ auszudrücken.

(Anja Visscher, www.bauermedia.de/uploads/media/jugend5.pdf)

3. *Stimmst du den Aussagen des Textes zu? Schreibe eine kurze Stellungnahme.*

Die Schöne und das Biest

In dem 1756 entstandenen französischen Märchen von Jeanne-Marie Leprince verspricht ein Vater seine schöne Tochter einem Ungeheuer, weil dieses ihm das Leben gerettet hat. Das Mädchen lebt mehrere Jahre mit dem Ungeheuer auf seinem prächtigen Schloss und lernt, es mit der Zeit trotz seiner schrecklichen Gestalt zu lieben. Als es sich bereit erklärt, das Ungeheuer zu heiraten, wird dieses erlöst und verwandelt sich in einen schönen Prinzen.

4. *Warum wird das „Biest" erlöst? Schreibt eine kurze Szene, in der der Prinz dem Mädchen dies erklärt.*

Das hässliche junge Entlein

Aber das arme Entlein, das zuletzt aus dem Ei gekrochen war und so hässlich aussah, wurde gebissen, gestoßen und zum Besten gehalten, und das sowohl von den Enten als auch von den Hühnern. [...] Das arme Entlein wusste weder, wo es stehen, noch, wo es gehen sollte; es war betrübt, weil es hässlich aussah und vom ganzen Entenhof verspottet wurde.
So ging es jeden Tag, und später wurde es schlimmer und schlimmer. Das Entlein wurde von allen gejagt, selbst seine Geschwister waren böse darauf und sagten immer: „Wenn die Katze dich nur fangen möchte, du hässliches Geschöpf!", und die Mutter sagte: „Wenn du nur weit fort wärest!" Die Enten bissen es, und die Hühner schlugen es, und ein Mädchen, das die Tiere füttern sollte, stieß mit dem Fuß danach.

(Hans Christian Andersen: Das hässliche junge Entlein, Knaur, Droemersche Verlagsanstalt, München 2003, S. 198)

5. *Lies die Geschichte zu Ende. Warum wird das vermeintliche Entlein von den anderen gemobbt?*

6. *Warum stehen noch nicht einmal seine Geschwister und seine Mutter zu ihm?*

7. *Was will uns Andersen mit diesem Märchen sagen?*

Hässlich?

8. *Was kritisiert der Künstler Klaus Staeck mit diesem Bild?*

9. *Hat er mit seiner Kritik recht?*

Rührend

Der kleine Prinz, der der Entwicklung einer riesigen Knospe beiwohnte, fühlte wohl, es müsse eine wunderbare Erscheinung aus ihr hervorgehn, aber die Blume wurde nicht fertig damit, sich in ihrer grünen Kammer auf ihre Schönheit vorzubereiten. Sie wählte ihre Farben mit Sorgfalt, sie zog sich langsam an, sie ordnete ihre Blütenblätter eins nach dem andern. Sie wollte nicht wie die Mohnblüten ganz zerknittert herauskommen. Sie wollte nicht früher erscheinen als im vollen Ornat ihrer Schönheit. Nun ja! Sie wollte gefallen. Ihre geheimnisvolle Toilette hatte also Tage und Tage gedauert. Und dann, eines Morgens, gerade zur Stunde des Sonnenaufganges, hatte sie sich enthüllt. Und die, die mit solcher Genauigkeit gearbeitet hatte, sagte gähnend:

„Ach! Ich bin kaum aufgewacht ... Ich bitte um Verzeihung ... Ich bin noch ganz zerrauft ...“

Da konnte der kleine Prinz seine Bewunderung nicht mehr verhalten:

„Wie schön Sie sind!“

„Nicht wahr?“, antwortete die Blume, „und ich bin zugleich mit der Sonne geboren ...“

Der kleine Prinz erriet wohl, dass sie nicht allzu bescheiden war, aber sie war so rührend!

(Antoine de Saint-Exupéry: Der kleine Prinz, Karl Rauch Verlag, Düsseldorf 1953, S. 22 f.)

10. *Warum sagt die Blume: „Ich bin noch ganz zerrauft“, obwohl sie sich doch stundenlang schön gemacht hat?*

11. *Der kleine Prinz merkt, dass sie eitel ist. Warum findet er sie trotzdem nicht doof und eingebildet, sondern „rührend“?*

Sich und andere darstellen

12. *Malt euch in Partnerarbeit gegenseitig. Erkennt ihr euch wieder? Sprecht darüber, worauf ihr beim Malen besonders geachtet habt.*

13. *Sucht zu Hause Fotos, auf denen ihr euch besonders gut getroffen fühlt. Bringt sie zur nächsten Stunde mit und versucht ein Selbstporträt.*

Vom Anfang der Welt

Am Anfang war ...

1. *Zu dem Bild auf S. 186 fällt mir ein ...*
Schreibt die Satzergänzungen auf und lest sie anschließend vor.

2. *Ergänzt die Aufzählung der Rätsel der Welt durch weitere Fragen, deren Beantwortung ihr für sehr schwierig haltet.*

Die Rätsel der Welt:

→ Wie ist die Welt entstanden?
→ Wie wurde sie erschaffen?
→ Wozu gibt es die Menschen?
→ Wie wurden die Menschen erschaffen?
→ Gibt es ein Ende der Welt?
→ ...

3. *Am Anfang war ...*
Ergänzt alles, was euch dazu einfällt, und haltet es an der Tafel fest.

4. *Vor den Menschen lebten Tiere auf der Erde, vor den Tieren gab es ...*
Setzt diese Reihe fort, so weit es euch möglich ist, und sprecht über das Ergebnis.

5. *In allen alten Kulturen gibt es Geschichten, die Schöpfungsmythen, die vom Anfang der Welt und der Menschen erzählen. Welche kennt ihr? Erzählt sie euch.*

6. *Besorgt euch eine Schulbibel, lest den Schöpfungsbericht und findet heraus, welcher Tag der Schöpfungsgeschichte auf dem Bild dargestellt ist. Lest die Stelle vor.*

7. *Wie denkt ihr über den biblischen Schöpfungsbericht und wie kommt ihr zu eurer Ansicht?*

Gott erschafft die Erde (Darstellung eines unbekannten Künstlers, um 1300–1350).

8. *Manchmal bezeichnet man auch das ganze Weltall als „Kosmos". Findet die Bedeutung des Wortes „Kosmos" heraus und erklärt den Zusammenhang zwischen „Weltall" und „Kosmos".*

9. *Schreibe auf einen Zettel alle möglichen Gedanken, die dir zu diesem Bild einfallen, und tausche dich mit deinem Gegenüber darüber aus.*

1. Philosophieren über Anfänge

Etwas Neues fängt an ...

„Anfang" oder „Ende" sind Begriffe, die ihr im Alltag immer wieder gebraucht. Warum sollte man sich darüber noch besondere Gedanken machen? Wenn ihr es aber trotzdem macht, kann es spannend werden, weil ihr plötzlich mitten drin seid, über euch selber nachzudenken: Bei welchen Gelegenheiten sagt man zum Beispiel:
„Aller Anfang ist schwer!"
„Am Anfang war alles noch in Ordnung."
„Warum soll ich noch einmal anfangen?"
„Was am Anfang war, interessiert mich nicht mehr."
„Morgen fange ich ganz bestimmt an!"
Wie geht es einem in diesen Situationen?

1. *Beschreibt die beiden Abbildungen. Welche besondere Bedeutung hat hier jeweils der Anfang?*

2. *„Dass etwas Neues anfängt, habe ich schon erlebt, als ..." – Tauscht euch darüber nach der Methode „Bauchzeitung" aus.*

So geht es – Die „Bauchzeitung"

- Schreibe eine bestimmte Ausgangssituation auf ein größeres Blatt (Plakat). Zum Beispiel: Ein wichtiger Anfang war für mich, als ich ...
- Schreibe jetzt dazu groß und gut lesbar eigene Erfahrungen oder wichtige Einfälle stichwortartig auf das Blatt.
- Befestige das Blatt gut sichtbar am Körper.
- Geht mit der „Bauchzeitung" durch den Raum und lest gegenseitig eure Gedanken oder Erfahrungen und sprecht darüber.
- Ihr könnt dabei auch kleinere Gruppen bilden, die sich gegenseitig austauschen.

3. *Bildet einen Stuhlkreis und erzählt euch, wie ihr solche Anfänge erlebt habt, wie es euch dabei erging. Was habt ihr als angenehm empfunden, was war schwierig? Ist aller Anfang schwer?*

4. *Versucht jetzt zu beschreiben, was ihr unter „Anfang" versteht. Denkt dabei an die Zeit und an den Weg.*

Hören Anfänge irgendwann auf?

→ Wie lange dauert ein Anfang?
→ Hat jeder Anfang ein Ende?
→ Kann man sich ein Ende ohne Anfang vorstellen?
→ „Ohne Anfang – ohne Ende"?
→ ...

5. *Ergänzt weitere Fragen, die euch zu „Anfang" und „Ende" einfallen.*

6. *Schreibt mögliche Antworten auf, lest sie euch gegenseitig vor und sprecht darüber.*

Gott – ohne Anfang, ohne Ende?

Göttlich ist, was weder Anfang noch Ende hat.

(Thales von Milet, griechischer Philosoph, 625–545 v. Chr.)

Ein philosophisches Gespräch:

Wenn eine Schnur hier anfängt und immer weitergeht: einen Meter und noch einen, drei, vier, fünf, sechs, sieben und immer weiter, was machst du dann eigentlich?
– Immer einen dazu.
– Und wenn du dann zurückgehst?
– Immer einen weg.
– Und wenn du über den Anfang hinausgehst und in dieser Richtung immer weiter?
– Minus. Weg. Aber wo ist die Schnur dann?
– Ich glaube, sie ist nicht da, aber du gehst ihr in der Vorstellung nach, als ob sie da wäre. Aber sie ist nicht da, sie ist auf der anderen Seite.
– Immer weiter?
– Bis unendlich! Weißt du, die Philosophen bei den Griechen, [...] die haben genau über solche Sachen nachgedacht. Es waren Mathematiker-Philosophen. Weißt du, was sie, glaube ich, gesagt haben?
– Was?
– Dass das Und-Unendlich das Gleiche ist wie das Weg-Unendlich.
– Ahaa. Warum?
– Wart mal, ich glaube, weil es nicht zwei Unendlichkeiten geben kann. Sonst wäre nur eine wirklich unendlich – glaube ich. Ich weiß es nicht mehr ganz genau.
– Das ist glatt.
– Mhm.
– Du, dann kommen ja die Unendlich hinten zusammen. Kann man dann hinten herum gehen?

(Ursula Bäumlein; in: Eva Zoller Morf: Philosophische Reise, Atlantis pro juventute-Orell Füssli Verlag, Zürich 2006, S. 41 f.)

7. *Lest dieses philosophische Gespräch mit verteilten Rollen vor. Welche Stellen findet ihr besonders wichtig?*

8. *Können wir uns „Unendlichkeit" vorstellen? Ist dabei die „Schnur-Idee" hilfreich? Sprecht darüber in Kleingruppen.*

9. *Macht zu eurer Vorstellung der „Schnur-Idee" eine Zeichnung. Vergleicht eure Ideen und beantwortet die letzte Frage des Gesprächs.*

10. *Gott – der unendliche Ur-Anfang?*
„Ich kann mir Gott nicht vorstellen, weil ..."
Ergänzt den Satz und vergleicht eure Ergebnisse.

11. *Beschreibt das Bild. Was hat es für euch mit dem Thema „Anfang, Ende, Unendlichkeit" zu tun?*

2. Woher kommt die Welt?

Die Schlange Aido-Hwedo

Bei den Fon in Benin[1] glaubt man, dass ein Gott mit einem weiblichen und einem männlichen Gesicht am Ursprung der Welt stand. Niemals hätte er die Welt ohne die Hilfe der Schlange Aido-Hwedo fertigstellen können.
Für den Gott mit den zwei Gesichtern ist die Weltschöpfung eine gewaltige Aufgabe. Er formt zuerst die Erde, dann die Berge und Flüsse, die Bäume und Tiere. Die Schlange Aido-Hwedo hilft ihm in dieser Zeit: Sie trägt ihn in ihrem riesigen Maul. Aber der Gott erschafft so viele Dinge, dass die Erde bald nicht mehr alle Gebirge, Wälder, Seen und Tiere tragen kann. Schnell rollt sich Aido-Hwedo zusammen und legt sich unter die Erde, um sie zu stützen. Durch diese Last wird ihr aber sehr warm. Da lässt der Gott die Ozeane entstehen, um sie zu erfrischen. Seitdem versteckt sich die Schlange in den tiefen Gewässern. Man sagt, dass jede ihrer Bewegungen ein Erdbeben verursacht. Einige erzählen sogar, dass ihre Zwillingsschwester, die Regenbogenschlange, Donner und Blitz auslöst.
Und die Menschen? Den Legenden zufolge hat sich der Gott nach der Erschaffung der Welt daran gemacht, den Menschen aus Lehm und Wasser zu formen. Andere Geschichten erzählen, dass die ersten Männer und Frauen bei einem siebzehntägigen Regen vom Himmel fielen.

(Sylvie Baussier: Welt der Mythen, Fleurus Verlag, Köln 2001, S. 114)

[1] Benin: Staat in Westafrika

1. *Was gefällt euch an dieser Schöpfungsgeschichte? Welche Fragen der Menschen werden in diesem Mythos beantwortet?*

2. *Heute noch gibt es bei den Fon Frauen, die die Göttin Aido-Hwedo um Hilfe bitten, wenn die Last ihres Lebens, ihre Aufgaben und ihr Alltag zu schwer werden. Wie kommen sie auf diese Idee und welche Hilfe erhoffen sie sich? Tauscht euch darüber aus.*

3. *Stellt euch vor, ihr würdet euch mit der Schlange Aido-Hwedo unterhalten. Worum würdet ihr sie bitten? Schreibt eure Bitten auf.*

Erkläre es mir – Schöpfungsmythos

Die Geschichte von der Schlange Aido-Hwedo ist eine Schöpfungsgeschichte, ein Schöpfungsmythos, mit der sich die Fon in Benin die Entstehung der Welt und ihre Ordnung vorstellen, erklären und ihren Nachkommen weitererzählen konnten. Das Wort „Mythos" kommt aus der griechischen Sprache und bedeutet „überlieferte Erzählung". In Afrika und Asien, in Europa und Amerika, überall und zu allen Zeiten erzählten Menschen einander Mythen, die oft von Generation zu Generation weitergegeben wurden. Schöpfungsmythen erklären auf ihre Weise, wie die Welt erschaffen wurde, wie die Welt geordnet ist, woher wir Menschen kommen, wohin wir Menschen gehen oder auch wie die Sonne auf- oder untergeht.

Heilige Orte

Die älteste uns bekannte Mythologie ist die der australischen Ureinwohner, der Aborigines, deren Erzählungen 40 000 Jahre zurückreichen. Der Ayers Rock oder Uluru liegt im Herzen Australiens und gehört zu den berühmtesten mythischen Orten der Welt. Die Touristen bewundern vor allem das gewaltige Farbenspiel beim Sonnenuntergang, für die Aborigines, die Ureinwohner Australiens, ist der Uluru der heiligste Ort ihrer Geschichte und ihres Landes.

Die Aborigines glauben, dass die Welt in einer heiligen Zeit erschaffen wurde, der „Traumzeit". Unter der Oberfläche einer Ebene erwachten mächtige Wesen, die Ahnen. Sie kamen hervor und erschufen die Sonne, die Sterne, den Regen, die ganze Natur und die ersten Menschen. Viele dieser Orte, an denen die Vorfahren aus der Erde kamen, um die ganze Natur zu erschaffen, gelten für die Aborigines bis heute als heilige Orte, sie sind Stätten für Rituale (religiöse Handlungen) und werden auch entsprechend überwacht.

Unter diesen Wesen hat die „Regenbogenschlange" eine besondere Bedeutung. Als sie bei ihrer Traumzeitwanderung über die Erde kroch, schuf sie durch ihre schlängelnden Bewegungen die Täler und die Berge, die Flüsse und die Wälder. Die Traumzeit kennt keinen Gott oder Götter. Mit dem Erschaffen aller Dinge gingen die Schöpfer mit ihrem ganzen Wesen in das Geschaffene ein. Sie wurden eins mit der Welt. Jede Blume, jeder Stein, jeder Berg verkörpert so auch das Schöpferwesen, das ihn hervorgebracht hat, und ist für die Aborigines heilig.

Am Uluru kreuzen sich nach dem Glauben der Aborigines besonders viele „Traumzeit-Pfade", die die heiligen Orte Australiens miteinander verbinden. Er soll entstanden sein, als die Regenbogenschlange sich tief unter der Erde aufbäumte und dabei einen Stein an die Oberfläche schob. Seit jeher wurden hier religiöse Zeremonien* abgehalten. Es gibt dazu Höhlenzeichnungen, die mehr als 30 000 Jahre alt sind. Jede Spalte, jede Höhle, jede Wasserstelle des Uluru hat eine besondere Bedeutung.

Das Gebiet um den Uluru ist mittlerweile Nationalpark und wird gemeinsam von den Aborigines und der australischen Regierung verwaltet. Der Hauptstreitpunkt dabei ist der Tourismus – besonders die Besteigung des Felsens.

4. *Für die Aborigines ist es eine besonders schwere Verletzung ihrer heiligsten Werte, wenn Touristen als Souvenir Steine des Uluru mitnehmen. Ein Tourist wird mit solchen Steinen erwischt, ein Vertreter der Aborigines klagt ihn an und fordert eine abschreckende Bestrafung. Spielt die Szene in einem Rollenspiel.*

5. *Bei den Aborigines wird ein Vater Zeuge eines solchen Diebstahls. Immer noch voll Wut und Zorn kommt er heim zu seiner Familie. Sein 12-jähriger Sohn will wissen, warum er sich so aufregt. Der Vater nimmt ihn zur Seite und beginnt zu erzählen: „Vor langer Zeit ..." Schreibt seine Erzählung in Kurzform auf.*

6. *Aufseher des Nationalparks berichten, dass sie manchmal Päckchen erhalten, in denen gestohlene Steine des heiligen Felsens wieder zurückgeschickt werden, mit der Bitte, die Steine wieder an Ort und Stelle zu bringen. Diskutiert über mögliche Gründe für dieses Handeln.*

7. *Kennt ihr „heilige Orte"? Erzählt davon.*

8. *In Büchern über Mythologie* oder im Internet findet ihr überlieferte Mythen aus allen Erdteilen mit vielen weiteren Informationen. Suche dir einen Mythos aus, der dich besonders interessiert, fasse ihn schriftlich zusammen und lies ihn der Klasse vor. Begründe dabei auch, warum du gerade diesen Mythos ausgewählt hast.*

3. Die Welt als Schöpfung

Ich bin „Schöpfer“

1. *Jetzt kannst du deiner Fantasie freien Lauf lassen: Du darfst eine Stunde lang „Schöpfer“ sein. Was würdest du erschaffen und verändern?*

2. *Welche Absichten und Ziele verfolgst du mit deinen „Schöpfungen“? Ordne in einer Zuordnungsskizze deine „Schöpfungen“ deinen „Schöpfungszielen“ zu.*

Urschöpfer in den Mythen

Beispiele: In den ägyptischen Mythen gibt es Urschöpfer in unterschiedlichen Gestalten:

→ Ptah erschuf den Sonnengott und die Welt durch sein Herz und seinen Mund. Er sprach die mit dem Herzen gebildeten Gedanken laut aus und allein durch das Aussprechen der Worte erschuf er die Welt.

→ Chnum erschuf die Welt durch seine Hände. Auf einer Töpferscheibe formte er die Welt, die Götter und die Menschen und erweckte sie durch einen Zauberstab zum Leben.

Ein Urschöpfer hatte weder Vater noch Mutter. Er ist aus sich selbst entstanden. Außer ihm gab es nichts, bis er andere erschaffen hat.

Das Schöpfungslied der Bibel

In den Erzählungen der Religionen heißt die Welt Schöpfung, weil es jemand gibt, der die Welt erschaffen hat. Gott, der Schöpfer, hat die Welt erschaffen, weil er es so gewollt hat. Dazu brauchte er kein Material, weil ein einziges Wort von ihm schon ausreicht, dass etwas entsteht.
Ihr kennt die Geschichte von den „7 Tagen“, in denen Gott nach der Bibel die Welt erschaffen haben soll. Wie soll man das glauben oder sich vorstellen können? Heute versteht man das nicht mehr wörtlich als bestimmte Zeiträume. Was könnte dann mit den „7 Tagen“ gemeint sein?
Das ist schwierig, weil niemand weiß, wer den biblischen Schöpfungsbericht verfasst hat und welche Gedanken ihm dabei durch den Kopf gegangen sind. Wir können heute dazu nur Vermutungen aufstellen.

So könnte man es sich vielleicht vorstellen:

Vor rund 5 000 Jahren standen Nomadenzelte irgendwo in der Wüste am Rande einer Oase. Vielleicht dort, wo heute der Irak ist. Die Familienangehörigen sitzen gegen Abend um ein wärmendes Feuer und staunen über den wunderbaren farbenprächtigen Sonnenuntergang, betrachten ehrfürchtig den Sternenhimmel und fühlen sich von der Größe und Schönheit der Welt beschenkt. Da beginnt ein Familienmitglied, Gott für dieses wunderbare Geschenk zu danken und singt ein Loblied auf Gottes Größe. In sieben Strophen preist er alles, was es in der Welt an Wunderbarem zu beobachten und zu bewundern gibt. Nach jeder Strophe wiederholt er den wichtigsten Satz: „Und Gott sah, dass es gut war“ – der Refrain des Schöpfungsliedes. Anfangs wurde dieses Lied von Generation zu Generation mündlich weitergegeben, dabei vermutlich auch verändert, und irgendwann wurde es dann auch aufgeschrieben und zu einem Teil der Bibel.

So geht es – Eine Pfeilskizze anfertigen

Du hast plötzlich ungeahnte Kräfte, Fähigkeiten und Möglichkeiten. Du bist Erfinder, Entdecker, Schöpfer, kannst unbegrenzt einkaufen usw.

- Schreibe auf die rechte Blatthälfte Stichworte zu deinen Absichten und Zielen. Wozu willst du etwas schaffen, können oder kaufen?
- Schreibe auf die linke Blatthälfte Stichworte zu deinen Schöpfungen, Erfindungen, Einkäufen usw.
- Verbinde mit Zuordnungspfeilen, was zusammengehört.

Der Schöpfungsbericht der Bibel in heutiger Fassung

Bevor es irgendetwas gab, war alles dunkel. Mit einem riesigen Knall begannen dann glühende Gaswolken auseinanderzufliegen, die hell leuchteten (Es werde Licht, 1. Tag).
Nun gab es den Weltraum mit vielen herumwirbelnden Lichtern darin; irgendwo auch unsere junge Erde, die damals vielleicht noch ein Teil unserer heutigen Sonne gewesen sein mag (2. Tag: Gott trennte den Himmel von der Erde).
Die glühenden Gaswolken-Sterne kühlten allmählich ab, bis einige der kleineren sich wenigstens an der Oberfläche zu runzeligem Gestein verfestigt hatten: So entstanden Berge. Zusammenstöße zwischen den Himmelskörpern führten zu Zerkleinerungen, aber einige Sterne wuchsen auch an, weil sie die kleineren Brocken einfach anzogen und aufschluckten. Das sieht man noch heute an den Kratern auf den Planeten und Monden. Ein Teil der Gase wurde beim Abkühlen zu Wasser, das auf die immer noch heißen Krusten herunterregnete. Als nicht mehr alles gleich wieder verdampfte, entstanden die Meere (3. Tag: Gott schied das Wasser vom Land).
Jetzt konnten dank dem Wasser erste pflanzliche Lebewesen entstehen. Tagsüber spendete die Sonne das dafür nötige Licht, nachts leuchteten der erkaltete Mond und all die weit entfernten Sterne über dieser Urlandschaft (4. Tag: Gott setzte die Sonne an den Himmel und für die Nacht den Mond und die Sterne).
Nun entwickelte sich das Leben weiter, zuerst im Wasser (5. Tag: Gott füllte das Wasser mit schwimmenden Tieren), und später krabbelten einige Seebewohner wohl ans Ufer und wurden zu Landtieren, wie das zum Beispiel die Frösche heute noch tun (6. Tag: Gott schuf die Tiere). Sie vermehrten sich und veränderten sich auch im Laufe der Zeit, sodass immer neue Arten daraus wurden. Ganz zum Schluss entstanden auch noch die Menschen (ebenfalls am 6. Tage wie die Landtiere!). Gott erschuf sie nach seinem Ebenbilde, als Mann und Frau erschuf er sie.
Am 7. Tag segnete Gott den Tag und heiligte ihn, nachdem das ganze Schöpfungswerk vollendet war.

(Eva Zoller Morf: Philosophische Reise, Atlantis pro juventute-Orell Füssli Verlag, Zürich 2006, S. 53/54)

3. *Was siehst du auf dem Bild? Vergleicht eure Beschreibungen.*

4. *Vergleicht das Bild mit der Darstellung eines Schöpfungstages auf S. 187.*

5. *Malt zu den sieben Strophen des Schöpfungsliedes sieben Zeichnungen. Erklärt eure Vorstellungen den anderen.*

6. *Lest in der Schulbibel den ursprünglichen Text und vergleicht mit der modernisierten Fassung von Eva Zoller Morf. Stellt die einzelnen Unterschiede fest und nennt mögliche Gründe für die Änderungen.*

7. *Stellt euch vor, Gott blickt heute auf seine Welt herab. Passt dann noch der Refrain des Schöpfungsliedes „Und Gott sah, dass es gut war"? Diskutiert darüber.*

4. Wie die Welt entstanden ist

Kann man es überhaupt herausfinden?

Seit rund 30 Jahren können wir Menschen mit Weltraumteleskopen immer weiter in das Weltall hineinschauen. Weltraumteleskope sind spezielle Messinstrumente, die sich außerhalb der Erdatmosphäre befinden und die oft großartige und sensationelle Bilder aus dem Weltall an die Beobachtungsstationen auf der Erde schicken. Die Wissenschaftler interessieren sich heute immer mehr für die Entstehung und Entwicklung von unvorstellbar weit entfernten Sternen und Galaxien*. Sie wollen immer mehr darüber herausfinden, wie das Weltall entstanden ist.

1. *Kennt ihr Weltraumaufnahmen? Was hat euch dabei beeindruckt?*

2. *Glaubt ihr, dass die Wissenschaftler einmal herausfinden werden, wie die Welt entstanden ist?*

So stelle ich es mir vor

3. *Schreibt eure Vorstellungen von der Entstehung der Welt auf Blätter. Ihr könnt auch zeichnen. Tauscht dann die Blätter mit anderen aus und vergleicht eure Ideen untereinander.*

Schülervorstellungen:

„Manche sagen, aus einem Urknall – aber was soll man glauben? Ich kann mir nicht vorstellen, dass sie aus einer Explosion entstanden ist. Woher weiß man das? Vielleicht ist die Welt ja schon immer so gewesen. Ich weiß es nicht."
(Daniel, 11 Jahre)

„Ich stelle mir vor, dass zuerst ein kleiner kugelförmiger Stein da war, der immer größer wurde bis zu einem ganz großen Stein. Dabei erschienen nach und nach immer mehr grüne und blaue Flecken auf der Oberfläche. Dann entstand die Erdanziehungskraft und die Menschen, Tiere ..."
(Josira, 11 Jahre)

„Das ist eine schwierige Frage, denn in anderen Fächern lernen wir, es sei ein Urknall gewesen. In Religion lernen wir, Gott hat die Welt erschaffen, und mein Nachbar meint, es wären Flugechsen gewesen. Ich bin christlich und glaube, dass Gott die Welt erschaffen hat. Das mit den Flugechsen glaube ich eher weniger. Der Urknall ist auch für mich komisch, dem stimme ich auch nicht zu."
(Jule, 11 Jahre)

"Wie die Welt entstanden ist

Für mich hat Gott die Welt erschaffen. Aber es könnte auch anders sein. Ich habe gehört, ein Stück von der Sonne habe es weggeschleudert, und das sei die Erde. Darum ist sie immer noch warm. Wahrscheinlich hat Gott nur das auf der Erde erschaffen, z.B Menschen Tiere Pflanzen u.s.w. Es gibt vielleicht noch andere Möglichkeiten, aber die weiss ich nicht, denn ich habe sie noch nie gehört. Genau kann man das nie herausfinden, weil es schon zu lange her ist. Dennoch könnte es noch eine andere Möglichkeit geben...
Wenn man mich fragen würde, was wirklich geschehen ist, würde ich am ehesten sagen: Gott hat damit nichts zu tun. Die Sonne hat sozusagen die Welt erschaffen, eben weil von der Sonne ein Stück abgespickt ist. Aber eigentlich weiss ich nicht so recht, wer für mich die Welt erschaffen hat. Vielleicht Gott, vielleicht die Sonne..."

(Gaby, 10 Jahre)

4. *Vergleicht eure eigenen Vorstellungen mit diesen Schüleräußerungen. Welchen könnt ihr zustimmen, welchen nicht? Begründet eure Meinung dazu.*

Vor vielen Milliarden Jahren

Die wichtigste Theorie zur Entstehung des Universums ist die Urknall-Theorie. Wissenschaftler haben berechnet, dass unser Universum ungefähr 14 Milliarden Jahre alt ist. „Universum" heißt: alles, was da ist. Ganz am Anfang war all das, woraus sich in Millionen und Milliarden Jahren das Weltall entwickelte, winzig klein und bei ungeheurer Hitze zusammengepresst. Plötzlich fliegt alles auseinander. Dabei kühlt es ab. Aus Gasen entstehen winzig kleine Teil-

5. *Beschreibt die Karikatur und sagt, was ihr daran lustig findet.*

6. *Ein Karikaturist möchte immer auch ein bestimmtes Verhalten von uns Menschen kritisieren. Denkt zu dieser Karikatur darüber nach und tauscht eure Gedanken dazu aus.*

7. *Erkläre an Beispielen, was alles mit dem „Urknall“ angefangen hat. Können Menschen – zum Beispiel Wissenschaftler – sich vorstellen, was vorher war?*

8. *Malt auf dem Bogen eines Zeichenblocks ein Bild vom Urknall. Lasst dabei eure Fantasie spielen und benutzt vor allem passende Farben.*

9. *Das Foto unten zeigt eine Galaxie aus der Frühzeit des Universums, die von uns unvorstellbar weit entfernt ist, nämlich 5 500 Lichtjahre. Zum Vergleich: Die Sonne ist von der Erde nur 8 Lichtminuten entfernt. Beschreibt das Bild und vergleicht es mit dem Text „Vor vielen Milliarden Jahren“ über den Urknall.*

chen. Zunächst liegen sie noch chaotisch nebeneinander. Bald entstehen erste Verbindungen. Bis hierhin passiert alles rasend schnell. Das Universum ist einen winzigen Moment nach dem Urknall bereits so groß wie ein Apfel. Nun geht es langsamer weiter. Das Universum dehnt sich wie ein Luftballon aus und kühlt weiter ab. Es entstehen immer größere Klumpen: die ersten Sterne und noch später die ersten Planeten. Seit ungefähr 4,5 Milliarden Jahren ist die Sonne da, die von Planeten umkreist wird. Einer dieser Planeten ist unsere Erde. Sie entwickelt sich in mehreren Milliarden Jahren zu der Welt, die wir heute kennen. Was vor dem Urknall war, kann man nicht sagen. Denn mit dem Wort „Urknall“ bezeichnet man den Anfang von allem: von Zeit, Raum, Materie und Energie. Genau genommen kann man nicht einmal etwas über den Urknall selbst sagen. Denn die Berechnungen der Wissenschaftler reichen nur bis zu dem Moment kurz nach diesem Anfang.

(Julia Knopp: Die großen Fragen des Lebens, Herder Verlag, Freiburg 2009, S. 30)

5. Philosophen erklären den Anfang der Welt

Götter verlieren ihre Bedeutung

Vor der Zeit der ersten griechischen Philosophen hatten die Menschen für alles, was sie nicht begreifen konnten, die Götter. Mit unsichtbaren Wesen, die für die wichtigen Fragen und Probleme zuständig und verantwortlich waren, konnten die Menschen die Welt und ihre Umwelt erklären: der Regen, der vom Himmel fällt, der Lauf der Sonne, der Sturm auf dem Meer, Unwetter, die die Ernte vernichten, dass Menschen sich verlieben, dass sie stark im Kampf sind, dass sie gesund bleiben usw.

Die ersten griechischen Philosophen kritisierten diese Götterlehre und die Abhängigkeit von den Göttern. Vor allem aber störte es sie, dass die Götter den Menschen viel zu ähnlich waren. Das galt äußerlich für ihre Gestalt, sie zeigten aber auch in ihrem Charakter und in ihrem Verhalten viele schlechte Eigenschaften der Menschen.

Naturphilosophen melden sich zu Wort

Die griechischen Städte waren damals, um 600 v. Chr., wichtige Mittelpunkte für Handel und Verkehr. Die Händler brachten aus aller Welt nicht nur Waren mit, sondern berichteten auch von neuen Erfindungen und von neuen Kenntnissen besonders in Mathematik, Geografie und Naturwissenschaften. Die Griechen versammelten sich gerne, zum Beispiel auf den Marktplätzen ihrer Städte, um über alles Neue zu diskutieren.

Thales von Milet war einer von ihnen. Er glaubte, dass alle Erscheinungen auf der Welt sich nach bestimmten Naturgesetzen ereignen. Deshalb nannte man ihn und seine Zeitgenossen Naturphilosophen.

1. *Wie kam es dazu, dass die Menschen damals in der griechischen Welt den Göttern nicht mehr vertrauten?*

Thales – das Wasser als Ursprung aller Dinge

Thales hielt das Wasser für den Ursprung aller Dinge. Wie er das genau meinte, wissen wir nicht. Vielleicht meinte er, dass alles Leben im Wasser entsteht – und dass alles Leben wieder zu Wasser wird, wenn es in Auflösung übergeht. Als er in Ägypten war, hat er sicher gesehen, wie fruchtbar die Felder waren, wenn der Nil sich nach Überschwemmungen im Nildelta wieder zurückzog. Vielleicht hat er auch gesehen, wie Frösche und Würmer zum Vorschein kamen, wenn es geregnet hatte. Außerdem ist es wahrscheinlich, dass Thales sich gefragt hat, wie Wasser zu Eis und Dampf werden kann – um dann wieder zu Wasser zu werden.

(Jostein Gaarder: Sofies Welt, Hanser Verlag, München 1993, S. 42 f.)

„Das Prinzip aller Dinge ist Wasser; aus Wasser ist alles, und ins Wasser kehrt alles zurück.“

„Aus dem Wasser und seinen Bestandteilen hat sich das Weltall entwickelt, und das Wasser ist nicht nur der Anfang, sondern das Ende aller Dinge.“

Thales von Milet (um 624 v. Chr. – um 546 v. Chr.)

2. *Thales stützte seine Überlegungen auf Beobachtungen in der Natur. Welche Bedeutung hat das Wasser für die Entstehung und Erhaltung des Lebens auf der Erde? Sammelt dazu eure eigenen Beobachtungen und fasst sie zusammen.*

Thales behauptete, dass ein Erdbeben entsteht, weil die Erde vom Wasser getragen wird und durch die Beweglichkeit des Wassers ins Schwanken kommt und erbebt. Vor seiner Zeit beteten die Seefahrer zum Gott Poseidon für eine sichere Überfahrt und opferten ihm Pferde, die sie im Meer versenkten. Wenn er gut gelaunt war, erschuf Poseidon neue Inseln und ließ die See still und schiffbar sein. Wenn er ergrimmte, stach er mit seinem Dreizack in die Erde, verursachte so Erdbeben, Überschwemmungen und brachte Schiffe zum Sinken.

3. *Gestaltet ein Rollenspiel: Thales streitet mit einem dieser Seefahrer und will ihn aufklären.*

Demokrit und die Legosteine – die Atomtheorie

Wie lange kann man etwas teilen?

Macht dazu folgendes Gedankenexperiment: Stellt euch einen dünnen Holzstab vor, der 1 Meter lang ist. Teilt ihn jetzt in 1000 gleiche Teile. Das kleinste Stückchen ist jetzt 1 Millimeter lang. Man kann es noch gut sehen. Stellt euch jetzt vor, dass ihr dieses kleine Stückchen wieder in 1000 gleiche Stückchen teilt. Das kleinste Stückchen ist jetzt 1 Mikrometer lang. Macht daraus noch einmal 1000 gleiche Teile. Dann ist das kleinste Stückchen 1 Nanometer lang. Mit ganz besonderen Mikroskopen könnte man das gerade noch sichtbar machen. Mittlerweile habt ihr euren 1 Meter langen Stab bereits in 1 Milliarde gleiche Teile aufgeteilt. Teilt noch einmal in 1000 gleiche Teile und das kleinste Stück ist jetzt 1 Pikometer lang. Legt jetzt 74 dieser Teilchen nebeneinander, dann habt ihr etwa den Durchmesser eines Wasserstoffatoms.

Demokrit (460 v. Chr. – 371 v. Chr.)

4. *Kann man dieses Gedankenexperiment immer weiter fortsetzen? Wie lange kann man überhaupt etwas teilen? Wird aus dem Etwas dann irgendwann ein Nichts? Diskutiert darüber.*

Demokrits Atome*

Demokrit hätte zu dieser Frage gesagt, dass man so lange in kleinere Stückchen teilen kann, bis man schließlich auf die kleinsten unsichtbaren Bausteine kommt, die ewig und unveränderlich sind und die man nicht mehr weiter teilen kann. Er nannte diese kleinsten Teilchen Atome. Das Wort kommt vom griechischen Wort „atomos", das heißt „unteilbar" oder „unzerschneidbar". Für Demokrit ist alles auf der Welt aus Atomen zusammengesetzt. Sie müssen unterschiedliche Gestalt haben und können so zum Beispiel zu Haaren, Bäumen, Tieren, Steinen, Wasser usw. zusammengesetzt werden.
In dem Buch „Sofies Welt" werden deshalb Demokrits Atome mit Legosteinen verglichen:

Wenn ein Körper – zum Beispiel ein Baum oder ein Tier – stirbt und in Auflösung übergeht, werden seine Atome verstreut und können aufs Neue in neuen Körpern verwendet werden. Denn die Atome bewegen sich zwar im Raum, haben aber verschiedene „Haken" und „Ösen*" und werden deshalb immer wieder zu den Dingen zusammengehakt, die wir um uns herum sehen. Und jetzt begreifst Du sicher, was ich mit den Legosteinen sagen wollte? Sie haben ungefähr alle Eigenschaften, die Demokrit den Atomen zugeschrieben hat, und gerade deshalb kann man so gut damit bauen. Zuerst einmal sind sie unteilbar. Sie unterscheiden sich in Form und Größe, sie sind massiv und undurchdringlich. Legosteine haben außerdem Haken und Ösen sozusagen, mit denen sie sich zu allen möglichen Figuren zusammensetzen lassen können. Diese Bindung kann später aufgelöst werden, und dann werden wieder neue Gegenstände aus denselben Klötzchen gebaut. Gerade dass sie immer wieder verwendet werden können, hat die Legosteine so beliebt gemacht. [...]

(Jostein Gaarder: Sofies Welt, Hanser Verlag, München 1993, S. 45 f.)

5. *Erklärt den Begriff „Atom".*

6. *Beschreibt mit eigenen Worten, was Demokrits Atome mit Legosteinen zu tun haben.*

Was du weißt und kannst

Philosophieren über Anfänge

1. *a) Erzählt von Anfängen, die es im Leben eines Menschen gibt.*
b) Fasst stichwortartig zusammen, wie Anfänge erlebt werden können.
c) „Der Anfang aller Anfänge" – Schreibt auf, was euch dazu einfällt.

Kann man sich Unendlichkeit vorstellen?

2. *a) Beschreibt und erklärt das Schnur-Modell.*
b) Der „Unendlich-Knoten" ist ein Symbol aus der buddhistischen Religion. Beschreibt ihn und erklärt den Zusammenhang mit Unendlichkeit.

c) Vergleicht das „Schnur-Modell" mit dem „Unendlich-Knoten". Welche Vorstellung gefällt euch besser? Begründet eure Antwort.

Gott – der unendliche Ur-Anfang

Wenn ich von Anfängen in der Mehrzahl spreche, dann muss doch ein Anfang nach dem andern geschehen, also gibt es immer schon vor dem Anfang etwas, nämlich einen anderen, früheren, den wirklichen (?) Anfang. Dann müsste es irgendwann einmal einen allerersten, einen Ur-Anfang gegeben haben? [...]
Wenn ich an den Anfang, den es vielleicht doch nur in der Einzahl gibt, denke, dann liegt es mir als Kind des abendländischen Kulturkreises nahe, auch an einen Gott, einen Schöpfer von allem, zu denken oder an ein ursprüngliches Prinzip, an eine Kraft oder Energie, die den Anfang setzte. Vielleicht war's ja auch der Urknall, aber was war dann davor? Oder wenn es doch Gott, „der erste unbewegte Beweger", wie ihn ARISTOTELES (384–322 v. Chr.) nannte, war, stellt sich mir die Frage: Und woher kam dann er? „Wenn Gott die Welt und uns alle gemacht hat, wer hat dann Gott gemacht?"
Offenbar haben Anfänge immer auch etwas mit ihrem Gegenteil zu tun, und ich meine jetzt nicht die Enden, sondern dasjenige, was weder Anfang noch Ende hat: das „Ohn-end-liche" oder auch das Ewige, wenn man die Zeitdimension dazu nimmt. [...] Gott wird als ewig, als ohne Ende [...] verstanden. Gott ist das, was letztlich immer ein Geheimnis bleiben muss, weil jeder Versuch, ihn zu begreifen (das heißt, sich einen „Begriff" oder eine Vorstellung davon zu machen), daneben greift, denn was kein Ende, keine Anfänge hat, wo/wie will man das „(er)fassen"?

(Eva Zoller Morf: Philosophische Reise, Atlantis pro juventute-Orell Füssli Verlag, Zürich 2006, S. 39 ff.)

3. *a) „Ur-Anfang und Unendlichkeit" – Bildet Kleingruppen, denkt noch einmal gemeinsam darüber nach und teilt euch gegenseitig eure Gedanken mit.*

b) Gott als der unbewegte Beweger – Vergleicht diese Beschreibung mit dem Prinzip der Dominosteine. Kann es beim Verständnis von Gott helfen?
c) Überlegt zu dem Bild: Wo müsste man jetzt Gott hinstellen? Warum?

Mythen – Begriffserklärung und Beispiele

Die Weltschöpfung der Wikinger

Am Anfang gab es nichts außer einem eisigen Abgrund. Eines Tages tauen der Riese Ymir und die Kuh Audhumbla aus dem Eis heraus. Als er im Schlaf schwitzt, zeugt Ymir weitere Riesen und die ersten Menschen, während Audhumbla den Ahnen der Götter aus dem Eis leckt: Buri. Ymir und die anderen Frostriesen werden später von den Göttern getötet. Aus dem Körper des Ymir bilden Buris Enkel Meer, Erde, Himmel und Berge.

(Sylvie Baussier: Welt der Mythen, Fleurus Verlag, Köln 2001, Seite 79)

4. *a) Erzählt mit eigenen Worten die Weltentstehung in der Vorstellung der Wikinger und vergleicht mit der „Traumzeit" der Aborigines in Australien. Fasst Gemeinsamkeiten und Unterschiede zusammen.*

b) Erklärt die Begriffe „Mythos" und „Mythologie". Was unterscheidet Mythen von Tatsachenberichten?

c) Mythen erzählen nicht nur über die Entstehung der Welt, sondern beschreiben auch, wie die Welt geordnet ist. Betrachte dazu die Schlange Aido-Hwedo der Fon im westafrikanischen Staat Benin und beschreibe die dargestellte Ordnung.

d) Fasse in Form einer Tabelle zusammen:

Was sind Mythen?	*Beispiele*	*Wer hat sie geschrieben?*	*Unterschiede zu Tatsachen?*	*Kritik an den Mythen*
...	...	...	...	...

In den einzelnen Feldern der Tabelle sollten mindestens zwei Antworten stehen. Zur Überprüfung findet ihr Hilfestellungen auf den Seiten 190/191 und 196.

„Heilige Orte"

5. *a) Der Ayers Rock in Australien ist ein Berg mit einer besonderen Bedeutung. Erzählt, wie es dazu kam.*

b) Der Ayers Rock ist auch eine Touristenattraktion. Beschreibt die Probleme, die sich daraus ergeben, und begründet, wie ihr selbst darüber denkt.

c) Berichtet von anderen „heiligen Orten", die euch bekannt sind.

Die Urknall-Theorie und der biblische Schöpfungsmythos

6. *a) Beschreibt die Urknall-Theorie und überlegt dazu, welche Fragen sie beantworten kann und welche Fragen offenbleiben.*

b) Erzähle den Schöpfungsbericht der Bibel in einer persönlichen Kurzfassung und schildere auch, wie du ihn verstehst und wie du ihn bewertest.

c) Unterscheide die Begriffe „Entstehung" und „Schöpfung": „entstanden" bedeutet ...; „geschaffen" bedeutet ...

Die Gedanken einiger griechischer Naturphilosophen in Ansätzen verstehen und wiedergeben

7. *a) Benennt zwei Gründe, warum im damaligen Griechenland die Kritik an den Göttern immer größer wurde.*

b) Beschreibe Beobachtungen, aus denen der Philosoph Thales ableitete, dass das Wasser der Ursprung aller Dinge ist.

c) Das Wasser hat eine besondere Bedeutung für die Entstehung und Erhaltung des Lebens. Weise das an einigen Beispielen nach.

d) Was haben Legosteine mit dem Philosophen Demokrit zu tun? Verfasst dazu ein Referat und tragt es der Klasse vor.

Leben und Feste in unterschiedlichen Religionen

1. *Beschreibt die Bildausschnitte aus der Bild-Collage zu den Weltreligionen, die euch bekannt sind, und berichtet darüber.*

2. *Stellt zu Teilen, die euch unbekannt sind, Vermutungen an, zu welcher Religion oder zu welchem Land sie gehören könnten, und versucht, Näheres dazu herauszufinden (Nachfragen, Bücher, Internet).*

Das Judentum ist die älteste Religion, die nur einen Gott verehrt. Juden glauben, dass Gott mit ihrem Volk, dem Volk Israel, auf eine besondere Weise verbunden ist. Heute gibt es etwa 15 Millionen Juden, die meisten von ihnen leben in Israel und in Nordamerika. In Deutschland leben rund 120 000 Juden.

Der Islam ist mit rund 1,5 Milliarden Gläubigen (Muslime) die zweitgrößte Religion der Welt. Er entstand im 7. Jahrhundert auf der arabischen Halbinsel, als der arabische Kaufmann Mohammed durch einen Engel die Anweisungen Gottes erhielt. „Islam" bedeutet „sich Gott hingeben". In Deutschland leben etwa 3,5 Millionen Muslime.

Der Buddhismus ist aus dem Hinduismus heraus entstanden. Sein Begründer war Siddharta Gautama. Als er den Weg gefunden hatte, den Menschen vom Leid zu erlösen, wurde er Buddha (der Erwachte) genannt. Es gibt weltweit rund 376 Millionen Buddhisten, in Deutschland etwa 250 000. Der bekannteste Buddhist ist der Dalai Lama.

Das Christentum ist mit über 2 Milliarden Christen zahlenmäßig die größte Religion auf der Welt. Vor 2 000 Jahren lebte der Jude Jesus von Nazareth in Israel. Er wurde wegen Gotteslästerei angeklagt und von römischen Soldaten gekreuzigt. Nach seinem Tod entstand die christliche Religion, weil Christen glauben, dass Jesus der Sohn Gottes ist und dies durch seine Auferstehung nach dem Tod bezeugt hat.

Der Hinduismus hat seinen Ursprung in Indien. Es gibt viele unterschiedliche Götter, die verehrt werden, weil diese Religion aus vielen Glaubensrichtungen besteht. Jeder Hindu glaubt, dass etwas Unsterbliches in ihm ist, seine Seele. Sie wandert nach dem Tod in ein anderes Lebewesen und wird neu geboren. Zum Hinduismus gehören weltweit rund 900 Millionen.

3. *Was fällt dir zu den verschiedenen Religionen ein? Schreibe Stichworte auf Karten und befestige sie an einer Wand oder an der Tafel. Verwende keine Begriffe aus den Kurzinformationen!*

4. *Ordnet jetzt die Begriffe und sagt, was ihr darüber wisst.*

5. *Schreibt zu jeder Weltreligion eine Frage auf, die euch interessiert.*

1. Wer sind die großen Religionsgründer?

Siddharta Gautama – der Erwachte (Buddha)

Es war einmal ein Prinz ... so könnte auch die Lebensgeschichte von Siddharta Gautama, dem späteren Buddha, beginnen. Er wird etwa 560 vor Christus als Sohn eines Fürsten im heutigen Grenzgebiet zwischen Indien und Nepal geboren. Mit 29 Jahren verließ er seine reiche Familie und den Palast, um die Ursache des Leidens der Menschen zu erforschen. Er versuchte, in strengster Askese* zu leben, aber das Aushalten von Kälte, Hunger und Schmerz brachte ihm nicht die erhoffte Erleuchtung über die Ursache und Überwindung des Leidens. Also suchte er einen anderen Weg. Mit 35 Jahren meditierte* er lange unter einem Baum und fand die gesuchte Erkenntnis. Man leidet, weil man etwas entbehren muss. Wem es gelingt, sich von allen Begierden zu befreien, der leidet auch nicht mehr. Von nun an lehrte er, wie man sich von allen Begierden befreien und so sich selbst von allem Leiden erlösen kann. Seine fünf Gefährten waren seine ersten Schüler. Sie nannten ihn jetzt Buddha (der Erwachte oder der Erleuchtete). So zogen sie lehrend durch Indien, und jeder, der seine Begierden bekämpfen wollte, wurde aufgenommen. Buddha starb mit 80 Jahren und hinterließ für alle Menschen die Botschaft: „Finde in dir selbst dein eigenes Licht."

1. *Es gibt viele unterschiedliche Buddha-Statuen. Meist hat dabei die Haltung der Hände eine besondere Bedeutung. Betrachtet die Handhaltung der abgebildeten Statue und versucht, sie zu deuten. Der Text kann euch dabei helfen.*

2. *Sammelt weitere Informationen zur Lebensgeschichte Buddhas und verfasst dazu ein Referat.*

Jesus von Nazareth – der Auferstandene

Jesus stammt aus Nazareth, einem Dorf in der damaligen römischen Provinz Galiläa. Er ist Jude und wird im jüdischen Glauben erzogen. Er lernt von seinem Vater den Beruf des Bauhandwerkers, stellt vor allem Gegenstände aus Holz her, baut Dächer, konstruiert Karren usw. Mit 30 Jahren verlässt er Nazareth und zieht als Wanderprediger durch Galiläa. Er verkündet die Botschaft, dass das Reich Gottes kommen wird, und fordert die Menschen auf, ihr Leben zu verändern. Er erregt Aufsehen durch wundersame Heilungen, findet begeisterte Anhänger und wählt daraus zwölf Männer aus, die seine ständigen Begleiter werden. Da er die religiösen Vorschriften der damaligen Zeit sehr eigenwillig auslegt, sie manchmal übertritt, dann auch wieder verschärft, verärgert er die damaligen Religionsparteien, vor allem die Pharisäer*. Als er um das Jahr 30 wieder nach Jerusalem zieht, verurteilt er den auf Geschäfte ausgelegten Tempelbetrieb aufs Schärfste. Der Konflikt spitzt sich zu, der Hohe Rat von Jerusalem lässt ihn verhaften, klagt ihn wegen Gotteslästerung an, weil er sich als Sohn Gottes bekennt. Sie fordern seinen Tod. Jesus wird dem römischen Statthalter* Pontius Pilatus vorgeführt, zum Tode verurteilt und vor den Toren Jerusalems gekreuzigt.
Bereits wenige Tage nach seinem Tod bezeugen seine Jünger, dass Jesus auferstanden ist und lebt. Immer mehr Menschen glauben daran und die Zahl der Anhänger wächst. Sie glauben, dass auch sie von Unglück, Schuld und Tod erlöst

und ewig in der Gemeinschaft Gottes leben werden. Deshalb nennen sie Jesus jetzt Christus und bezeichnen sich selbst als Christen. „Christus“ bedeutet „der Gesalbte“. Früher wurde das Haupt der Könige Israels bei der Einsetzung mit kostbarem Öl gesalbt. Die Botschaft, die Jesus allen Menschen gelehrt hat, lässt sich so zusammenfassen: „Liebe Gott und deinen Nächsten wie dich selbst.“

3. *Erklärt aus der Lebensgeschichte von Jesus, warum das Kreuz für Christen das wichtigste Symbol ist. Betrachtet und beschreibt dazu auch das Bild.*

Mohammed – der Prophet* Gottes

Mohammed wird im Jahr 570 in Mekka*, einer Handelsstadt auf der arabischen Halbinsel, geboren. Seine Eltern sterben früh und er wird von seinem Onkel aufgezogen, der ihm bald auf Handelsreisen die selbstständige Leitung seiner Karawanen anvertraut Im Haus der reichen Kaufmannswitwe Chadidscha, die er mit 25 Jahren heiratet, wird er ein erfolgreicher Kaufmann. Im Alter von 40 Jahren hat er ein außergewöhnliches Erlebnis. In einer Höhle in der Nähe Mekkas erscheint ihm der Engel Gabriel und offenbart ihm, dass er als Gesandter Gottes berufen ist, als Prophet Allahs, des einzigen wahren Gottes.
Er beginnt mit seinen Verkündigungen und verurteilt die in Mekka übliche Götterverehrung. Für die Mekkaner ist die Kaaba, ein würfelförmiges religiöses Heiligtum, eine geschätzte Einnahmequelle, weil viele Pilger in die Stadt kommen, um den Götterstatuen in der Kaaba zu opfern. Als Mohammed diese zerstören lässt, bricht offene Feindschaft aus. Die Bedrohung wird so groß, dass Mohammed mit seinen Anhängern im Jahr 622 n.Chr. von Mekka in die 300 km nördlich von Mekka liegende Stadt Yathrib (später Medina) übersiedelt. Diese berühmte Flucht von Mekka nach Medina wird später das Jahr 1 der muslimischen Zeitrechnung. In Medina wächst Mohammeds Anhängerschar, die erste Moschee mit Gebetsrichtung nach Mekka wird errichtet. Er führt Krieg gegen Mekka und zieht acht Jahre nach seiner Flucht als Sieger in Mekka ein. Damit beginnt der Aufstieg der neuen Religion, des Islam (völlige Hingabe an Gott), die bald die ganze arabische Halbinsel beherrschte und sich auch nach Mohammeds Tod (632) immer weiter ausbreitete. Die wichtigste Lehre des Islam ist: „Es gibt keine Gott außer Allah und Mohammed ist sein Prophet.“
Im Koran, dem heiligen Buch der Muslime steht:

„Denjenigen aber, die gläubig sind und gute Werke tun und an das glauben, was auf Mohammed (als Offenbarung) *herabgesandt worden ist – es ist ja die Wahrheit von ihrem Herrn –, denen tilgt er ihre schlechten Taten und stellt ihre gute Lage wieder her.“ (Sure 47, Vers 2)*

4. *Das Bild links zeigt Mohammed bei einer Begegnung mit dem Engel Gabriel. Beschreibt die Abbildung und erklärt das Besondere an der Darstellung Mohammeds. Muslimische Mitschülerinnen und Mitschüler können euch dabei helfen.*

Wir interviewen die großen Religionsgründer

So geht es – Ein fiktives (ausgedachtes) Interview

- Sammelt Informationen über den „Interviewpartner“.
- Schreibt Fragen auf, deren Antworten ihr in euren Informationen findet.
- Schreibt in Partnerarbeit zu diesen Vorarbeiten ein Interview.
- Spielt einige der erarbeiteten Interviews vor der Klasse vor.
- Überprüft, ob sinnvolle Interviewfragen formuliert waren und ob sie vollständig beantwortet wurden.

5. *Erarbeitet in Gruppen zu den drei Religionsstiftern ein fiktives Interview und stellt es im Unterricht vor.*

2. Können Bücher heilig sein?

Was mir heilig ist

Stell dir folgende schlimme Geschichte vor: In deinem Zimmer ist eingebrochen worden. Du überprüfst alles, um herauszufinden, was der Einbrecher mitgenommen hat. Dabei entdeckst du, dass er ausgerechnet nur das mitgenommen hat, was für dich das Wichtigste und Wertvollste war und dir besonders viel bedeutet hat.

1. *Bei mir war es ... – Schreibe auf einen Zettel, was für dich zutrifft, und erkläre auch, warum das für dich das Wertvollste war.*

2. *Bildet einen Sitzkreis, nehmt eure Zettel mit, lest die Antworten vor und sprecht darüber.*

3. *Fast dann zusammen: Etwas kann für einen Menschen besonders wertvoll sein, weil ...*

Im Alltag sagt man auch zu etwas, was in besonderer Weise für mich wertvoll und wichtig ist: „Das ist mir heilig!"
Jeder Mensch hat seine Heiligtümer:
→ Mein Poesiealbum ist mir heilig.
→ Mein Schlaf ist mir heilig.
→ Mein Skateboard ist mir heilig.
→ Mein ...

Was in Religionen heilig ist

Heilig ist für gläubige Menschen etwas, was ganz nah mit Gott verbunden ist. Dass etwas Heiliges für Gläubige etwas besonders Wertvolles ist, zeigt sich auch daran, wie sie damit umgehen. Sie verhalten sich ehrfürchtig. Erfurcht heißt, sie verehren Gott und zeigen aber auch ihren Respekt vor der Größe Gottes. So werden manche Stätten, Gebäude, Bäume, Berge als heilige Orte bezeichnet. Manche Kultgegenstände gelten als heilig, also Gegenstände, die bei religiösen Handlungen eine Rolle spielen, zum Beispiel der Altar, die Gefäße und Geräte bei einem Gottesdienst. Es gibt auch Religionen, die Heilige Schriften verehren – im Christentum die Bibel, im Judentum die Thora und im Islam der Koran.

Die Thora* – die Heilige Schrift der Juden

Beim Lesen der Thora verwendet man einen besonderen Zeiger, den „Jad". Die Schrift einer Thorarolle darf auf keinen Fall beschädigt oder verwischt werden. Ist es trotzdem passiert, dann muss der Schaden sorgfältig wieder repariert werden, bevor man die Thora wieder verwenden darf.

Erkläre es mir – Die Thora

Die Thora enthält die fünf Bücher Mose*, die am Anfang der hebräischen Bibel stehen. Sie erzählen die Geschichten, wie Gott die Welt erschuf, wie er Abraham und sein Volk Israel erwählt, wie er das Volk wachsen lässt, es durch Moses aus der Sklaverei Ägyptens befreit und ihm in der Wüste beim Berg Sinai seinen Willen offenbart, zusammengefasst in den Zehn Geboten. In der Thora stehen die Weisungen, die Gebote und Verbote, die für einen Juden verpflichtend sind und das jüdische Leben bestimmen. Die Thora hat eine besondere Gestalt. Sie ist auf Pergament* geschrieben und als Thorarolle auf zwei Stäbe gewickelt.

4. *Ein Buch in Rollenform? Wie kann man darin lesen? Bastle selbst ein Thoramodell und probiere es aus. Du brauchst dazu nur einen längeren Papierstreifen, zwei passende Stäbe und etwas Klebstoff.*

5. *Wie liest man die hebräische Schrift? Findet es heraus und berichtet darüber.*

Die Thora wird mit Ehrfurcht behandelt

Die Pergamentrollen der Thora dürfen nur von einem besonders ausgebildeten Spezialisten, dem Thoraschreiber, beschrieben werden. Er darf dafür nur eine Schreibfeder verwenden, die von einem koscheren* Vogel stammt. Für das Pergament darf man ebenfalls nur die Haut eines koscheren Tieres bearbeiten. Sorgfältig muss jedes Wort geschrieben werden, es darf keinen einzigen Schreibfehler geben.
Ein einfaches Tuch und darüber ein kunstvoll gestickter Mantel umhüllt die Thorarolle. Sie wird mit einem Schild geschmückt und häufig wird noch eine Krone oder ein mit Glöckchen verzierter Aufsatz aufgesetzt. Sie wird in einem besonderen Schrank, dem Thoraschrein, aufbewahrt. Auch alte und unbrauchbar gewordene Thorarollen gelten als heilig und dürfen nicht zerstört werden. Entweder werden sie in einem besonderen Raum der Synagoge aufbewahrt oder feierlich beerdigt.

6. *Fasst mit eigenen Worten zusammen, woran man sieht, dass die Thora eine Heilige Schrift ist.*

Der Koran – das Heilige Buch der Muslime

Noch heute wird auf der ganzen Welt der Koran in arabischer Sprache, der Sprache des Propheten Mohammeds, gelesen und mit Ehrfurcht behandelt. Mit schmutzigen Händen oder hässlichen Gedanken im Kopf darf man den Koran nicht lesen. Man soll vorher die Hände mit Wasser oder Sand reinigen und sich innerlich durch ein Gebet auf das Lesen von Gottes Wort einstellen. In der ganzen islamischen Welt findet man Koranverse oft in einer kunstvoll ausgemalten Schönschrift (Kalligrafie*) an den Wänden von Gebäuden, in den Moscheen, auf Keramikvasen, in der Webkunst usw. Man findet keine Bilder oder Statuen von Gott oder dem Propheten, das ist im Islam verboten.

7. *Lasst euch von muslimischen Mitschülerinnen oder Mitschülern erklären, wie man den Koran liest und welche Bedeutung er für sie hat.*

Erkläre es mir – Der Koran

Nach islamischer Überzeugung ist der Koran die wörtliche und in arabischer Sprache festgehaltene Offenbarung* Gottes, vom Propheten Mohammed verkündet, vollständig überliefert und etwa 20 Jahre nach seinem Tod schriftlich in der ersten Koranausgabe zusammengefasst. Der Inhalt des Korans ist in 114 Abschnitte geordnet, die man Suren nennt. Der Koran verkündet den „Islam", das bedeutet, „sich ganz Gott hinzugeben", und er enthält alle Regeln und Pflichten, die ein Muslim in seinem Leben dazu braucht. Schon ein Schulkind sollte sich diese einprägen.

3. Heilige Gebäude – heilige Orte

Besuch einer Synagoge

Sven hatte seine Mütze vergessen. Mit einem Ersatzkäppchen konnten wir dann doch noch alle den Raum betreten. Ganz vorne war ein großer Schrein, von 2 Säulen umgeben und oben spitz zulaufend. Über den Schreintür sah man zwei Löwen, die die Tafeln mit den Zehn Geboten trugen. Darüber war noch ein Stern, der aussah wie zwei übereinandergelegte Dreiecke. Als der Schrein für uns geöffnet wurde, waren wir sehr gespannt. Der Rabbiner* erklärte uns die prächtig geschmückten Thorarollen und zeigte uns den besonderen Tisch, die Bima, auf den die Thora zum Vorlesen gelegt wird. Dann zeigte er uns noch weitere Synagogeneinrichtungen: die Frauenempore, den Platz des Kantors*, das ewige Licht über dem Thoraschrein und die Gedenklichter, die an die vielen Juden erinnern, die von Hitler und seinen Nationalsozialisten grausam ermordet wurden. Dann setzten wir uns alle in die Bänke und der Rabbiner sagte: „Jetzt habt ihr sicher ganz viele Fragen."

Besuch einer Moschee

Nachdem wir alle die Schuhe ausgezogen und den Brunnen für die Reinigung der Gläubigen besichtigt hatten, konnten wir den großen Innenraum betreten. Wir versammelten uns vor einer großen Nische, die mit bunten Fliesen schön ausgeschmückt war. Der Imam* erklärte uns, dass sich die Gläubigen beim Gebet vor dieser Nische versammeln, die überall auf der Welt immer nach Mekka* ausgerichtet ist. Daneben war noch eine Kanzel, die man über mehrere Treppenstufen erreichen konnte, und wir erfuhren, dass der Imam hier beim Freitagsgebet die Predigt hält. Dann setzten wir uns alle im Halbkreis auf den schönen Teppich, mit dem der Boden der Moschee geschmückt war. Auf einmal hatten wir immer mehr Fragen.

1. *Organisiert zusammen mit euren Lehrern den Besuch einer Synagoge oder einer Moschee in eurer Umgebung. Anregungen dazu findet ihr in dem Kasten „So geht es – Lernen vor Ort".*

2. *Verfasst zu euren Besuchen einen Bericht z. B. für die Presse oder für die Schülerzeitung.*

So geht es – Lernen vor Ort

- Überlegt zuerst und schreibt auf: Was wollen wir ansehen? Was wollen wir erklärt haben? Was möchten wir besser verstehen? Worüber möchten wir gerne sprechen?
- Vereinbart vorher zwei Programmpunkte:
  a) Erklärung wichtiger Einrichtungen
  b) Eine Unterrichtsstunde vor Ort mit Fragen über Missverständnisse und Vorurteile, Meinungsaustausch usw.
- Wertet anschließend den Besuch aus: Wie haben wir das „Lernen vor Ort" erlebt? Was ist fremd? Was hat uns überrascht? Was haben wir gelernt?...

Einmal im Leben nach Mekka fahren

Mekka liegt ungefähr 80 Kilometer vom Roten Meer entfernt in der Arabischen Wüste. [...] Viele Muslime möchten nach ihrem Tod in Mekka begraben werden, weil sie glauben, dass sogar die Erde dieser Stadt einzigartig und heilig

ist. Und wenn Muslime irgendwo auf der Welt beten, müssen sie zuerst herausfinden, wo Mekka liegt, damit sie sich beim Beten in diese Richtung wenden können. Das größte Heiligtum in der heiligen Stadt Mekka ist die Kaaba. Die Kaaba ist ein Gebäude, das schon lange vor Muhammads Geburt in Mekka stand. Es ist ungefähr zwölf Meter lang, zehn Meter breit und sechs Meter hoch. [...] Heute ist die Kaaba mit schwarzer Seide und Wolle verhüllt und von einem Band mit Worten aus dem Koran umgeben. [...] Jeder Muslim sollte wenigstens einmal in seinem Leben eine Pilgerfahrt nach Mekka unternehmen. Millionen von Muslimen kommen jedes Jahr zur Wallfahrt nach Mekka; sie gehen zur Kaaba und umschreiten sie sieben Mal.

(Marc Gellman/Thomas Hartman: Wie buchstabiert man Gott?, übers. von Andrea Kann u. Manuela Olsson, Carlsen Verlag, Hamburg 1996, S. 88 f.)

Im Koran steht dazu:

„Und der Menschen Pflicht gegenüber Allah ist die Pilgerfahrt zum Hause (Kaaba in Mekka), *wer da den Weg zu ihm machen kann." (Sure 3, Vers 97)*

3. *Besorgt euch weitere Informationen zur Pilgerfahrt. Mögliche Stichworte: Vorbereitung der Pilgerfahrt, Interview eines Mekkapilgers, ...*

Ganges – der heilige Fluss der Hindus

Der Fluss Ganges ist die heiligste Stätte der Hindus. Er fließt durch Indien. Hindus glauben, dass er dem Fuß des Gottes Vishnu entspringt, als Milchstraße durch den Himmel fließt und aus dem Haar des Gottes Shiva zur Erde herabrieselt. An der Stelle, wo der Ganges auf die Erde trifft, erhebt sich das höchste Gebirge der Welt, der Himalaja (wo der Mount Everest steht). Von den Bergen fließt er dann nach Indien hinunter. [...]

Die Hindus pilgern in die heiligen Städte am Ganges und waschen sich dort im heiligen Wasser des heiligen Flusses. Während der Waschungen sprechen sie viele Gebete [...]. Wenn Hindus merken, dass sie bald sterben werden, gehen sie oft nach Benares. Das leuchtet ein, denn Benares ist die Stadt von Shiva, dem Gott des Todes. In Benares warten diese Menschen dann im Kreis ihrer Familie auf den Tod. Die Hindus glauben, dass der Gott Shiva den Sterbenden bestimmte Worte ins Ohr flüstert, die sie sterben lassen und erlösen. Wenn sie gestorben sind, verbrennen ihre Familien die sterblichen Überreste und verstreuen die Asche über den Ganges. Dadurch können die Seelen der Toten sich von der Welt lösen.

(ebd., S. 92 f.)

4. *Erklärt die besondere Bedeutung des Ganges, der als Göttin Ganga verehrt wird, aus dem Glauben der Hindus. Wie sind die Hindus wohl zu solchen Vorstellungen gekommen?*

5. *Dem Fluss werden auch Blumen, Früchte und Licht geopfert.*
Einer Gottheit Blumen schenken, könnte bedeuten ...
Einer Gottheit Früchte schenken, könnte bedeuten ...
Einer Gottheit Licht schenken in Form schwimmender Kerzen, könnte bedeuten ...

4. Pessach – das jüdische Fest der Befreiung

Was heißt Pessach?

Vor mehr als 3000 Jahren musste das Volk Israel nach ausbleibenden Regenfällen und Hungersnöten in das Niltal ausweichen, wo sie als Arbeitssklaven für den ägyptischen Pharao hart arbeiten mussten. Aus dieser Zeit wird erzählt, dass Mose* von Gott den Auftrag bekommt, das Volk Israel aus der Sklaverei herauszuführen. Er verhandelt mit dem Pharao, der lehnt ab und wird dafür von Gott bestraft. Über Ägypten brechen zehn schlimme Plagen herein, das Nilwasser verwandelt sich in Blut, Grillen und Heuschrecken vernichten die Ernte usw. Durch die letzte Plage sterben alle erstgeborenen ägyptischen Jungen, auch zuletzt der Sohn des Pharao. Die Söhne der Israeliten blieben verschont, weil sie ihre Türschwellen mit Lammblut gestrichen hatten und der Todesengel vorüberging. Pessach heißt „übergehen". Der Pharao lässt alle Israeliten ziehen, bereut seine Nachgiebigkeit und verfolgt sie mit Kampfwagen. Beim Roten Meer teilt sich durch Gottes Hilfe das Wasser, die Israeliten marschieren durch und die nachfolgenden Ägypter werden von den zusammenströmenden Wassermassen vernichtet. Die Israeliten sind endgültig den Ägyptern entkommen. Bis heute feiern die Juden die Erinnerung an diese Befreiung in einem großen Fest, dem höchsten Fest des Judentums.

Ein besonderes Brot wird gebacken

Pessach wird immer im Frühjahr gefeiert. Die Jahreszählung im jüdischen Kalender richtet sich nicht nach Christi Geburt. Die Zeitrechnung für die Juden beginnt im Jahr 3761 vor Christus. Die beiden wichtigsten Festtage für das Pessachfest im Jahr 2010 sind nach dem jüdischen Kalender am 5./6. April des Jahres 5770. Die Vorbereitungen für das Fest beginnen aber schon eine Woche vorher. Alles, was beim Pessachfest geschieht, hat eine symbolische Bedeutung. So erinnern sich die Juden wieder an viele Einzelheiten der Befreiung aus der ägyptischen Sklaverei.

Das beginnt schon eine Woche vor dem eigentlichen Fest. In dieser Zeit darf kein normales Brot aus Sauerteig im Haus sein. Der Sauerteig enthält Triebmittel, zum Beispiel Backpulver oder Bäckerhefe. Dadurch kann der Teig aufge-

hen, er wird locker. Dafür braucht der Teig aber Zeit, er muss ruhen, bevor er gebacken werden kann. Der Aufbruch aus Ägypten musste aber so schnell gehen, dass dafür keine Zeit blieb. Voller Eile buken die Israeliten Brotfladen, die nur aus Mehl und Wasser bestanden. Dieses besondere Brot der Erinnerung an die Eile des Aufbruchs heißt Mazze.

1. *Habt ihr schon Brot gegessen, das ähnlich aussah? Erzählt davon.*

2. *Habt ihr auch etwas, das für euch eine symbolische Bedeutung hat? Stellt es vor und erklärt es.*

Erkläre es mir – Symbolische Bedeutung

Ein Symbol kann ein Zeichen, ein Wort, ein Gegenstand oder auch eine Handlung sein. Ein Symbol weckt unsere Erinnerungen. Es fallen uns Ereignisse, Geschichten oder Erlebnisse aus der Vergangenheit ein. Wenn jemand zum Beispiel ein bestimmtes Spielzeug noch viele Jahre aufbewahrt, weil er damit schöne Erinnerungen an seine Kindertage verbindet, dann hat dieses Spielzeug für ihn eine symbolische Bedeutung.

Ein ganz besonderes Abendessen

Am Vorabend des Pessachfestes versammelt sich die Familie zum wichtigsten Abendessen des Jahres, zum Sedermahl. Das ganze Essen ist streng nach Vorschriften geregelt. Vor allem besondere Speisen und besondere Gebete erinnern an jenen Abend, als Gott die Ägypter strafte, aber das Volk der Israeliten verschonte und Mose es von Ägypten wegführen konnte in ein Land, das Gott ihnen versprochen hatte.
Alle Anwesenden sollen noch einmal miterleben, was damals in Ägypten geschah. Auf dem Tisch stehen zum Beispiel Gefäße mit Salzwasser. Wer beim Mahl seinen Bissen zunächst in Salzwasser eintaucht, erinnert sich an die bitteren Tränen der unterdrückten Israeliten und leidet mit ihnen.
Auf einem besonderen Teller, dem Sederteller, liegen besondere Speisen: ein brauner Fruchtbrei aus Nüssen und Man-

deln, Bitterkräuter (Lattich oder Meerrettich), gekochte Eier, eine Erdfrucht (Sellerie, Radieschen oder eine Kartoffel), ein grünes Kraut (Petersilie oder Salat).
Es gehört zum Ablauf des Festes, dass die jüngsten Kinder in der Familie nach der Bedeutung der einzelnen Speisen fragen und die Hausmutter oder der Hausvater die symbolische Bedeutung erklärt:

„Was bedeuten die Bitterkräuter und der braune Fruchtbrei?“

„Wir essen Bitterkräuter und Fruchtbrei, um daran zu denken, dass die Ägypter das Leben unserer Väter bitter machten, wie geschrieben steht: ‚So machten die Ägypter die Kinder Israels mit Gewalt zu ihren Sklaven‘; sie machten ihr Leben bitter durch Schwerarbeit mit Lehm und Ziegeln und allerlei Feldarbeit – harter Sklavenarbeit.“
(Exodus 12, 26 – 27)

So können nach und nach alle Anwesenden noch einmal miterleben, was damals geschah. Die braune Farbe des Fruchtbreis erinnert sie an den Mörtel der Sklavenarbeit, das gekochte Ei an die Opfer der Sklavenarbeit und auch an die Fruchtbarkeit, die dafür sorgt, dass das Leben weitergeht, die Frucht der Erde an das karge Leben, das grüne Kraut an den Neuanfang im verheißenen Land und ein Knochen, der auf den Tisch gelegt wird, steht symbolisch für das Lamm, das die Israeliten geschlachtet haben, um sein Blut auf die Türschwelle zu streichen, damit der Todesengel im Vorbeigehen sieht, dass hier Israeliten wohnen, und so das Haus verschont.

3. *Erzählt den geschichtlichen Anlass des Pessachfestes.*

4. *Schreibt einen Aufsatz „Pessach – das Fest der Erinnerung“ und erklärt dabei an Einzelheiten die symbolische Bedeutung des Festablaufs.*

5. Fasten – eine religiöse Pflicht für alle Muslime

Nicht leicht, aber wichtig – junge Muslime verzichten

„Die ersten Tage sind immer die schwierigsten." Kadir Aktas ist 18 Jahre alt und fastet bereits zum vierten Mal im Ramadan*. „Elf Monate lang isst man sich voll und dann plötzlich nichts mehr. Aber noch schwieriger ist das Trinken: Normalerweise trinke ich sehr viel und dann gar nichts", sagt der Schüler aus Essen. „Da wird der Mund ganz trocken." Deshalb putzt sich Kadir während der 30 Fastentage häufig die Zähne, das ist erlaubt. Nur herunterschlucken darf er das Wasser tagsüber nicht. Aber bevor die Sonne aufgeht und nachdem sie untergegangen ist, wird reichlich gegessen und getrunken. [...]

„Wenn man in der Schule sitzt, dann knurrt der Magen manchmal und sagt: Ich möchte etwas essen", berichtet Kadir. Morgens gegen fünf Uhr steht er auf, um zu frühstücken. Danach legt er sich noch einmal schlafen. Die nächste Nahrung gibt es dann erst abends, mehr als 15 Stunden später. Doch viele seiner nicht muslimischen Mitschüler sind sehr rücksichtsvoll: „Sie essen dann nicht in meinem Beisein." Doch es gibt auch Tage, an denen das Fasten zugunsten der Leistung unterbrochen wird: „Wenn jetzt eine sehr wichtige Arbeit ansteht, dann sage ich auch: Ne, heute nicht", erzählt Kadir. „Diese Fehltage hole ich dann im Winter nach." [...]

Richtig gefastet wird erst ab der Pubertät, auch wenn der 17-jährige Hicham El-Founti schon seit dem fünften Lebensjahr mitmacht. „Das ist am Anfang auf eine Stunde oder so begrenzt. Aber es ist ein Bedürfnis – man möchte einfach teilhaben an der Gemeinschaft", sagt der Schüler mit marokkanischen Wurzeln. Wer krank ist oder altersschwach, ist vom Fastengebot ebenfalls befreit. „Kranke begehen beinahe schon eine Sünde, wenn sie fasten", erklärt Imam Sehli Abdeslam. „Der Islam schreibt vor, dass sie Nahrung zu sich nehmen müssen. Andernfalls würden sie sich schaden – und die Gesundheit hat Vorrang vor allen anderen Sachen." Auch wer im Beruf stark körperlich arbeitet, muss nicht fasten. „Aber im Urlaub oder an freien Tagen kann man das ja nachholen", so Imam Sehli Abdeslam. „Und wenn es gar nicht geht, spendet man Geld an die Armen." Da reichen schon kleine Beträge.

„Im Ramadan habe ich mich richtig im Griff", sagt Hicham El-Founti. „Da verschwende ich meine Gedanken nicht daran: Was esse ich gleich?" In seiner Schule versuchen sogar einige deutsche Schüler, mit zu fasten – vor allem Mädchen, die diese Selbstdisziplin als eine Art Diät sehen, so Hicham. Dabei ist Abnehmen sicherlich nicht das Ziel des Ramadan, denn beim Fastenbrechen wird genüsslich gegessen und getrunken: Die Familie isst gemeinsam, oft kommen Freunde, Nachbarn oder Verwandte zu Besuch – auch Nichtmuslime sind bei Familie El-Founti zu Gast. „Die freuen sich richtig, wenn sie eingeladen werden. Man ist mit der ganzen Gemeinschaft zusammen, das ist wichtig."

(Christian Herrmanny, www.wdr.de/themen/kultur/religion/islam/ramadan/shueler_fasten/index.jhtml vom 31.08.2009)

1. *Schreibt die Namen der Jugendlichen, die von ihren Fastenerfahrungen berichten, auf einen Zettel und schreibt zu jedem stichwortartig dazu, wie er fastet, wie es ihm dabei ergeht, ob Ausnahmen möglich sind und warum er fastet.*

2. *Besprecht eure Ergebnisse und fragt dabei auch muslimische Mitschülerinnen und Mitschüler aus der Klasse, welche Erfahrungen sie mit dem Fasten gemacht haben.*

Das Zuckerfest (Fest des Fastenbrechens)

Ein dreitägiges Fest beendet den Fastenmonat Ramadan. Es ist das Fest des Fastenbrechens, das in der Türkei auch Zuckerfest genannt wird. Es ist vor allem ein Fest der Familie. Der 11-jährige Hasan erzählt darüber seinen Mitschülerinnen und Mitschülern:

Schon am Tag vorher waren meine Eltern damit beschäftigt, das Fest vorzubereiten. Am Nachmittag duftete die ganze Wohnung nach den vielen Süßigkeiten, die für das große Fest gebacken werden. Am nächsten Morgen ging ich gemeinsam mit meinem Vater in die Moschee. Es waren so viele Leute da, dass der Betraum fast überfüllt war. Meine Mutter und meine Schwester blieben zu Hause, um das Festmahl vorzubereiten. Auf dieses erste große gemeinsame Essen freuten sich ganz besonders die Älteren in der Familie, die zuvor vier Wochen lang die Fastengebote eingehalten hatten. Ich konnte es kaum erwarten, wieder nach Hause zu kommen, weil ich wusste, dass jetzt bald viele Geschenke ausgetauscht werden. In diesem Moment ging es mir genauso wie vielen von euch vor der Bescherung an Weihnachten. Ich war gespannt und freute mich auf meine Geschenke. Der Nachmittag ging im Nu vorbei. Es kamen viele Leute vorbei, um einen Besuch zu machen: Verwandte, Freunde und auch zwei Familien aus der Nachbarschaft, die von meinen Eltern eingeladen worden sind. Fast alle hatten für mich und die anderen Kinder kleine Geschenke, Süßigkeiten oder auch Geldgeschenke mitgebracht. Es wurde viel Tee getrunken und dazu gab es viele Süßigkeiten, vor allem Baklava, das ist ein Blätterteig, der mit Nüssen und Honig gefüllt wird und herrlich süß schmeckt.

Erkläre es mir – Der islamische Kalender

Mit der Auswanderung des Propheten Mohammed von Mekka nach Medina im Jahre 622 n. Chr. beginnt für Muslime das erste Jahr der islamischen Zeitrechnung.
Der islamische Kalender richtet sich nach dem Mond. Mit dem Beginn einer neuen Mondphase beginnt auch ein neuer Monat. Das islamische Mondjahr ist dadurch um zehn Tage kürzer als unser Sonnenjahr und verschiebt sich so immer weiter nach vorne. Der Fastenmonat Ramadan kann so das ganze Jahr durchlaufen. Im Jahr 2010 beginnt der Ramadan am 11. August und endet mit dem Zuckerfest am 9. September.

3. *Auf etwas verzichten und sich selbst beherrschen – erzählt von euren Erfahrungen. Was war schwer, was ging gut und was habt ihr davon gehabt?*

4. *Bittet eure muslimischen Mitschülerinnen und Mitschüler, von ihrem Zuckerfest zu erzählen.*

Baklava ist richtig süß. Sie enthält Butter, Mehl, Joghurt, Eier, Pistazien, Mandeln oder Walnüsse, Zucker, Zitronensaft, Honig und etwas Wasser.

5. *Besorgt euch von Mitschülern oder Mitschülerinnen oder auch leicht über das Internet ein Rezept für Baklava, backt sie zu Hause nach und bringt sie zum Probieren mit.*

6. Jede Religion hat ihr größtes Fest

Warum ist Ostern das wichtigste Fest der Christen?

Aus dem Lukasevangelium:

„Am ersten Tag der Woche gingen die Frauen mit den wohlriechenden Salben, die sie zubereitet hatten, in aller Frühe zum Grab. Da sahen sie, dass der Stein vom Grab weggewälzt war; sie gingen hinein, aber den Leichnam Jesu, des Herrn, fanden sie nicht. Während sie ratlos dastanden, traten zwei Männer in leuchtenden Gewändern zu ihnen. Die Frauen erschraken und blickten zu Boden. Die Männer aber sagten zu ihnen: ‚Was sucht ihr den Lebenden bei den Toten? Er ist nicht hier, sondern er ist auferstanden.'" (Lukas, Kapitel 24, Vers 1–6)

Wenn die Anhänger und Freunde von Jesus nach dessen Kreuzigung und Grablegung nicht bezeugt hätten, dass Jesus von den Toten auferstanden und ihnen begegnet ist, wäre das Christentum nicht entstanden. Das Wichtigste im Glauben der Christen ist, dass Jesus Gottes Sohn ist und durch seine Auferstehung den Tod überwunden hat. Das bedeutet, dass Christen glauben, sie selbst werden ebenfalls nach dem Tod in der Gemeinschaft mit Gott weiterleben. Deshalb feiern sie die Erinnerung an dieses wichtige Ereignis mit einem Fest. In der Osternacht von Samstag auf Sonntag erleben sie im Gottesdienst gemeinsam die Freude über die Auferstehung mit, wenn sie in der dunklen Kirche ein Osterfeuer anzünden und das Licht weitergeben an die Osterkerzen, die dann alle Gläubigen in den Händen halten.

1. *Ihr habt sicher schon miterlebt, wenn in der Nacht ein Lagerfeuer oder in einem dunklen Raum eine Kerze angezündet wird. Wie habt ihr euch dabei gefühlt?*

2. *Die Osterfeiertage fallen immer in die Frühlingszeit. Ihr kennt bereits viele Osterbräuche, sammelt sie und findet über das Internet noch weitere heraus. Beschreibt sie und überlegt dabei, ob sie mehr mit dem Frühlingsanfang oder mit der Auferstehung Christi zu tun haben.*

3. *Licht und Feuer spielen in den christlichen Bräuchen nicht nur in der Osternacht, sondern auch in der Weihnachtszeit eine große Rolle. Erklärt, woran das liegen könnte, und ergänzt folgenden Satz: Ein Feuer oder ein Licht anzünden ist ein Symbol für ... Vergleicht eure Antworten.*

Das muslimische Opferfest – Dankbarkeit gegenüber Gottes Barmherzigkeit

Vor etwa 4000 Jahren war nach muslimischer Überlieferung der Prophet Ibrahim (bei den Juden und Christen Abraham) bereit, seinen zweiten Sohn Ismael (Isaak) aus Gehorsam gegenüber Gottes Befehl zu opfern. Als Allah seine Bereitschaft sah und Ibrahim damit seine Prüfung bestanden hatte, belohnte Allah sein Gottvertrauen und gebot ihm Einhalt. Aus Dankbarkeit opferte Ibrahim nun statt seines Sohnes einen Schafbock (Widder), dessen Fleisch sie mit Freunden und Bedürftigen teilten.

Zur Erinnerung an die Rettung Ismaels schlachten Muslime auf der ganzen Welt ein Tier, meistens ein Schaf, und teilen das Fleisch mit Verwandten, Freunden und Armen. Das Opferfest ist das höchste religiöse Fest der Muslime. Im Jahr 2010 fällt der Beginn des viertägigen Festes auf den 12. November.

Für Muslime, die es sich finanziell leisten können, ist es Pflicht, zum Fest ein Tier – meistens ein Schaf – zu kaufen, es schlachten zu lassen, gemeinsam mit Freunden zu essen und das übrige Fleisch an Arme und Bedürftige zu verteilen. Muslime in Deutschland kaufen sich oft für dieses Fest ein großes Stück Hammelfleisch und verschenken den Rest an Familien-

angehörige, Nachbarn oder an Bedürftige. Manche schicken auch einen Geldbetrag an Verwandte in ihrem Heimatland oder spenden das Geld für Wohltätigkeitsorganisationen. Zum Opferfest werden auch Freunde und Verwandte besucht und Kinder beschenkt.

4. *Auf vielen Märkten in der muslimischen Welt werden vor dem Opferfest Schafe zum Verkauf angeboten. Auf dem Bild sieht man auf einem Markt in Kaschmir eine Schafherde mit bunt eingefärbten Tieren. Welchen Sinn könnte dieser Brauch haben? Tauscht eure Gedanken dazu aus.*

Kumbh Mela – das größte religiöse Fest der Welt

Die Legende der Kumbh Mela:
Einst stritten sich die Götter um einen Krug Nektar (Trank der Unsterblichkeit). Dabei wurden 12 Tropfen der wertvollen Flüssigkeit verschüttet. Acht Tropfen des Nektars fielen an verschiedene Stellen im Himmel, 4 Tropfen fielen aber auf die Erde. Genau an den Orten in Indien, an denen die Nektartropfen die Erde berührten, feiern die Gläubigen des Hinduismus die Kumbh Mela.
Vier Städte teilen sich so die Ausrichtung des Festes in abwechselnder Reihenfolge alle drei, alle sechs, alle zwölf und alle hundertvierundvierzig Jahre – entsprechend größer ist auch dann das Fest. Die letzte größte Kumbh Mela war nach 144 Jahren im Jahre 2001 in der indischen Stadt Allahabad. In der vierwöchigen Festzeit haben 75 Millionen Pilger gefeiert. Für die nächste große Kumbh Mela 2013 werden über 30 Millionen Pilger erwartet.
Die Pilger baden vor allem in heiligen Gewässern und suchen die Begegnung mit den vielen anwesenden heiligen Männern, die sie sehen und berühren wollen. Zu den heiligen Männern gehören vor allem Gurus (Lehrer) und Sadhus (Asketen). Asketen sind Menschen, die auf besondere Weise auf Genüsse, Vergnügungen oder angenehmes Leben verzichten, um ein höheres inneres Ziel zu erreichen. Manche sind nackt und mit Asche eingerieben, wie der Heilige auf dem Bild, der neben sich eine blumengeschmückte Skulptur hat, den heiligen Bullen Nandi des Gottes Shiva, andere schweigen die ganze Zeit oder setzen sich nie hin, schlafen also auch angelehnt im Stehen.

5. *Warum ist es für die Pilger so wichtig, heilige Menschen zu sehen und zu berühren? Stellt Vermutungen auf und sprecht darüber. Gibt es so etwas auch in anderen Religionen?*

6. *Was versteht man in anderen Religionen (zum Beispiel im Christentum) unter Heiligen?*

7. Endlich erwachsen werden

Der Übergang von einem Abschnitt des Lebens in einen anderen wird in verschiedenen Religionen und Kulturen mit besonderen Festen gefeiert:
Die **evangelische Kirche** feiert mit ihren Jugendlichen die **Konfirmation**. Mit ihr werden die jungen Menschen religionsmündig, das heißt, sie werden in der Kirche als erwachsen angesehen und sind von nun an für alles, was sie tun, selbst verantwortlich. Auch für ihren Glauben. Denn jetzt können sie selbst entscheiden, ob sie Mitglied in der christlichen Gemeinde sein wollen oder nicht. Die Konfirmation findet statt, wenn ein Jugendlicher 13 oder 14 Jahre alt ist. Es wird ein großes Fest gefeiert, das mit einem Gottesdienst beginnt. Die Konfirmanden sagen dabei „Ja" zum christlichen Glauben, empfangen vom Pfarrer den Segen und jeder erhält einen persönlichen Konfirmationsspruch aus der Bibel. Im Anschluss daran gibt es ein großes Familienfest mit vielen Geschenken. Jungen und Mädchen wissen, dass sie sich öffentlich zu ihrer Kirche bekannt haben und dass sie nun zu den „Großen" gehören. [...]
In der **katholischen Kirche** wird ein ähnliches Fest gefeiert. Es heißt **Firmung** und ist wie die Konfirmation ein feierlicher Gottesdienst, bei dem die Jugendlichen ein Glaubensbekenntnis ablegen. Den Segen spricht hier der Bischof über den Firmling und seine Familie. [...] Natürlich gibt es auch ein großes Fest und viele Geschenke. Man wird ja nicht alle Tage erwachsen. Übrigens haben die Begriffe Konfirmation und Firmung die gleiche Wurzel: Sie kommen von dem lateinischen Wort firmatio, das Bestätigung bedeutet. Der Konfirmand oder der Firmling bestätigt seine Taufe, bei der er selbst ja noch nicht mitreden konnte, weil er noch ein Baby war. [...]
Der Firmung geht – anders als bei der Konfirmation – ein wichtiges Fest voraus, das es nur in der **katholischen Kirche** gibt: Es ist die **Erstkommunion**. Das Wort communio ist auch lateinisch und wird mit „Gemeinschaft" übersetzt. Damit ist die Abendmahlsfeier in der Kirche gemeint. Diese Feier hat in allen christlichen Kirchen eine große Bedeutung. Sie erinnert an den letzten Abend, den Jesus mit seinen Jüngern verbrachte, bevor er starb. Die Gläubigen trinken im Gedenken daran einen Schluck Wein und essen ein Stückchen Brot.
In der **katholischen Kirche** wird das Abendmahl auch **Eucharistie** genannt. Es findet in jeder Messe, so heißt der katholische Gottesdienst, statt. Während der Eucharistiefeier erhalten die Gläubigen ein Stückchen Brot. Es wurde vorher vom Priester geweiht. Dieses Stück Brot nennt man Hostie, und es ist etwas ganz Besonderes, weil nach dem katholischen Glauben Jesus in diesem Moment in dem Brot und im Wein selbst da ist: Wer von dem Brot isst, hat teil an der Gemeinschaft mit ihm.
Kinder dürfen ab dem neunten Lebensjahr an der Eucharistiefeier teilnehmen. Sie bekommen ihre **Erstkommunion** und sind zum ersten Mal in der Gemeinschaft der Erwachsenen. Das ist ein wichtiger Augenblick. Deswegen werden die Kinder auch festlich angezogen. [...] Der Termin für die Erstkommunion ist der erste Sonntag nach Ostern, der weiße Sonntag. Und im Anschluss gibt es ein schönes Familienfest.
Auch in anderen Religionen wird der Übergang zum Erwachsenendasein gefeiert. Im Judentum gibt es ein großartiges Fest für die Jungen und Mädchen: **Bar Mitzwa** und **Bat Mitzwa**. Die Bar Mitzwa ist das Fest für die Jungen, es bedeutet „Sohn der Pflicht". Von nun an sind sie für ihre Taten vor dem jüdischen Gesetz voll verantwortlich. Lange bereiten sich die Jungen darauf vor und lernen beim Rabbi, die Thora auf Hebräisch zu lesen. Wenn sie 13 Jahre alt sind, dürfen sie in einem besonderen Gottesdienst in der Synagoge zum ersten Mal aus der hebräischen Bibel vorlesen. Die Mädchen erleben ihre Bat Mitzwa, das bedeutet „Tochter der Pflicht", schon ein Jahr früher, weil sie früher reif sind als die Jungen. Auch in den jüdischen Familien wird dann ein schönes Fest gefeiert.

(Roland Rosenstock: Frag doch mal ... cbj-Verlag, München 2006, S. 111 ff.)

1. *Überlegt und sammelt alle Fragen, die ihr zu diesen besonderen religiösen Festen stellen könntet, und schreibt die Fragen auf.*

2. *Ladet dann in euren Unterricht Jungen und Mädchen aus eurer Schule, die konfirmiert oder gefirmt worden sind, oder auch einige Erstkommunikanten zu einem Rundgespräch (Gesprächskreis) ein und lasst euch zunächst berichten, wie sie jeweils ihr besonderes Fest erlebt haben und was es für sie bedeutet.*

3. *Lest den Text und ordnet die Bilder den einzelnen Festen zu.*

4. *Beschreibt die Fotos. Erklärt Einzelheiten, die euch schon bekannt sind.*

5. *Notiert bei den einzelnen Bildern, was ihr noch nicht kennt. Besprecht und klärt es im Unterricht.*

8. Wie sollen wir leben? – Religionen geben Antworten

Die Gebote Gottes halten

Als die Israeliten nach der Befreiung aus Ägypten durch die Wüste zogen und am Berg Sinai lagerten, erhielt Mose* von Gott die Zehn Gebote. Sie enthalten Pflichten gegenüber Gott, Pflichten gegenüber anderen Menschen, Bestimmungen für ein gutes Zusammenleben der Menschen und gelten für Juden und Christen.

1. *Unterteilt die Gebote in Pflichten gegenüber Gott und Pflichten gegenüber anderen Menschen.*

2. *Welche Gebote haltet ihr für besonders wichtig für ein gutes Zusammenleben der Menschen? Begründet.*

Die Zehn Gebote in Kurzfassung:

I. Du sollst neben mir keine anderen Götter haben.
II. Du sollst den Namen deines Gottes nicht missbrauchen.
III. Du sollst den Sabbat heiligen.
IV. Du sollst deinen Vater und deine Mutter ehren.
V. Du sollst nicht töten.
VI. Du sollst nicht die Ehe brechen.
VII. Du sollst nicht stehlen.
VIII. Du sollst nicht falsch gegen einen anderen aussagen.
IX. Du sollst nicht nach der Frau eines anderen verlangen.
X. Du sollst nicht nach dem Haus eines anderen verlangen oder nach irgendetwas, das dem anderen gehört.

3. *Schreibt auf einen Zettel alle Stichworte, die euch zum Thema „gutes Zusammenleben der Menschen“ einfallen. Vergleicht mit den Zehn Geboten. Welche eurer Gedanken sind enthalten, was habt ihr noch herausgefunden?*

Anmerkung: Der Sabbat meint nicht den christlichen Sonntag. Die Erfindung eines Ruhetages vor rund 4000 Jahren war eine rein jüdische Angelegenheit. Für Juden ist Sabbat der Samstag. Das wichtigste Gebot ist, dass sie am Sabbat nicht arbeiten dürfen. Das gilt nicht nur für schwere körperliche Arbeit. Das heißt auch, sie dürfen nicht Auto fahren, kein Licht machen, nicht kochen, nicht fernsehen, nicht Radio hören, nicht am Computer sitzen usw.

4. *Überlegt in Kleingruppen, welche Probleme die strenge Beachtung der Sabbatregeln in der heutigen Zeit mit sich bringt.*

Zur Heiligung des Sabbats gehört auch ein jüdisches Familienfest:

Schon der Freitag steht ganz im Zeichen der Vorbereitung: Im Büro werden Dinge abgeschlossen oder vertagt; heute werden keine Akten mit nach Hause genommen. Es wird eingekauft, die Wohnung wird aufgeräumt, letzte Telefonate werden erledigt. Münzen werden aus den Manteltaschen genommen, denn am Sabbat braucht man kein Geld, der Computer wird weggeräumt. Essen wird gekocht und in den Ofen gestellt, und schon allein, weil es so gut duftet, backe ich die Challot[1], die Zopfbrote für das Abendessen selbst. Schnell noch unter die Dusche oder in die Badewanne, schnell noch die letzten Handgriffe, dann ist es Zeit: Sabbat. Blumen stehen auf dem Tisch, der sonst der Schreibtisch ist, davor die Kerzen. Eigentlich sollte, müsste ich noch ... Nein, jetzt nicht mehr. Mit einer Melodie summe ich die Werktagsgedanken weg, dann zünde ich die Kerzen an. [...]

(Shira Berg: Judentum verstehen; in: SYMPATHIE MAGAZIN, Nr. 38, S. 26)

[1] Die beiden Sabbatbrote (Challot) erinnern an die Wüstenwanderung der Israeliten. Gott schickte ihnen am Freitag immer die doppelte Menge Manna (Himmelsbrot).

5. *Unter dem Suchwort „Sabbat“ findet ihr im Internet viele Informationen. Schreibt euch solche, die euch interessant erscheinen, auf und lest sie der Klasse vor.*

6. *Eine jüdische Schülerin sagte zum Sabbat: „Ich lebe nicht sehr religiös, gehe selten in die Synagoge und halte mich auch nicht an die Sabbatgebote, aber auf die Sabbatfeier in der Familie möchte ich nicht verzichten.“ Vergleicht mit eurem Wochenende. Erzählt, auf was ihr nicht verzichten wollt.*

Die religiösen Pflichten erfüllen

Die fünf Säulen des Islam:

1. Das Glaubensbekenntnis
2. Das fünfmalige tägliche Gebet
3. Die jährliche Pflichtabgabe
4. Das Fasten im Monat Ramadan
5. Die Pilgerfahrt nach Mekka

Das Glaubensbekenntnis heißt: „Ich bezeuge, dass es keinen Gott gibt, außer Gott, und ich bezeuge, dass Mohammed sein Gesandter ist."

Im Islam gibt es keine Taufe wie im Christentum. Jeder kann Muslim werden, wenn er diesen Satz nach entsprechender Vorbereitung bewusst und aufrichtig vor Zeugen ausspricht. Die wichtigsten Gebetsvoraussetzungen sind: Sauberkeit (Waschen), eine Gebetsunterlage und die Gebetsrichtung nach Mekka. Zum Gebetsablauf gehören: Stehen, Verbeugen, Niederknien, Sitzen und die Niederbeugung vor Gott, bei der die Stirn den Boden berührt.

7. *Wie denkt ihr über diese Gebetsvoraussetzungen und den Gebetsablauf? Begründet eure Antworten und fragt dazu auch muslimische Mitschülerinnen und Mitschüler.*

8. *Beschreibt andere Formen des Betens, die euch bekannt sind, und vergleicht.*

Durch die jährliche Pflichtabgabe (heute meist eine zusätzliche Steuer) lassen die reicheren Muslime die ärmeren an ihrem Besitz teilhaben. Damit zeigen sie ihre Dankbarkeit gegenüber Gott, der den Menschen auch Reichtum ermöglicht.

Zur Pilgerfahrt und zum Fasten siehe Seite 206 f. und Seite 210 f.

Den Nächsten lieben

Der Dienst am Nächsten, das heißt an allen Mitmenschen, ist eine der ganz wichtigen Verpflichtungen für Christen. Heute gibt es viele kirchliche Organisationen, die sich weltweit für Menschen einsetzen, die in einer Notlage sind, zum Beispiel „Brot für die Welt", „Caritas*", „Diakonie*", „Misereor*" usw.

Aus dem Lukasevangelium:

Da stand ein Gesetzeslehrer auf, und um Jesus auf die Probe zu stellen, fragte er ihn: Meister, was muss ich tun, um das ewige Leben zu gewinnen? Jesus sagte zu ihm: Was steht im Gesetz? Was liest du dort? Er antwortete: Du sollst den Herrn, deinen Gott, lieben mit ganzem Herzen und ganzer Seele, mit all deiner Kraft und all deinen Gedanken und: Deinen Nächsten sollst du lieben wie dich selbst. Jesus sagte zu ihm: Du hast richtig geantwortet. Handle danach, und du wirst leben.

(Lukas 10, 25–28)

9. *Wen sollen wir lieben? Erklärt dazu das Doppelgebot der Liebe.*

10. *Was findet ihr daran gut? Was erscheint euch schwierig? Bildet dazu Kleingruppen, diskutiert darüber und ergänzt eure Gedanken möglichst durch geeignete Beispiele aus dem Zusammenleben der Menschen in der Familie, in der Schule, in der Stadt, auf dem Land oder auch auf der ganzen Welt.*

Was du weißt und kannst

Die wichtigsten Grundkenntnisse zu den Weltreligionen in einfachen Ansätzen

1. *Stellt euch vor, ihr bekommt den Auftrag, an der Herstellung eines neuen Kinderlexikons oder Schülerlexikons der Religionen mitzuarbeiten. Dazu sollt ihr jeweils einen Artikel verfassen zu den Stichworten: Christentum, Judentum, Islam, Hinduismus, Buddhismus. Dabei soll nur das enthalten sein, was für Schülerinnen und Schüler wichtig und verständlich ist, um die Religionen miteinander vergleichen zu können. Überlegt dabei auch, was für jede Religion das Besondere ist.*
Lest dazu zuerst den Methodenkasten und verfasst dann in Gruppenarbeit die Artikel.

Die großen Religionslehrer – ihr Leben und ihr Wirken

Darf ich mich vorstellen:

- Ich bin Jesus ...
- Ich bin Mohammed ...
- Jetzt nennt man mich Buddha, früher ...

2. *Sucht euch eine Person aus, verfasst dann schriftlich, was ihr bei der Vorstellung in eurer Rolle als Jesus, Mohammed oder Buddha sagen wollt. Präsentiert dann eure Vorstellung den anderen und beantwortet auch deren Fragen, soweit es euch möglich ist.*

Thora und Koran, Synagoge und Moschee

3. *a) Erklärt in Partnerarbeit jeweils eurem Gegenüber, was die Thora und der Koran ist und wie sie sich unterscheiden.*
b) Erklärt ebenso in Partnerarbeit die Synagoge und die Moschee.
c) Falls es euch möglich war, eine Moschee, eine Synagoge, ein buddhistisches Zentrum oder einen Hindutempel zu besuchen, verfasst einen Besuchsbericht – eventuell auch mit eigenen Fotos – für die Zeitung in eurem Heimatort.

Verlauf und Bedeutung des Pessachfestes

4. *a) Erzähle, woran sich Juden bei diesem Fest erinnern.*
b) Erkläre, was Mazze ist und warum es zum Pessachfest gehört.
c) Erkläre den Begriff „Symbol“ an verschiedenen Beispielen.
d) Beschreibe den Ablauf des Sedermahls, des besonderen Abendessens beim Pessachfest.
e) Nenne die einzelnen Speisen auf dem Sederteller und erkläre ihre symbolische Bedeutung.

So geht es – Einen Lexikonartikel schreiben

- Legt fest, welche Stichworte ihr bearbeiten wollt, und bildet entsprechende Arbeitsgruppen.
- Entscheidet, wie umfangreich der Artikel werden soll.
- Sucht für jedes Stichwort das Wichtigste aus. Macht zunächst Vorschläge und einigt euch innerhalb der Arbeitsgruppe.
- Gliedert eure Auswahl stichwortartig und vergleicht mit der vorgegebenen Artikelgröße. Streicht notfalls oder passt die Artikelgröße an.
- Verfasst jetzt den dazugehörenden Text und achtet dabei auf kurze, verständliche Sätze. Wichtigste Regel: Nur aufnehmen, was ihr auch selber verstanden habt.
- Befestigt eure fertigen Artikel an einer Wand, lest jeweils den Artikel laut vor und sprecht dann gemeinsam darüber, wie zufrieden ihr mit eurem Artikel sein könnt.

Die Bedeutung des Fastenmonats Ramadan

5. a) Begründe den jeweiligen Zeitpunkt des Ramadan aus dem islamischen Kalender.
b) Erkläre, wer zum Fasten verpflichtet ist und welch Ausnahmen es gibt.
c) Beschreibt, wie ein Fastentag abläuft.
d) „Auf etwas verzichten" – Welche Bedeutung kann das für einen Menschen haben? Denkt an verschiedene Formen des Verzichtens und tauscht eure Gedanken dazu aus.
e) In welcher Form können Kinder schon am Fasten teilnehmen? Äußerst euch auch dazu, wie ihr darüber denkt.
f) Erklärt den Zeitpunkt des Zuckerfestes und beschreibt, wie es gefeiert wird.

Über die wichtigsten Feste verschiedener Religionen Bescheid wissen

6. Erkläre für das Osterfest, das Opferfest und das hinduistische Fest Kumbh Mela:
a) Warum wird das Fest gefeiert? Beschreibe den geschichtlichen Anlass.
b) Schildert den jeweiligen Ablauf dieser Feste.
c) Zeigt an Beispielen auf, welche Bedeutung das Fest jeweils für die Gläubigen hat.

Religiöse Feste, die den Übergang von einem Lebensabschnitt in einen anderen feiern

7. a) Erkläre die Begriffe: Konfirmation, Firmung, Kommunion, Eucharistie, Erstkommunion, Bar Mitzwa und Bat Mitzwa.
b) Schildere aus Sicht eines 13 Jahre alten jüdischen Jungen, wie er seine Bar Mitzwa feiert.

Die Zehn Gebote und die Bedeutung der einzelnen Bestimmungen

8. a) Wiederholt in Kurzfassung die Zehn Gebote.
b) Welche Bedeutung haben einzelne Gebote für das Verhältnis der Menschen zu Gott?
c) Welche Bedeutung haben einzelne Gebote für das Verhältnis der Menschen untereinander und für ein gutes Zusammenleben der Menschen?
d) Nennt einige jüdische Sabbatregeln und diskutiert darüber.
e) Beschreibt, wie sich jüdische Familien auf das festliche Sabbatmahl vorbereiten, und vergleicht mit einem christlichen Wochenende.

Die fünf Säulen des Islam

9. a) Wie kann man Muslim werden?
b) Beschreibt die Gebetsvoraussetzungen und denGebetsablauf und vergleicht mit Gebetsformen anderer Religionen.
c) Erklärt die Pilgerkleidung und die Bedeutung der Stadt Mekka für Muslime.

Anhang

Kurzbiografien

Aristoteles (384 – 322 v. Chr.)	Er war der Schüler Platons und fasste in vielen Schriften das Wissen seiner Zeit zusammen. Er schrieb grundlegende Bücher über die Philosophie, die Dichtkunst, die Redekunst, die Politik und die Naturwissenschaften. Von ihm stammt auch die erste Schrift zur Ethik, die „Nikomachische Ethik“. Sie heißt so, weil er sie seinem Sohn Nikomachos widmete. In dieser ersten „Ethik“ dachte er über so wichtige Themen wie „Glück“ oder „Freundschaft“ nach.	79
Chagall, Marc (1887 – 1985)	Russisch-französischer Maler aus einem jüdischen Elternhaus, der in seinen Bildern vor allem Motive aus russischen Märchen und Sagen sowie jüdisch-biblische Themen darstellte	172
Demokrit (460 – 371 v. Chr.)	Griechischer Philosoph; nach seiner Lehre besteht die gesamte Natur aus kleinsten, unteilbaren Einheiten, den Atomen.	197
Descartes, René (1596 – 1650)	Französischer Philosoph, Mathematiker und Naturwissenschaftler, der mit seinen Werken die Philosophie bis in die Gegenwart beeinflusst hat	21
Frank, Manfred (geb. 1945)	Philosoph und Professor für Philosophie in Tübingen	22 f., 30
Gaarder, Jostein (geb. 1952)	Norwegischer Schriftsteller von Romanen und Kurzgeschichten, oft mit philosophischem Hintergrund. Mit „Sofies Welt“ erreichte er Weltruhm (1994 Deutscher Jugendliteraturpreis). Der Roman ist mittlerweile in 50 Sprachen übersetzt und wurde 1999 verfilmt.	196 f.
Jonas, Hans (1903 – 1993)	Philosoph und Religionswissenschaftler. Als Hitler 1933 an die Macht kam, wanderte er als Sohn jüdischer Eltern nach Großbritannien und ein Jahr später nach Jerusalem aus und lehrte dort und in den USA und Kanada an verschiedenen Universitäten. Sein wichtigstes Anliegen war, dass wir bei all unserem Handeln an spätere Generationen denken müssen, die ebenso auf der Erde ein menschenwürdiges Leben haben sollen. Dafür wurde ihm 1973 der Friedenspreis des Deutschen Buchhandels verliehen.	138
Kant, Immanuel (1724 – 1804)	Deutscher Philosoph; er wurde in Königsberg als Sohn einer Handwerkerfamilie geboren. Über sein Elternhaus berichtet er später liebevoll, dass er nie ein unrechtes Wort gehört habe. Er blieb sein Leben lang in Königsberg, studierte dort vor allem Philosophie und Mathematik und lehrte später an der Universität. Mit seinen Werken wurde er weit über seine Heimat hinaus sehr berühmt. Er ruft darin vor allem zum *kritischen* Denken auf. Selbst das, was wir mit eigenen Augen sehen, muss nicht die Wahrheit sein. Auch auf das, was andere sagen, darf ich mich nicht einfach verlassen. Entscheidend ist, *den eigenen Verstand zu gebrauchen*.	95, 107, 169
Oates, Joyce Carol (geb. 1938)	Amerikanische Schriftstellerin und Professorin an der Princeton University; sie erhielt viele bedeutende Preise für ihre Romane und Erzählungen sowie für ihre Jugendliteratur.	174, 178 f.

Schopenhauer, Arthur (1788–1860)	Schopenhauer war tätig als Philosoph, Autor und Hochschullehrer. Er dachte intensiv darüber nach, wie es möglich ist, dass Menschen mit anderen Menschen Mitleid haben können.	90
Schweitzer, Albert (1875–1965)	Evangelischer Theologe, Philosoph, Urwaldarzt in Afrika, Schriftsteller und Orgelkünstler, er erhielt 1952 den Friedensnobelpreis. „Ehrfurcht vor allem Leben" ist für ihn das wichtigste Gebot.	149
Singer, Peter (geb. 1946)	Australischer Philosoph und Ethiker; einer der Begründer der modernen Tierethik, die vor allem gegen die Ausbeutung der Tiere kämpft	137, 151
Sokrates (470–399 v. Chr.)	Er gehört zu den großen Denkern, die im antiken Griechenland die Philosophie gründeten. Für Sokrates gehörte das Philosophieren zum Alltag. Regelmäßig ging er durch die Gassen von Athen und verwickelte seine Mitmenschen in Gespräche. Wichtig war ihm, dass die Gesprächspartner durch seine geschickten Fragen von selbst ihre noch ungeklärten Probleme oder Widersprüche erkannten und nach Lösungen suchten. Er selbst hat seine Gedanken nicht zu Papier gebracht. Das hat für ihn sein Schüler Platon (427–348 v. Chr.) getan.	10, 79, 112 f., 115, 122, 183, 193
Thales von Milet (um 624 – um 546 v. Chr.)	Einer der bekanntesten antiken Naturphilosophen; er kannte sich in der Sternenkunde (Astronomie) so gut aus, dass er die Sonnenfinsternis vom 28.5.585 v. Chr. voraussagen konnte.	94, 196 f.
Tolstoi, Leo (1828–1910)	Russischer Schriftsteller; seine wichtigsten Werke sind „Krieg und Frieden" und „Anna Karenina".	128
Wittgenstein, Ludwig (1889–1951)	Einer der bedeutendsten österreichischen Philosophen des 20. Jahrhunderts. Philosophieren war für ihn ein gründliches Nachdenken über Sprache: Was bedeuten die einzelnen Worte, Begriffe genau? Wie lassen sie sich erklären und wie gebrauchen wir sie in unserer alltäglichen Sprache? Man kann Wittgenstein auch als Sprachphilosophen bezeichnen. So z. B. fragte er sich, welche unterschiedliche Bedeutung das Wort „haben" in den zwei Sätzen jeweils hat: „Ich habe Zahnschmerzen" und „Ich habe eine Mütze auf".	106

Glossar

Akrostichon
In einem Akrostichon ergeben die untereinander geschriebenen Anfangsbuchstaben ein Wort. Dieses soll dann mit weiteren Wörtern ausgeschmückt werden. Sie müssen mit dem jeweiligen Buchstaben beginnen oder aufhören. Der Buchstabe kann auch in der Mitte stehen. Beim Philosophieren dient ein Akrostichon dazu, über komplizierte Begriffe wie „Glück" oder „Freundschaft" nachzudenken.

anthropozentrisch
„Anthropos" kommt aus der griechischen Sprache und bedeutet „Mensch". „Zentrisch"/„Zentrum" bedeutet „Mittelpunkt". Der Mensch steht also im Mittelpunkt und alles andere um ihn herum ist für ihn da.

Askese
Eine strenge Lebensweise, die verlangt, dass man auf Luxus und Vergnügungen verzichtet, weil man dadurch wichtigere Lebensziele erreichen kann

Atom
Atome (griechisch: das Unteilbare) sind die kleinsten Teilchen, aus denen alle Lebewesen, aber auch alle nicht lebendigen Dinge zusammengesetzt sind.

Blog
Ein Blog ist eine Art Tagebuch, das auf einer Internetseite geführt wird und so öffentlich zugänglich ist. Der Blogger oder die Bloggerin gibt darin oft seine/ihre Meinung über bestimmte Themen kund.

Caritas
Caritas heißt Nächstenliebe und ist der Name für eine katholische Hilfsorganisation, die in vielen verschiedenen Ländern tätig ist.

Diakonie
Die Diakonie ist ein berufsmäßiger oder ehrenamtlicher (= freiwillige und unbezahlte Arbeit) Dienst der evangelischen Kirche, der Arme und Hilfsbedürftige unterstützt.

Egoist
(griechisch/lateinisch ego = ich) Jemand, der eigennützig ist oder handelt und nur an seinen eigenen Vorteil denkt

Eucharistie
Eucharistie heißt ursprünglich Dankgebet und ist heute die Bezeichnung für die christliche Abendmahlsfeier im Gottesdienst.

Friedensnobelpreis
Dies ist eine Auszeichnung, die Menschen bekommen, die sich auf ganz besondere Art und Weise für den Frieden in der Welt eingesetzt haben. Der Preis wurde von dem schwedischen Erfinder und Fabrikbesitzer Alfred Nobel gestiftet und am 10. Dezember 1901, an seinem Todestag, zum ersten Mal verliehen.

Galaxie
Ein besonders großes Sternensystem

Gemeinschaft
Eine zu einer Einheit zusammengefasste Gruppe, die aus einzelnen Menschen (= Individuen) besteht. Diese Individuen teilen gemeinsame Interessen.

Gentechnik
Sie greift in die Gene, also die Erbanlagen, eines Lebewesens (Pflanze, Tier oder Mensch) ein, um bestimmte Eigenschaften, z. B. die Farbe, zu verändern. Die veränderte Eigenschaft zeigt sich dann bei Nachkommen dieses Lebewesens.

gut
Das Adjektiv „gut" wird häufig gebraucht. Wir reden von „guten Autos", „guten Taten" und „guten Menschen". „Gut" im moralischen Sinne meint, dass jemand nicht nur an sich denkt (das wäre ein Egoist), sondern auch an die Nöte und Interessen der Mitmenschen und sie in seinem Handeln berücksichtigt. Im Gegensatz dazu ist ein „böser Mensch" jemand, der Lebewesen – Tiere oder Menschen – absichtlich verletzt oder sie quält, weil es ihm Spaß macht. In der Philosophie spielen die Begriffe „gut" und „böse" eine zentrale Rolle.

Hartz IV
Hartz IV meint die Hilfe, die Not leidende Menschen in Deutschland vom Staat bekommen, damit sie für das Nötigste in ihrem Leben sorgen können. Betroffen sind vor allem Personen, die keinen Arbeitsplatz haben und nicht selbst für ihren Lebensunterhalt aufkommen können.

Iman
Als Iman wird der Vorbeter beim islamischen Gebet bezeichnet. Er kann diese Funktion nur einmalig ausführen oder aber ein solches Amt innehaben.

Kalligrafie
Gemeint ist die Kunst des „Schönschreibens“ mit Feder, Pinsel, Tinte oder anderem Schreibzubehör.

Kantor
Als Kantor wird der Vorsänger oder Chorleiter beim Gottesdienst einer jüdischen Gemeinde bezeichnet.

Konflikt
Ein Konflikt entsteht dann unter Menschen, wenn ihre unterschiedlichen Interessen aufeinanderprallen. Ein Beispiel: Peter interessiert sich für eine Tiersendung; Paula möchte die Übertragung eines Popkonzerts ansehen. Beide Sendungen laufen zur selben Zeit und es steht nur ein Fernsehgerät zur Verfügung. Also muss dieser (Interessen-)Konflikt gelöst werden. So eine Lösung findet man vernünftigerweise dadurch, dass sich beide Streitende auf gewisse Regeln einigen, sodass den verschiedenen Interessen ein Gleichgewicht zukommt. Keiner darf sich auf Kosten eines anderen durchsetzen. Am Ende steht dann ein fairer Kompromiss (= möglichst ausgeglichene Lösung, mit der beide Seiten zufrieden sind).

koscher
Alles, was nach den religiösen Gesetzen und Vorschriften des Judentums hergestellt und zubereitet wird, nennt man koscher. Dies bezieht sich meistens auf Lebensmittel, aber es können damit auch Verhaltensweisen gemeint sein.

Kultur
Der Begriff „Kultur“ umfasst alles, was die Menschen einer bestimmten Gemeinschaft durch ihre geistigen und künstlerischen Fähigkeiten leisten.

Lüge
Eine Lüge ist eine absichtlich falsche, mit den Tatsachen nicht übereinstimmende Aussage oder Behauptung. Tom hat z. B. mit eigenen Augen gesehen, dass ein Autofahrer bei Rot über eine Kreuzung gefahren ist. Vor der Polizei sagt er dann, die Ampel sei, als der Wagen über die Kreuzung fuhr, grün gewesen. Diese Aussage stimmt nicht mit der Realität überein. Sie ist also eine Lüge.

Medien
Einrichtungen, die Informationen, Meinungen sowie Unterhaltung an ein Publikum weitergeben, werden als Medien betitelt. Dazu gehören Bücher, Zeitungen und Zeitschriften genauso wie technische Medien, z. B. Radio, Fernsehen, Computer oder Handys.

meditieren
Jemand meditiert, wenn er angestrengt nachdenkt und dabei jede Ablenkung vermeidet, um dadurch z. B. neue Erkenntnisse zu finden.

Mekka
Die heilige Stadt des Islam im westlichen Saudi-Arabien, Mekka, ist die Geburtsstadt Mohammeds. Alle Muslime beten Richtung Mekka und jedes Jahr reisen mehr als zwei Millionen Pilger nach Mekka.

Misereor
Das Hilfswerk Misereor (lat. Misereor = „ich habe Erbarmen“) ist eine der größten Hilfsorganisationen der katholischen Kirche in Deutschland.

Mitgefühl
Jemand, der Mitgefühl zeigt, ist fähig, sich in die Lage eines anderen Menschen hineinzuversetzen und dessen Gefühle nachzuempfinden.

Moleküle
Moleküle sind kleinste Teilchen eines Stoffes, die aus zwei oder mehreren Atomen aufgebaut sind.

Moral
Unter Moral versteht man die Regeln, die ein faires Miteinander der Menschen garantieren sollen. Beispiele solcher Grundregeln sind das Lügeverbot („Du sollst nicht lügen“) oder das Gebot, anderen Menschen in Not zu helfen. Diese moralischen Regeln gelten gleichermaßen für alle Mitglieder einer Gemeinschaft oder einer Gruppe.

Mose
Anführer des Volkes Israel; führte als Gesandter Gottes das Volk der Israeliten aus der ägyptischen Sklaverei in das Land Kanaan

Mythologie
Zur Mythologie zählen die Geschichten, die bei allen Völkern die Entstehung der Welt und die Geschichte der Menschen damit erklären, wie Gottheiten handeln.

Öse
Eine Öse nennt man eine Art Ring, der aus verschiedensten Materialien bestehen kann und der als Gegenstück zu einem Haken zum Beispiel ein Kleidungsstück zusammenhält.

Offenbarung
Bei einer Offenbarung im religiösen Sinne werden göttliche Wahrheiten und der Wille Gottes den Menschen auf eine ganz besondere Art und Weise mitgeteilt.

Pergament
Dies ist eine Rolle aus besonders gefertigtem, haarfreiem, nicht gegerbtem Ziegen-, Schafs- oder Kalbsleder. Es wurde vor der Erfindung des Papiers als Schreibmaterial verwendet.

Pharisäer
Bezeichnet eine religiöse und politische Gemeinschaft, die zur Zeit Jesu streng darauf achteten, dass die Gesetzesvorschriften eingehalten wurden

Prophet
Als Prophet wird ein Verkünder von göttlichen Botschaften bezeichnet.

Rabbiner
Religiöser Titel im Judentum. Rabbiner sind Schriftgelehrte, aber keine Priester mit besonderen religiösen Aufgaben. Ihre wichtigste Pflicht heute ist es, sich um die Mitglieder einer jüdischen Gemeinde zu kümmern.

Ramadan
Das Wort „Ramadan" bezeichnet den islamischen Fastenmonat, der sich nach dem islamischen Kalender jedes Jahr zeitlich etwas verschiebt.

Renaissance (französisch: „Wiedergeburt")
„Wiedergeburt" meint die Wiederentdeckung der Kultur der griechischen und römischen Antike, welche in der Zeit zwischen 1350 und der Mitte des 16. Jahrhunderts stattfand. Im Gegensatz zu der strengen Lebensauffassung im Mittelalter waren die Menschen nun wieder offener für alles, was das Leben schön macht. Kunst und Bildung wurden besonders gepflegt, aber auch die Wissenschaften erlebten eine Blütezeit.

Rolle
Je nachdem, in welcher Gruppe ein Mensch sich befindet (Freunde, Familie, Gesellschaft), gibt es bestimmte Verhaltensweisen oder Umstände bei den Einzelnen, die seine oder ihre Rolle bestimmen (Beispiele: Man kann ein/e Freund/in von jemandem sein, eine Tochter, Sohn, Schüler/in usw.).

Schöpfungsmythen
Schöpfungsmythen sind meist religiöse Geschichten, die auf ihre Weise erklären, wie die Welt erschaffen wurde, wie sie geordnet ist, also z. B. woher wir Menschen kommen und wohin wir gehen. Überall und zu allen Zeiten erzählten sich die Menschen solche Geschichten, die oft von Generation zu Generation weitergegeben wurden und auch nicht immer schriftlich festgehalten wurden.

Sedermahl
Zu Beginn des jüdischen Pessachfestes wird ein besonderes Abendessen eingenommen, bei dem der Tisch mit speziellen Speisen gedeckt ist, die alle eine wichtige Bedeutung für die jüdische Geschichte und ihre Traditionen haben.

Statthalter
Der Verwalter einer bestimmten Gegend als Stellvertreter eines Königs oder Kaisers

Thora
Thora heißt eigentlich „Lehre" und ist der Name für das jüdische Gesetz, wie es in den 5 Büchern Mose in der hebräischen Bibel aufgeschrieben ist.

UNICEF (Abkürzung für United Nations International Children's Emergency Fund)
Dieses Wort bezeichnet das Kinderhilfswerk der Vereinten Nationen. Es wurde am 11. Dezember 1946 gegründet, um damals nach dem Zweiten Weltkrieg den Kindern in Europa zu helfen. Heute hilft es Müttern und Kindern in über 160 Staaten der Welt und setzt sich dort für bessere Bildung, mehr Hygiene und ausreichende Ernährung ein. In Notsituationen (z. B. nach Naturkatastrophen) kümmert es sich vor allem um betroffene Kinder, kämpft gegen den Einsatz von Kindersoldaten und setzt sich für den Schutz von Menschen ein, die ihre Heimat aus verschiedenen Gründen verlassen mussten.

Zeremonien
Zeremonien sind feierliche Handlungen, die nach bestimmten und traditionellen Regeln ablaufen.

Zeit
Eine vom Menschen bewusst wahrgenommene Veränderung oder Abfolge von Ereignissen. Viele Philosophen haben sich mit dem Begriff und der Bedeutung von Zeit auseinandergesetzt.

Register

|action press - die bildstelle, Hamburg: REX FEATURES LTD. 131. |akg-images GmbH, Berlin: 21, 79, 90, 132, 152, 183 l.; Hios, John 112; Lessing, Erich 113. |Alabiso, Gustavo, Karlsruhe: 212. |alamy images, Abingdon/Oxfordshire: Catchlight Visual Services 15; MARKA 174; Novarc Images 191. |alimdi.net, Deisenhofen: decode 83; Niehoff, Ulrich 188; Thomandl, Judith 160. |altro - die fotoagentur, Regensburg: 215. |Andresen, Berndt, Hamburg: 63. |Art Explosion, Calabasas, CA: 53, 55, 69, 179. |Baaske Cartoons, Müllheim: Lo Linkert 92. |Berghahn, Matthias, Bielefeld: 16, 28, 29, 86, 160, 169. |Biehler, Klaus, Herbolzheim: 177. |Blickwinkel, Witten: J. Van Haan 148; McPHOTO 188; McPHOTOs 165. |Bridgeman Images, Berlin: 178, 203. |Cordes, Gesche-M., Hamburg: 208, 208. |Diogenes Verlag AG, Zürich: Illustration von Loriot aus: Loriot: Gesammelte Prosa Copyright © 2006 Diogenes Verlag AG Zürich 18. |Domke, Franz-Josef, Hannover: 46, 51, 51, 64, 83. |Fotofinder GmbH, Berlin: The Art Archive/Bibliothèque Municipale Moulins/Gianni Dagli Orti 193. |fotolia.com, New York: Trueffelpix 66. |Fotostudio Henke, Paderborn: 102. |Hanraths, Lukas, Kehl: 16, 16. |Hanraths, Ulrike, Kehl: 38, 44; © Franka Ossola 16. |Intro, Berlin: Schmidt, Mike 210. |Kassing, Reinhild, Kassel: 6, 6, 6, 6, 8, 11, 12, 13, 14, 18, 18, 18, 19, 20, 21, 21, 21, 22, 25, 25, 26, 26, 28, 29, 35, 36, 37, 37, 38, 39, 40, 41, 41, 41, 42, 42, 46, 47, 47, 48, 50, 50, 51, 52, 54, 54, 55, 55, 57, 58, 61, 62, 62, 63, 63, 64, 65, 66, 67, 67, 67, 68, 69, 70, 70, 76, 77, 77, 77, 78, 79, 79, 79, 80, 82, 83, 84, 87, 88, 88, 89, 90, 90, 90, 91, 92, 93, 93, 94, 94, 94, 95, 95, 98, 100, 102, 102, 103, 103, 103, 104, 106, 106, 106, 107, 107, 108, 108, 108, 109, 109, 110, 112, 120, 120, 121, 122, 123, 124, 125, 132, 132, 133, 135, 136, 137, 137, 138, 138, 138, 139, 139, 146, 147, 148, 148, 149, 149, 150, 150, 151, 152, 153, 153, 153, 154, 155, 156, 157, 162, 163, 164, 166, 167, 168, 169, 169, 174, 174, 175, 176, 177, 178, 179, 179, 183, 183, 184, 188, 189, 190, 190, 190, 191, 192, 194, 195, 196, 197, 198, 201, 203, 204, 204, 205, 205, 206, 206, 207, 209, 210, 211, 211, 216, 217, 218. |Kneschke, Robert, Köln: Bildmaschine.de 175. |Loewe Verlag GmbH, Bindlach: Heinrich Hoffmann: Der Struwwelpeter. Frankfurter Originalausgabe, Loewes Verlag o.J., nach der Urfassung neu gezeichnet von Fritz Kredel 89. |Lookphotos, München: Merz, Brigitte 119. |OKAPIA KG - Michael Grzimek & Co., Frankfurt/M.: BIOS/Ruoso, Cyril 23; Brinkmann, Bernd 147. |Picture Press Bild- und Textagentur GmbH, Hamburg: Illustration Source/Carsello, Margaret 200. |Picture-Alliance GmbH, Frankfurt/M.: Abaca/Hahn, Lionel 50; akg-images 54, 138, 168, 173, 176, 183, 188, 197; akg-images / © Banco de México Diego Rivera Frida Kahlo Museums Trust / VG Bild-Kunst, Bonn 2010 30; akg-images/Connolly, Bruce 198; akg-images/Lessing, Erich 24; All Canada Photos/Jaksa, Chris 121; augenklick/firo Sportphoto 38; Avers, Lou 144; Bildagentur Huber/Smetek 130; BirdLife_International 133; BSIP/CARDOSO 134; BSIP/ESTIOT 138; chromorange/Rose, Andreas 144; dieKLEINERT.de/deKoe, Käthe 189; dieKLEINERT.de/Dietze, Mathias/© Banco de México Diego Rivera Frida Kahlo Museums Trust / VG Bild-Kunst, Bonn 2010 30; dieKLEINERT.de/Fahrnländer, Beate 181; dieKleinert.de/Fliegner, Nils 101; dieKLEINERT.de/Fliegner, Nils 105; dieKLEINERT.de/Guhl, Martin 9, 81, 111, 128, 128, 171, 187, 195; dieKLEINERT.de/GUNGA, Gernot 52; dieKLEINERT.de/Maltz, Peter 164; dieKLEINERT.de/Purmann, Leo 110; dieKLEINERT.de/Sabat, Julia 180; dieKLEINERT.de/Schaaf, Barbara 161; dieKleinert.de/Schaller, Nicola 101; dieKLEINERT.de/Schuppler, Rudolf 120; dieKLEINERT.de/Stumpp, Ralf 59; dpa-infografik 48, 125, 146, 170; dpa/AAP Image Tsikas 34; dpa/Becker, Marius 164; dpa/Behal, Julien 117; dpa/Berg, Oliver 126; dpa/Bitala, Günter 157; dpa/Brandt, Marcus 211; dpa/Breloer, Gero 73, 162; dpa/Burgi, Arno 124; dpa/Büttner, Jens 55; dpa/Concorde 182; dpa/epa 205, 213; dpa/epa/Gupta, Sanjeev 144; dpa/epa/Rybcynski, Andrzej 109; dpa/ESA 44; dpa/Fishman, Robert 209; dpa/Fishman, Robert B. 137; dpa/Führer, Marcus 54; dpa/Grimm, Peer 143; dpa/Grubitzsch, Waltraud 157, 163, 166; dpa/Halbauer, Lars 104; dpa/Heirler 57; dpa/Heyder, Felix 161; dpa/Hollemann, Holger 150; dpa/Hurek, Markus C. 130; dpa/Jahnke 33; dpa/Kegler, Salome 206; dpa/Kleefeldt, Frank 162; dpa/Kneffel, Peter 144; dpa/Kumm, Wolfgang 215; dpa/Lehtikuva/Saukkomaa, Heikki 217; dpa/Marks, Bodo 58, 151; dpa/NASA 195; dpa/Ossinger, Horst 205; dpa/Pilick, Stephanie 142; dpa/Rehder, Carsten 145, 159; dpa/Reisfeld, Bert 56; dpa/Scheidemann, Achim 145; dpa/Schierenbeck, Jens 170; dpa/Schlesinger, Robert 117; dpa/Schullandheim_Wegscheide 106; dpa/Spies, Herbert 215; dpa/Steffen, Peter 38, 123; dpa/Steinberg, Wolfram 121; dpa/stockfood/Eising, Susie 136; dpa/Tittel, Harald 45; dpa/Tschauner, Franz-Peter 134, 156; dpa/UPI 176; dpa/Votava Stadt Wien 57; dpa/Weihrauch, Roland 127; dpa/zb/Wüstneck, Bernd 15; empics/Birchall, Ben 131; empics/Ireland, Tim 167; EPA/Escobar, Roberto 124; epa/Haider, Ali 207; epa/Qadri, Altaf 213; Fliegner, Nils 170; Godong/Isachar, Hanan 206; imageBROKER/Friedrich, Klaus-Werner 215; imagestate/HIP/The British Library 27, 152, 187; imagestate/Impact Photos/Henley, Mark 207; KPA 31; KPA/TopFoto 149; Landov/Jackson 207; landov/Miami Herald/Juste, Carl 125; maxppp/Bianchetti, Stefano 107, 196; maxppp/Docher, Marie 204; maxppp/Leemage/© Banco de México Diego Rivera Frida Kahlo Museums Trust / VG Bild-Kunst, Bonn 2010 30; maxppp/©Selva 40; Newscom/Scheller, Joy 173; OKAPIA/Reinhard, Hans 73; Rath, Alfons 202; ZB/Lander, Andreas 127; ZB/Rother, Leif 126; ZB/Schutt, Martin 131; ZB/Wolf, Jens 136. |plainpicture, Hamburg: Kuttig, S. 150. |Rowohlt Verlag GmbH, Hamburg: aus: Jean Effel: Unter uns Tieren, Rowohlt, Reinbek 1973 / © VG Bild-Kunst, Bonn 2010 91. |Shutterstock.com, New York: Coleman, Donna Ellen 215. |stock.adobe.com, Dublin: 2xSamara.com 38; Alis Photo 32; Animaflora PicsStock 44; babysofja 116; Countrypixel 145; Daisy Daisy 68; Dallocco, Max 186; dudlajzov 73; Eddie 148; Fotoglee 202; grafikplusfoto 45; Hagen, Conny 145; Joe.Gockel 168; laurely 19; Mainka, Markus 14; mickyso 96; Novikov, Sergey 45; patrick 75; seventyfour 15; Shutter2U 17; Tiplyashin, Anatoly 154. |Thienemann-Esslinger Verlag GmbH, München: Michael Ende: Der satanarchäolügenialkohöllische Wunschpunsch. Mit Illustrationen von Regina Kehn (c) 2007 von Thienemann in der Thienemann-Esslinger Verlag GmbH, Stuttgart 140. |vario images, Bonn: 78. |Verlag Friedrich Oetinger GmbH, Hamburg: Guus Kuijer: Wir alle für immer zusammen, Oetinger Verlag, Hamburg 2001 52. |Verlag Kiepenheuer & Witsch GmbH & Co. KG, Köln: „Schräge Schilder“ von Thomas Hillenbrand © 2009, Verlag Kiepenheuer & Witsch GmbH Co. KG, Köln © 2009, SPIEGEL ONLINE GmbH, Hamburg 114. |VG BILD-KUNST, Bonn: 2010 / Foto: Artothek 172; Klaus Staeck 185. |Westend 61 GmbH, München: Berg, Rainer 36. |Wypior, Veronika, Bad Driburg: 51, 108. |Zoller Morf, Eva, Altikon: PHILOSOPHISCHE REISE. ISBN 3 7152 0396 XCopyright 2019 © bei der Autorin Eva Zoller Morf 194.